Helmut Henne
Semantik und Lexikographie

Studia Linguistica Germanica

Herausgegeben
von
Ludwig Erich Schmitt und Stefan Sonderegger

7

Walter de Gruyter · Berlin · New York
1972

Helmut Henne

Semantik und Lexikographie

Untersuchungen
zur lexikalischen Kodifikation
der deutschen Sprache

Walter de Gruyter · Berlin · New York
1972

ⓒ

ISBN 3 11 003528 6

Library of Congress Catalog Card Number: 72-76046

Copyright 1972 by Walter de Gruyter & Co., vormals G. J. Göschen'sche Verlagshandlung —
J. Guttentag, Verlagsbuchhandlung — Georg Reimer — Karl J. Trübner — Veit & Comp., Berlin 30 —
Printed in Germany — Alle Rechte der Übersetzung, des Nachdrucks, der photomechanischen Wiedergabe
und der Anfertigung von Mikrofilmen — auch auszugsweise — vorbehalten.
Satz und Druck: Saladruck, Berlin 36

für Arnhild

Vorbemerkung

Die vorliegende Monographie wurde im Wintersemester 1970/71 von der Philosophischen Fakultät der Philipps-Universität Marburg/Lahn als Habilitationsschrift angenommen. Sie ist in dieser Form, an wenigen Punkten revidiert, zum Druck gebracht worden. Das heißt konkret: Nach Juli 1970 erschienene Literatur wurde nicht mehr in die Diskussion einbezogen. Der Terminus Diskussion verweist darauf, daß nicht beabsichtigt war, eine bibliographische Bestandsaufnahme zum Thema zu liefern; wohl aber wurde der Versuch unternommen, spezifische A s p e k t e einer Theorie der lexikalischen Semantik und — darauf basierend — spezifische A s p e k t e einer Theorie der lexikalischen Kodifikation zu entwerfen. In dieser Arbeit werden lexikalische Kodifikation und Lexikographie gleichgesetzt, so daß folgerichtig auch von einer Theorie der Lexikographie gesprochen werden könnte. (Dabei sind, wenn von Theorie gesprochen wird, immer nur Aspekte einer Theorie gemeint.)

Eine Theorie der lexikalischen Semantik basiert u. a. auf einem System von sprachtheoretischen Annahmen über die Struktur minimalsignifikativer sprachlicher Einheiten und deren Kombinationen, die dem Bereich der Lexik („Wortschatz") zuzuordnen sind. Eine Theorie der lexikalischen Kodifikation muß auf dieser Basis die Möglichkeiten praktischer semantischer Deskription erarbeiten. Damit ist eine Theorie lexikalischer Kodifikation auch auf die Praxis der Lexikographie verwiesen; sie muß also die lexikographische Praxis darstellen und eine Theorie lexikalischer Kodifikation als Kritik liefern, die auf den in der Theorie der lexikalischen Semantik erarbeiteten Prämissen basiert.

Darstellung der lexikographischen Praxis kann in diesem Zusammenhang jedoch nur Darstellung am Beispiel heißen. Das Beispiel lieferten die großen Wörterbücher der deutschen (Standard-)Sprache von Johann Christoph Adelung, Johann August Eberhard und Joachim Heinrich Campe zwischen 1793 und 1813, einer Zeit also, die mit den unterschiedlichsten Etiketten literaturwissenschaftlicher Epochenforschung zu benennen wäre. Dieses Faktum gibt zugleich eine indirekte Erklärung für die Produktivität, moderner: Kreativität der Lexikographen der Zeit. Sie geben somit innerhalb eines überschaubaren Rahmens ein wesentliches Beispiel lexikalischer Kodifikation deutscher Sprache. Dieser notwendige exemplarische Bezug impliziert somit kein Werturteil über zeitlich frühere Wörterbücher oder solche des 19. oder 20. Jahrhunderts.

Zudem: Die Versuche der genannten Lexikographen, insbesondere die Adelungs und Eberhards, die theoretischen Implikationen ihrer praktischen lexikographischen Arbeit zu reflektieren, machen ihre lexikographischen Produkte als Beispiel in besonderem Maße tauglich. Die Kritik ihrer Wörterbücher, die auf der Basis einer Theorie der lexikalischen Semantik eine Theorie der lexikalischen Kodifikation liefert, muß also darüber hinaus die theoretischen Überlegungen der Lexikographen miteinbegreifen. Somit sind die Sätze der Theorie der lexikalischen Kodifikation nicht nur durch den Bezug zur Praxis erarbeitet, sondern auch durch die Konfrontation mit der Theorie der Lexikographen.

Die Entscheidung für spezifische Wörterbücher als Beispiel lexikographischer Praxis ist natürlich u. a. auch eine Konsequenz eigener sprachtheoretischer Prämissen. Der Theoriebezug Adelungs und Eberhards, insbesondere ihre Konzeption von Sprache als einem Zeichensystem, motivierten die Wahl. Die Entscheidung für spezifische Wörterbücher und die Diskussion der Prämissen der Lexikologie und der lexikalischen Kodifikation in einem ganz bestimmten theoretischen und materialen Rahmen sollen nicht die möglichen Defekte rechtfertigen; wohl aber darauf verweisen, daß es nicht um d i e, sondern spezifische Aspekte e i n e r Theorie lexikalischer Semantik und deren Konsequenzen für die Lexikographie geht, einer theoretischen Konzeption, die sich der zitierten Literatur verpflichtet weiß.

Die Entwicklung der Wissenschaft und eigene Weiterarbeit bringen es mit sich, daß man das Manuskript des Jahres 1970 mit anderen Augen liest als die Druckfahnen am Ende des Jahres 1971. Einige Positionen wurden inzwischen weiter präzisiert: So wurde z. B. die Teilbereichsgliederung einer Gruppensprache in anderem Zusammenhang neu zur Diskussion gestellt.

Gern erinnere ich mich der Gespräche und Diskussionen im Kollegenkreis des Forschungsinstituts für deutsche Sprache, Deutscher Sprachatlas in Marburg, wo diese Arbeit geschrieben wurde, vor allem der Gespräche mit Herbert Ernst Wiegand und Hans Peter Althaus. Gemeinsame Zeitschriftenaufsätze (vgl. ZDL 36. 1969, 129—173; 38. 1971, 1—15) zeugen von der Intensität der Diskussion. Mein Dank für die Förderung dieser Arbeit gilt Walther Mitzka und Ludwig Erich Schmitt in Marburg. Für die sorgfältige Zeichnung der Skizzen danke ich Margot Schrey, für die Herstellung des Typoskripts Karin Steuber. Der Verlag Walter de Gruyter hat diese Arbeit dankenswerterweise ohne Inanspruchnahme von Zuschüssen der Deutschen Forschungsgemeinschaft gedruckt.

H. H.

Braunschweig, im Januar 1972

Inhalt

Verzeichnis der Skizzen

Symbolinventar

c	= echte Teilmenge
⊆	= Teilmenge
∩	= Durchschnittsmenge
↔	= Disjunktion
⋀	= Konjunktion
→	= Implikation
[ ]	= phonetische Transkription nach API
⟨ ⟩	= orthographische Schreibweise der Lexikographen
kursiv	= Signem
/ /	= Signifikant
< >	= Signifikat
// //	= Monem
„ "	= Semem
( )	= (Inhalts-)Substanzsumme
[ ]	= Substanzkollektion
› ‹	= Sem
‹ ›	= Semasem, Noem
, '	= Stilem
» «	= differentia specifica
« »	= Begriff
LS	= lexikalisches Signem
LSy	= lexikalisches Synplerem
M	= semantisches Merkmal
NK	= Noem-Kollektion
NSK	= Noem-Sem-Kollektion
NSStK	= Noem-Sem-Stilem-Kollektion
NStK	= Noem-Stilem-Kollektion
SeK	= Semasem-Kollektion
SeSK	= Semasem-Sem-Kollektion
SeSStK	= Semasem-Sem-Stilem-Kollektion
SeStK	= Semasem-Stilem-Kollektion
SK	= Sem-Kollektion
SStK	= Sem-Stilem-Kollektion
SUK	= Substanzkollektion
SUS	= (Inhalts-)Substanzsumme
ASUS	= Ausdruckssubstanzsumme
×	= Katenationsregel

1. Theoretische Prämissen der Lexikologie und Lexikographie

1.1. Basisbereich und Metabereich

Die Differenzierung in eine Objektsprache und eine Metasprache innerhalb der formalen Logik des 20. Jahrhunderts bot die Möglichkeit, die seit der Antike bekannten logischen Paradoxien oder Antinomien widerspruchsfrei zu lösen: Die „semantisch geschlossene Sprache" wurde differenziert in eine Objektsprache, die sich auf die außersprachliche Realität bezieht, und in eine Metasprache, in der — und nur in der — Aussagen ü b e r die Objektsprache erlaubt sind[1]. Hierdurch konnte eine Theorie der semantischen Aussagestufen dergestalt entwickelt werden, als zwischen einer 0-Stufe (außersprachliche Realität), 1. Stufe (Objektsprache), 2. Stufe (Metasprache), 3. Stufe (Metametasprache) etc. streng zu differenzieren ist[2] und die Bedingung gilt, daß innerhalb einer bestimmten Stufe nicht Aussagen über diese selbst erlaubt sind. Das heißt: In einer Metasprache$_n$ dürfen jeweils nur Aussagen über eine Metasprache$_{n-1}$ gemacht werden. Die „logische Dichotomie" Objektsprache und Metasprache bezieht sich lediglich auf die sprachliche Inhaltsebene[3].

Mit der Differenzierung in eine Objektsprache und eine Metasprache ist jedoch auch die wissenschaftliche Disziplin der Linguistik angesprochen. Es liegt nahe, etwa die germanistische Linguistik als Metasprache zu definieren, in der die Deskription der Objektsprache Deutsch erfolgt, nun aber sowohl in bezug auf die Ausdrucks- als auch Inhaltsebene der Sprache. Weitere Präzisierungen hierzu werden unten zu erfolgen haben. Diese Differenzierung in eine Objektsprache und eine Metasprache unter linguistischen Aspekten ist jedoch nicht ganz so neu, wie sie sich unter dem Aspekt der semantischen Aussagestufen innerhalb der formalen Logik darbietet. Schon von Augustin und dann besonders innerhalb der Suppositionslehre des Mittelalters wurden dafür konkrete Hinweise geboten.[4] So unterscheidet Wilhelm von Occam Wörter „primae impositionis" und Wörter „secundae impositionis". Die ersteren sind solche der Objektsprache, die letzteren definiert er folgendermaßen: „Nomina secundae impositionis [...] sunt huiusmodi ‚nomen, pronomen, coniunctio, verbum, casus, numerus, modus, tempus'"[5].

---

[1] Vgl. u. a. Stegmüller (1957) 24 ff.; Seiffert (1969) 73 ff.
[2] Vgl. Klaus (1965) 179 ff.; Seiffert (1969) 73 ff.; Klaus (1969) 399 ff.
[3] Vgl. Grucza (1967) 13.
[4] Vgl. Coseriu (1965/66) 28; Coseriu (1966) 24; Coseriu (1968/69) 110 f.; Dinneen (1967) 137 f.
[5] Zitiert nach Prantl (1955) 341.

Diese Hinweise sind nunmehr im Rahmen einer germanistischen Linguistik im allgemeinen und im Rahmen dieser Arbeit im besonderen zu erweitern und zu systematisieren.

Objektsprache und Metasprache sind in die umfassenderen Termini Basisbereich und Metabereich zu überführen[6]. Der Basisbereich der germanistischen Linguistik ist die deutsche Gesamtsprache, die als Summe von Sprachsystemen näher zu definieren und in 1.3. weiter zu spezifizieren ist. Die germanistische Linguistik ist als Metabereich zu definieren, innerhalb dessen eine Sprachtheorie konzipiert wird, aufgrund derer die Deskription des Basisbereichs erfolgt. Die allgemeine Linguistik ist als Metametabereich zu definieren, innerhalb dessen u. a. — auf der Basis der Ergebnisse der Metabereiche — eine Theorie der Linguistik, also eine Metatheorie, formuliert wird.

Der Basisbereich der germanistischen Linguistik ist als Basissprache näher zu bestimmen. Eine Basissprache ist dadurch definiert, daß sie sich auf Außersprachliches, also Sachen, Sachverhalte und Relationen der außersprachlichen Realität bezieht[7]. Dieses Bezugsverhältnis von Basissprache und außersprachlicher Realität ist in 1.4. und 1.6. noch näher zu definieren. Als Objektsprache soll dagegen nunmehr jeweils diejenige Sprache definiert werden, die — als Basissprache, Metasprache, Metametasprache etc. — Objekt der Deskription ist.

Innerhalb des Metabereichs germanistische Linguistik stellt eine Sprachtheorie als systematisch geordnete Menge metasprachlicher Sätze über die Basissprache die spezifischen Deskriptionsmittel bereit, aufgrund derer die Deskription des Basisbereichs erfolgt. Die Sätze einer Sprachtheorie werden in einer Metasprache formuliert. Die Deskriptionsmittel sind gleichfalls metasprachlich, können aber z. T. in nichtsprachliche Metaelemente transformiert werden. Innerhalb eines „graphischen Modells"[8] ist die Relation Basisbereich und Metabereich folgendermaßen darzustellen[9]:

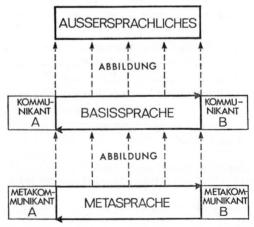

Skizze 1: Objektsprachliches und metasprachliches Kommunikationsmodell

In diesem (vereinfachten) objektsprachlichen Kommunikationsmodell, in das ein metasprachliches Kommunikationsmodell einbezogen ist, kommt die unterschiedliche „Intentionalität" bzw. „Abbildfunktion" der Basissprache einerseits und der Metasprache andererseits klar zum Ausdruck.[10]

Eine aus generellen und singulären Sätzen bestehende Sprachtheorie und die entsprechenden Deskriptionsmittel sind also die konstitutiven Faktoren des Metabereichs. Da die germanistische Linguistik entsprechend der Konstitution ihres Objektes eine empirische Wissenschaft ist, sind die Sätze der Sprachtheorie (als abstraktive, systematisch geordnete, explizite, angemessene und widerspruchsfreie Menge von Aussagen über die Objektsprache) als empirisch-theoretisch zu definieren. Dieses meint, daß aufgrund von Beobachtungen des Basisbereichs im Metabereich reduktive und induktive Schlüsse gezogen werden, die als Sätze in die Sprachtheorie eingehen. Dabei sind diese induktiven und reduktiven Sätze bereits insofern theoretisch, als sie nur aufgrund von Vorannahmen, von „Interpretationen" des Basisbereichs, also aufgrund spezifischer Hypothesen zu gewinnen sind. Damit ist nur definiert, daß jeglicher Versuch der Erkenntnisgewinnung innerhalb des Metabereichs erfolgt.[11] Zudem muß die Sprachtheorie auch insofern axiomatisch-deduktive Sätze als Hypothesen und Hypothesenhierarchien beinhalten, als — bedingt durch die spezifische Konstitution der Basissprache — diese nicht in allen ihren Bereichen einer unmittelbaren empirischen Beobachtung zugänglich ist und nur durch axiomatisch-deduktive Sätze eine zureichende Erklärung der Basissprache möglich ist. Die empirische Überprüfung, d. h. Verifikation bzw. Falsifikation dieses axiomatisch-deduktiven Teils der Theorie kann möglicherweise erst in einem späteren Stadium geleistet werden.

---

[6] Vgl. Leinfellner (1967) 11 ff.

[7] Vgl. u. a. Klaus (1965) 175—177; Coseriu (1966) 190—192; Resnikow (1968) 267 f.

[8] S. dazu 1.1. unter (32).

[9] Vgl. dazu auch Cherry (1967) 128.

[10] Sprech- und Schreibakt bzw. Hör- und Leseakt und der diesen sprachlichen Kommunikationsakt ermöglichende gemeinsame sprachliche Kode, also das Kommunikant A und Kommunikant B gemeinsame sprachliche Zeichen- und Regelinventar (s. dazu 1.3.) sind in diesem Modell in dem Terminus Basissprache zusammengefaßt. (Nicht in dieses Modell einbezogen wurden weitere Konstituenten des Kommunikationsmodells wie Sprachkanal, sprachkommunikative Situation etc.; vgl. dazu u. a. das „detaillierte Kommunikationsmodell" bei Meier [1969] 482—485.) — Die Basissprache steht in einer Zuordnungsrelation (Abbildfunktion) zu Außersprachlichem (s. dazu 1.6.). Die Metasprache hingegen, also der Metakommunikant A und Metakommunikant B gemeinsame metasprachliche Kode, steht in einer Zuordnungsrelation zur Basissprache, d. h. die Metasprache bildet die Basissprache ab.

[11] Popper (1969) 377 ff. formuliert diesen Sachverhalt so: „In beiden Fällen [gemeint sind Allsätze und singuläre Sätze; H. H.] transzendieren unsere Behauptungen jede Erfahrung, die sich auf direkte Beobachtung berufen kann." Vgl. auch Wohlgenannt (1969) 63.

Die Deskriptionsmittel innerhalb des Metabereichs stehen in Korrelation zur jeweiligen Sprachtheorie.[11a] Ausgehend von Elementen einer spezifischen Sprachtheorie, also der eines Theoriesubjekts (des Verfassers), über das Theorieoriginal (eine Basissprache) soll im folgenden eine Klassifizierung der Deskriptionsmittel des Metabereichs und der zu deskribierenden Elemente innerhalb des Metabereichs gegeben werden, die im Rahmen dieser lexikologisch-semantischen Untersuchung u. a. relevant sind. Dadurch ist u. a. das spezifische Interesse des Theoriesubjekts in bezug auf das Theorieoriginal angegeben.

Ich mache die Annahme, daß innerhalb eines beliebigen Sprachsystems der deutschen Gesamtsprache, z. B. innerhalb der deutschen Standardsprache der Gegenwart, inhaltstragende, also signifikative Elemente und Sprachregeln ihrer Kombination zu differenzieren sind. Dabei setze ich hier voraus (s. dazu 1.4.), daß Phoneme bzw. Grapheme, sprachzeichendifferenzierende oder distinktive Elemente also, die signifikativen Elemente konstituieren. Signifikative Elemente sind bilaterale Sprachzeichen, haben also eine Ausdrucks- und Inhaltsseite, wofür die Termini Signifikant und Signifikat stehen sollen. Für unterschiedliche Klassen signifikativer Sprachzeichen, die in 1.4. definiert werden, wird hier vorläufig der Terminus Signem eingeführt. Dabei ist zu beachten, daß spezifische Klassen von Signemen als komplexe Sprachzeichen schon durch Sprachregeln konstituiert sind. Danach gilt es also, innerhalb einer Metasprache zwischen Signemen und Sprachregeln der Kombination zu differenzieren und zugleich zu fragen, ob unterschiedliche Subklassen von Signemen und Sprachregeln innerhalb des Metabereichs anzusetzen sind.[12]

(1)   Metasprache
(11)   Signeme
(111) Nominale Signeme

In dem metasprachlichen Satz: „*Haus* ist ein Lexem" ist *Haus* ein Signem der Basissprache, das zum Zwecke linguistischer Deskription in den Metabereich gehoben ist. Das Signem *Haus* des Metabereichs steht stellvertretend für das entsprechende Signem der Basissprache. Das heißt: Das je spezifische basissprachliche Signem und das entsprechende metasprachliche Signem sind äquivalent in ihrer Signifikant- und Signifikatstruktur. Während das basissprachliche Signem Außersprachliches designiert bzw. denotiert[13], designiert bzw. denotiert das metasprachliche Signem das basissprachliche Signem. Diese spezifische Relation wird in der Literatur auch dahingehend erläutert, daß das metasprachliche Signem die Funktion eines Namens des entsprechenden basissprachlichen Signems erfülle[14]. Deshalb soll diese Subklasse der Signeme der Metasprache den

---

[11a] Vgl. dazu Henne (1971) 47—52.
[12] Vgl. Antal (1965) 16—20; Coseriu (1968/69) 113.
[13] S. dazu 1.6.
[14] Vgl. u. a. Coseriu (1968/69) 113.

Terminus n o m i n a l e s Signem erhalten. Die nominalen Signeme sind Objekt der Deskription.

(112) Terminale Signeme

In dem zitierten metasprachlichen Satz ist *Lexem* ein Signem, dessen Ausdrucks- und Inhaltsseite, also dessen Signifikant und Signifikat, kein Äquivalent in einer Basissprache haben. Das Signifikat dieses Signems wird konstituiert durch eine explizite exemplarische Einführung oder durch eine Definition[15]. *Lexem* ist also ein Terminus. Diese Subklasse von Signemen soll deshalb t e r m i n a l e s Signem heißen. Allerdings gilt, daß auch diejenigen Signeme der Subklasse der terminalen Signeme zuzurechnen sind, deren Signifikant ein Äquivalent in einer Basissprache hat, deren Signifikat aber durch eine exemplarische Einführung oder durch eine Definition von dem Signifikat des entsprechenden Signems der Basissprache differenziert ist, wie z. B. *Inhalt* oder *Bedeutung*. Unter dem Aspekt der quantitativen Konsubstantialität[16] von Signifikant und Signifikat eines Signems innerhalb eines Sprachsystems ist demnach zu postulieren, daß für das Signem *Inhalt* der deutschen Standardsprache als Basissprache und das terminale Signem *Inhalt* einer Metasprache mit zwei Signemen zu rechnen ist. Durch eine Definition oder eine exemplarische Einführung wird — und das referiert die Genese eines terminalen Signems — im Zuge einer Terminologisierung ein neues Signem konstituiert. Damit kann auch die unterschiedliche Signifikatstruktur von *Inhalt* als Signem der deutschen Standardsprache und *Inhalt* als terminales Signem präziser definiert werden: Das basissprachliche Signifikat designiert (zusammen mit dem Signifikanten) außersprachliche Realität, während das metasprachliche Signifikat (gleichfalls zusammen mit dem Signifikanten) basissprachliche Realität entsprechend seiner spezifischen Definition designiert.

(113) Ambige Signeme

In dem zitierten metasprachlichen Satz sind die Signeme *ist ein* weder exemplarisch eingeführte noch definierte Signeme. Die Signifikanten und Signifikate dieser Signeme sind in ihrer Struktur äquivalent mit denen einer spezifischen Basissprache. Aufgrund ihrer spezifischen Signifikatstruktur können sie aber einerseits basissprachliche Realität designieren bzw. denotieren, also in Sätze ü b e r die Basissprache eingesetzt werden; andererseits können sie als nominale Signeme Objekt der Deskription werden. In bezug auf ihre Position im Basis- und Metabereich, spezieller: in bezug auf ihre Funktion als terminales und nominales Signem sind diese Signeme als ambig zu definieren[17].

---

[15] Vgl. Seiffert (1969) 31 ff.
[16] S. dazu 1.4.
[17] Vgl. Reichenbach (1956) 10.

(12) Sprachregeln

(121) Basis-Sprachregeln

Jede Sprachregel der Basissprache muß zum Zweck linguistischer Deskription in den Metabereich gehoben werden. In der metasprachlichen — z. B. in der generativ-transformationellen Grammatik üblichen — Aussage: ‚Der Satz „Das Haus ist schön" besteht aus einer Nominal- und Verbalphrase' repräsentieren die Sprachregeln, die den Satz: „Das Haus ist schön" kombinieren, solche der Basissprache, d. h. sie sind mit denen einer spezifischen Basissprache äquivalent. Diese Sprachregeln sind Objekt der Deskription innerhalb des Metabereichs. Entsprechend der Differenzierung in einen Basis- und Metabereich erhält diese Subklasse von Sprachregeln den Terminus Basis-Sprachregel.

(122) Meta-Sprachregeln und ambige Sprachregeln

Die Sprachregeln, die die Aussage „Der Satz . . . besteht aus einer Nominalphrase und Verbalphrase" kombinieren, sind hingegen als spezifische Meta-Sprachregeln zu subklassifizieren. Diese sind nur z. T. äquivalent mit denen einer Basissprache des Basisbereichs (ambige Sprachregeln). Es gibt z. B. innerhalb der deutschen Standardsprache der Gegenwart keine Sprachregel, die folgende Kombination zuließe: „*Ist* ist ein flektiertes Verb." *Ist* als Nominalphrase, die direkt von S dominiert wird — oder als E(rgänzung)$_1$ innerhalb der Theorie der Dependenzgrammatik —, ist nur gemäß den spezifischen Meta-Sprachregeln an dieser Stelle erlaubt.

(3)   Nichtsprachliche Metaelemente

(31) Symbole

Innerhalb des komplexen Begriffes der Symbolisierung lassen sich u. a. zwei wesentliche Subklassen differenzieren: 1. solche Symbole, die zu dem, was sie symbolisieren, in einer Analogierelation stehen, und 2. solche, in denen Symbol und Symbolisiertes zwei Relate darstellen, die durch eine willkürliche Zuordnung in Relation gesetzt sind und zwischen denen eine Analogierelation nicht existiert. Die letzteren sind künstliche, nichtikonische Zeichen[18]. Sie allein stehen hier zur Debatte.

(311) Nominale Symbole

Für jedes nominale Signem des Metabereichs kann ein Symbol eingeführt werden, das an die Stelle dieses nominalen Signems tritt. Nominales Signem und nominales Symbol sind kommutabel, da durch eine direkte Definition[19] die Austauschbarkeit garantiert ist. Das heißt: An jeder Stelle im Kontext kann das Definiendum (das nominale Symbol) durch das Definiens (das nominale Signem) ersetzt werden. Nominale Symbole erscheinen u. a. auf Wortkarten, auf denen

---

[18] Vgl. Thiel (1953) 243; Resnikow (1968) 193; Klaus/Buhr (1969) 1054.
[19] Vgl. Bocheński (1965) 91.

die räumliche Distribution lexikalischer Elemente erklärt werden soll und wo die Legende eine Gleichsetzung von nominalem Signem und nominalem Symbol gibt (z. B. [= Hus;] = Haus). Aber auch innerhalb graphischer Modelle können — aus darstellungstechnischen Gründen wie im Fall der Wortkarten — nominale Symbole an die Stelle nominaler Signeme treten. Nominale Symbole, präziser: das, was sie symbolisieren, sind Objekt der Deskription.

(312) Terminale Symbole

Jedes terminale Signem kann gleichfalls einem Symbol durch eine direkte Definition zugeordnet werden. Die terminalen Signeme der „symbolischen" Logik, wie z. B. Disjunktion oder Konjunktion, können durch ganz spezifische Symbole ersetzt werden: ⟷ = Disjunktion; ∧ = Konjunktion. Die Ersetzung terminaler Signeme durch terminale Symbole erleichtert spezifische Operationen im Rahmen eines stringenten Systems solcher terminaler Symbole. Als terminale Symbole müssen jedoch auch solche „Abkürzungen" wie NSK für Noem-Sem-Kollektion angesehen werden[20]. Die Zuordnung: NSK = Noem-Sem-Kollektion im Rahmen einer direkten Definition ist grundsätzlich willkürlich, die direkte Definition XYZ = Noem-Sem-Kollektion würde im Prinzip dasselbe leisten. Die Analogie zwischen Symbol (NSK) und Symbolisiertem (Noem-Sem-Kollektion), die in diesem Fall durchscheint, ist lediglich als Analogie in mnemotechnischer Absicht zu verstehen. Spezifische terminale Symbole der formalen Logik folgen übrigens gleichfalls diesem Prinzip mnemotechnischer Stützung (vgl. Disjunktion und das terminale Symbol ⟷).

(313) Diakritische Symbole

Eine weitere spezifische Subklasse von Symbolen innerhalb des Metabereichs sind Diakritika, die z. B. anzeigen, daß spezifische metasprachliche Elemente den Status von nominalen Symbolen haben und somit Objekt der Deskription[21] sind. Unter (111) wurde (im Schreibmaschinenskript) eine Unterstreichung —— gewählt, um anzuzeigen, daß Haus hier als nominales Signem fungiert. Die entsprechende Definition muß also lauten: —— = nominaler Status. (Ersetzt im Druck durch: *kursiv* = nominaler Status.) In ähnlicher Weise werden durch Regeln kombinierte nominale Signeme (Sätze) ausgezeichnet: Unter (15) dienen Anführungszeichen dazu, einen „nominalen" Satz als solchen auszuzeichnen. Entsprechend der in 1.4. aufzuzeigenden internen Struktur eines Signems können unterschiedliche diakritische Symbole eingesetzt werden, um spezifische Elemente eines nominalen Signems als solche auszuzeichnen.

---

[20] S. dazu 4.2.2.
[21] Auf den besonderen Status der Diakritika innerhalb der Metasprache wird in fast allen Beiträgen zum Thema verwiesen.

(32) Graphische Modelle

In der neueren Linguistik tritt zuweilen an die Stelle des terminalen Signems „Theorie" das terminale Signem „Modell"[22]. Modell wird in diesem Fall offensichtlich nicht als zweidimensionales graphisches Konstrukt verstanden, sondern lediglich als ein anderer und nur zum Teil äquivalenter Terminus für eine in metabereichlichen Sätzen vorliegende Theorie oder Teiltheorie. Demgegenüber wird im folgenden ein eingeschränkter Modellbegriff vertreten, der durch das Attribut „graphisch" angezeigt wird: I n n e r h a l b einer Sprachtheorie ist ein graphisches Modell ein zweidimensionales, durch Metasprache und/oder Symbole kommentiertes graphisches Konstrukt, das aufgrund spezifischer Sätze der Sprachtheorie entworfen wird und das — da es in Analogierelation zum Basisbereich steht — Informationen über diesen liefert. Ein graphisches Modell visualisiert somit metasprachliche Sätze der Theorie und ist damit zugleich Medium der Erkenntnisgewinnung. Ein graphisches Modell wird innerhalb einer Sprachtheorie konzipiert a u f g r u n d solcher Sätze der Theorie und bedarf des metasprachliches Kommentars. Es kann allerdings im dialektischen Prozeß der Erkenntnisgewinnung eine Präzisierung und/oder Modifizierung spezifischer Sätze der Theorie erbringen. Ein graphisches Modell kann insofern auch dem Deskriptionsbereich zugeordnet und damit als Deskriptionsmittel angesehen werden, als es in der Lage ist, spezifische Datenmengen des Basisbereichs deskriptiv zu erfassen.

Innerhalb der (kybernetisch orientierten) Theorie des Modellbegriffs sind das „Modelloriginal" (O), das „Modellsubjekt" (S) und das „Modell" (M) differenziert worden: „Wenn zwischen einem Objekt M und einem Objekt O (dem „Modelloriginal") Analogien bestehen, ist M für ein kybernetisches System S (das „Modellsubjekt") in diesem verallgemeinerten Sinne ein Modell, sofern informationelle Beziehungen zwischen S und M dazu beitragen können, Verhaltensweisen von S gegenüber O zu beeinflussen."[23] Damit stellt, wie weiter ausgeführt wird, der Modellbegriff eine dreistellige Relation dar. Angewandt auf die Linguistik und auf die oben vorgenommene spezifische Definition von „graphischem Modell" heißt das: Zwischen einem Modell M, also einem graphischen Modell, und einem Objekt O, also einer Basissprache des Basisbereichs, bestehen, vermittelt über Sätze der Theorie, Analogien und insofern informationelle Beziehungen zwischen dem graphischen Modell M und dem dieses Modell konstruierenden Modellsubjekt S, also einem Linguisten, als diese informationellen Beziehungen dazu beitragen, die Deskription der Basissprache O zu steuern. Damit ist ein wesentliches Merkmal des graphischen Modells definiert worden: Es steht in einer Relation der Analogie zum Modellori-

---

[22] Vgl. u. a. Hartmann (1965) 364—379 und Helbig (1970) 26—33 (jeweils mit weiterführender Literatur); zum wissenschaftstheoretischen Status des Modells vgl. u. a. Frey (1961) 89—97; Stachowiak (1965) 432—463; Revzin (1966) und die entsprechenden Beiträge Freudenthal (1961), Nagel/Suppes/Tarski (1962) und in den Akten des 14. Internationalen Kongresses für Philosophie (1968) Bd. 1—3.

ginal, also zur Basissprache eines Basisbereichs und erlaubt insofern, reduktive Schlüsse vom graphischen Modell auf den Basisbereich zu ziehen[24]: „Das Modell ist ein dem [Modell]original analoges System, das von einem [Modell]subjekt ausgewählt oder hergestellt wird, um von den Informationen über Modelleigenschaften unter Ausnutzung der Informationen über die vorliegende Analogierelation solche Informationen über das Original abzuleiten, die an letzteren nicht oder nur mit unzulässigem Aufwand direkt zugänglich sind, aber für die Durchführung einer gegebenen Aufgabe vom Subjekt benötigt werden."[24a]

Spezifische Subklassen graphischer Modelle sind u. a.:
(321) Strukturgraphen (innerhalb der Theorie der generativ-transformationellen Grammatik oder solche innerhalb der Theorie der Dependenzgrammatik) und
(322) graphische oder „geometrische" Modelle (ohne Bezug auf eine spezifische Theorie).

Diese „geometrischen" Modelle können in einer ersten Näherung folgendermaßen definiert werden:

Geometrische Modelle sind graphische Visualisierungen von Sätzen einer Sprachtheorie. Sie bestehen aus Kanten und Punkten, die zu spezifischen geometrischen Figuren zusammengefügt werden können und des metasprachlichen Kommentars durch terminale Signeme und/oder Symbole bedürfen. Die spezifische Relation der Kanten und Punkte und der spezifische Kommentar ermöglichen es jeweils, über unterschiedliche Elemente und Strukturen des Modelloriginals, also einer Basissprache des Basisbereichs, im Metabereich im Rahmen eines graphischen Modells präzisere Informationen zu gewinnen, wobei — zumindest als Hypothese — vorausgesetzt wird, daß eine strukturelle Analogie zwischen Modell und Modelloriginal existiert.

Die bisherigen Ausführungen leisten eine partielle Strukturierung des Metabereichs germanistische Linguistik. Aufgrund einer spezifischen Sprachtheorie konnten folgende Differenzierungen innerhalb des Metabereichs vorgenommen werden:

(1) nominale Signeme
(2) Basis-Sprachregeln   } Objekt der
(3) nominale Symbole   } Deskription

---

[22] Klaus (1969) 413; vgl. Bunge (1969) 209 ff.
[24] Vgl. Helbig (1970) 26; reduktive Schlüsse haben im Gegensatz zu deduktiven nur hypothetischen Charakter.
[24a] Wüstneck (1966) 1457; dieser definiert die zwischen Modelloriginal und Modell bestehende Analogierelation so: „Zwei Systeme sind als Ganzes einander analog, wenn sie eine Gruppe qualitativ verschiedener u n d gleichzeitig eine andere Gruppe qualitativ identischer, gemeinsamer wesentlicher Merkmale [...] besitzen und zwischen beiden Gruppen innerhalb jedes der beiden Systeme gesetzmäßige Wechselbeziehungen bestehen, die für beide gleich sind." (1457).

(4) terminale Signeme
(5) ambige Signeme   } metasprachliche
(6) Meta-Sprachregeln und ambige Sprachregeln   Deskriptionsmittel

(7) terminale Symbole
(8) diakritische Symbole   } nichtsprachliche
(9) graphische Modelle   Deskriptionsmittel[25]

Die Aufstellung demonstriert, inwiefern es gerechtfertigt ist zu formulieren, die Metasprache sei „reichhaltiger" als eine Basissprache[26]: Die Basissprache ist als nominale Metasprache echte Teilmenge der gesamten Metasprache. Eine Metametasprache wiederum ist reichhaltiger als die Metasprache, da diese wiederum eine echte Teilmenge der Metasprache ist.

I n n e r h a l b eines Metabereichs, hier der germanistischen Linguistik, sind mehrere Ebenen der Deskription anzusetzen. Im Rahmen dieser Untersuchungen werden spezifische geometrische Modelle konstruiert werden, die auf der 2. Ebene des Metabereichs liegen und als O p e r a t i o n s m o d e l l e zu definieren sind.[27] Diese Modelle sind deshalb als solche der 2. Ebene ausgewiesen, weil sie auf Modellen der 1. Ebene operieren. Es werden also aufgrund geometrischer Modelle der 1. Ebene spezifische semantische Operationsanweisungen gegeben werden, die auf ein Modell der 1. Ebene aufgelegt werden und zur Konstruktion von Modellen der 2. Ebene führen. Diese Operationsmodelle geben also metamethodische Anweisungen zur semantischen Deskription. Metamethode (auf der 2. Ebene des Metabereichs) wird hier verstanden als ein System von Regeln, das aufgrund der Theorie und der Ergebnisse der 1. Ebene des Metabereichs spezifische Operationsanweisungen gibt, nach denen die zur Verfügung stehenden Deskriptionsmittel zur — in diesem Fall semantischen — Deskription und damit Erkenntnisgewinnung und Erklärung eingesetzt werden sollen. Deskription ist somit ein wissenschaftlicher (metabereichlicher) Erkenntnisprozeß, der über eine systematische und geordnete Darstellung hinaus auch erklärend (explanativ) und prospektiv ist.

Auf eine terminologische Vereinfachung ist abschließend noch hinzuweisen. Anstelle von „nominales Signem" und „Basis-Sprachregel" (als Objekte der Deskription) erscheinen im folgenden lediglich „Signem" und „Sprachregel". Durch die Attributierung der übrigen Termini ist eine hinreichende terminologische Differenzierung gewährleistet und damit eine zusätzliche Praktikabilität der Termini erreicht. Außerdem wird statt „terminales Signem" auch „Terminus" gebraucht.

---

[25] Symbol bzw. Modell bedürfen der metasprachlichen Definition bzw. des metasprachlichen Kommentars.

[26] Vgl. u. a. Klaus (1965) 179; Klaus (1969) 399.

[27] Heger (1964) 487 spricht von Modellen auf der „zweiten metasprachlichen Ebene" und von „methodologischen Modellen" (493); Henne/Wiegand (1969) 156 ff. von „metametasprachlichen Modellen".

Für den so skizzierten sprachlichen Basis- und linguistischen Metabereich sind nunmehr die historischen und sozialen Implikationen näher anzugeben.

1.2. Synchronie und Diachronie, Gegenwart und Historie

Die schon vor Saussure bekannte Differenzierung linguistischer Methodik in einen systembezogenen, d. h. synchronischen Forschungsaspekt und einen entwicklungsbezogenen, d. h. diachronischen Forschungsaspekt[28] wird von diesem zu einer Antinomie ausgeweitet, die nicht nur Aussagen über die unterschiedliche Methodik der Sprachwissenschaft, sondern auch Aussagen über die Sprache selbst beinhaltet. Im Zusammenhang mit seiner Differenzierung der „Sprache" in faculté de langage, in langue und parole wird von ihm die langue — als das kollektive sprachliche Kommunikationsmedium einer bestimmten und definierten Sprachgruppe — beschrieben als ein synchronisches System, das auf der „axe de simultanéité" den Bedingungen der Entwicklung nicht unterworfen und deshalb einer systematischen Erforschung zugänglich sei. Die Veränderung, der Sprachwandel dieses Systems, erfolge durch vereinzelte sprachliche Faktoren auf der „axe de successivité" und sei lediglich im einzelnen Sprechakt, in der parole begründet. Dieser Sprachwandel könne somit, weil die einzelnen Faktoren selbst kein System bilden, einer systematischen Analyse nicht unterzogen werden[29]. Diese über die Untersuchungsmethodik hinausgehende Trennung der Sprache auf der Stufe der langue in einen systematischen und einen evolutionären Part und damit auch die Trennung der Sprachwissenschaft wird in der Folgezeit modifiziert. Jost Trier forderte 1931 eine „komparative Statik[30]", also eine systematische Diachronie, die aber im Prinzip die statische Systematik der Synchronie unberührt läßt. Im gleichen Jahr demonstrierte Walther von Wartburg das „Ineinandergreifen von deskriptiver und historischer Sprachwissenschaft[31]" dergestalt, daß das System den Bedingungen der Diachronie unterworfen sei und nur von hier aus erklärt werden könne. Diesen Gedanken intensivierte Roman Jakobson, indem er zeigte, daß das synchronische sprachliche System die Disposition zur Veränderung in sich trägt dadurch, daß disparate historische Elemente gleichzeitig in ihm aufgegangen sind[32]. Damit ist konstatiert, daß das System evolutionären Charakter und die Evolution Systemcharakter hat.

---

[28] Kandler (1954) 8; Vacheck (1966) 4; Rensch (1966) 36; Coseriu (1967/68) 90—96; Karaś (1968) 413 ff.; Baumgärtner (1969) 53 ff.

[29] Saussure (1967 ff.) 177; 201 f.; 227; vgl. Weinreich (1968) 120 f.; Coseriu (1970) 87.

[30] Trier (1931) 13.

[31] Wartburg (1931).

[32] Tynjanow und Jakobson (1928) 75; Jakobson (1969), zuerst 1944, 16 f.

Auf dem Hintergrund dieser Modifizierungen ergibt sich für viele Linguisten die Einsicht, daß die Trennung von Diachronie und Synchronie der Sprache eine These ist, die notwendig Hypothetisches enthalte und deshalb in erster Linie eine notwendige Differenzierung unterschiedlicher Forschungsaspekte der Sprachwissenschaft darstelle[33]. Die synchronische Methodik abstrahiere von den dem jeweiligen Sprachsystem immanenten Veränderungen und untersuche nur die Sprache in ihrer Eigenschaft als ein die sprachliche Kommunikation garantierendes Gebilde, das systemhaften Zeichencharakter hat. In der diachronischen Methodik würden im Gegensatz dazu die das System umgestaltenden Faktoren Objekt der Untersuchung.

Diese Reduzierung der Synchronie und Diachronie auf einen methodischen Aspekt entgeht den Schwierigkeiten, vor die sich Saussure gestellt sah, als er bestimmen sollte, welchem Zeitraum ein synchronischer Sprachzustand entspricht, und er definiert, daß dies „n' est pas un point, mais un espace de temps peu ou moins long pendant lequel la somme des modifications survenues est minime[34]." Bei der weiteren Entwicklung dieses Gedankens kommt er der Reduzierung seiner Antinomie auf einen Forschungsaspekt sehr nahe, indem er formuliert: „[...] étudier un état de langue revient pratiquement à négliger les changements peu importants [...][35]" Die konsequente Fortführung dieser Überlegung ergab, daß, wie oben ausgeführt, der Terminus synchronisch insofern arbeitshypothetischen Charakter habe, als er auf jeden Fall einen längeren Zeitraum einschließe, innerhalb dessen das Funktionieren des jeweiligen Sprachsystems beschrieben werde. Umgekehrt könne die diachronische Untersuchung, die z. B. die Veränderungen eines Sprachsystems durch den Einfluß eines anderen untersuche, einen wesentlich kürzeren Zeitraum umfassen[36].

Im Sinne dieser Präzisierungen ist synchronisch als methodischer Terminus auf ein jeweiliges Sprachsystem (als langue) bezogen worden. Synchronisch kann jedoch auch im weiteren Sinne als synchronischer Querschnitt durch eine bestimmte Gesamtsprache, also durch ein Diasystem begriffen werden[37]. Auf dem Hintergrund dieser Erweiterung ist ein Sprachsystem, dem die synchronische Analyse in der oben gegebenen Definition gilt, als echte Teilmenge des synchronischen Querschnitts durch eine Gesamtsprache zu begreifen[38].

Etwa an diesem Punkt der Diskussion macht Baumgärtner, auf Wilhelm von Humboldt rekurrierend, darauf aufmerksam, daß ein „empirisches Aporem" hinsichtlich des Faktums Sprachstruktur und der Idealisierung der Sprach-

---

[33] Vgl. vor allem Coseriu (1970) 76: „Diese Antinomie [...] gehört [...] nicht der Objektebene, sondern der Betrachtungsebene an." Vgl. auch Coseriu (1966) 192 bis 194; und — u. a. — Ullmann (1967) 34, 130 f.

[34] Saussure (1967 ff.) 229.

[35] Saussure (1967 ff.) 230.

[36] Coseriu (1967/68) 103 f.

[37] Vgl. Lieb (1966) 252—263.

[38] Vgl. Heger (1969) 151.

struktur existiere[39]; denn nur indem Saussure von dem jeweils genetischen Prozeß der Sprache, der parole, abstrahiere, könne er die synchronische Analyse der langue der Diachronie konfrontieren. Baumgärtners Fazit steht im wesentlichen in Übereinstimmung mit Darlegungen Coserius: Die Antinomie von Synchronie und Diachronie betreffe nicht das Objekt Sprache, sondern nur deren Erforschung; diese Erkenntnis habe jedoch nur insofern Gültigkeit, als sie sich immer — im Sinne Humboldts — „der sprachlichen Totalität von Synchronie und Diachronie, von langue und parole" bewußt bleibe[40].

Dieses Ergebnis der theoretischen Reflexion der Antinomie Synchronie und Diachronie bedarf insofern einer Kritik, als zumeist undifferenziert vom Saussure'schen Begriff einer langue ausgegangen wird, die synchronisch zu deskribieren sei[41]. Dieser Begriff der langue ist aber insofern zu präzisieren, als jeweils zwischen dem individuell-virtuellen Teilbereich der Sprache einer definierten Sprachgruppe, der Sprachkompetenz, und dem kollektiv-virtuellen Teilbereich der Sprache einer definierten Sprachgruppe, dem Sprachsystem, zu differenzieren ist[42]. Nachdem damit der sprecher- und hörerbezogene Aspekt der langue, also deren kommunikativer Aspekt, präziser definiert ist, kann begründet gefolgert werden, daß die Synchronie im Basisbereich und damit in der Basissprache vorgegeben ist: Die synchronische Sprachbeschreibung im Metabereich hat ihre Entsprechung im Basisbereich in den individuellen (Sprachkompetenzen) und kollektiven (Sprachsystem) Teilbereichen der Sprache einer definierten Sprachgruppe insofern, als sie das beschreibt, was innerhalb der Sprachkompetenzen der Sprachteilhaber einer Sprachgruppe das F u n k - t i o n i e r e n sprachlicher Kommunikation garantiert. Sofern also der Linguist im Metabereich d i e s e n Standpunkt der Sprecher und Hörer des Basisbereichs einnimmt, kann er das Funktionieren des Sprachsystems beschreiben: Nur in dieser Hinsicht stellt der Terminus Synchronie ein „methodisches" Konzept dar[43].

In der diachronischen Analyse hingegen werden die Dispositionen zur Veränderung, die jeweils in der Sprachkompetenz der einzelnen Sprachteilhaber angelegt, diesen aber nicht oder nur sehr partiell bewußt sind, und die Veränderungen selbst zum Objekt der Analyse. Sofern also der Linguist im Metabereich d i e s e n über das jeweilige Metawissen des Sprachbenutzers hinausgehenden

---

[39] Baumgärtner (1969) 56.
[40] Baumgärtner (1969) 64.
[41] Coseriu — z. B. (1970) 82 — unterscheidet zwischen Typus, System, Norm und Rede und kommt dadurch zu differenzierteren Vorstellungen.
[42] Vgl. dazu 1.3. und Henne/Wiegand (1969) 133—136.
[43] Von ähnlichen Überlegungen herkommend kritisiert Gauger (1970) 12—17 Saussures Begriff der Synchronie und langue; er ersetzt, unter dem Aspekt einer „bewußtseinseigenen Sprachbetrachtung", den Begriff der Synchronie durch den der sprachlichen „Kopräsenz der Elemente in einem Bewußtsein", den „Sprachbesitz". Vgl. dazu auch Gabelentz (1901) 60: „Die einzelsprachliche Forschung als solche hat die Sprache nur so, aber auch ganz so zu erklären, wie sie sich jeweilig im Volksgeiste darstellt".

Standpunkt einnimmt, kann er den Sprachwandel beschreiben. Nur in dieser Hinsicht stellt der Terminus Diachronie ein „methodisches" Konzept dar[44].

In diesem Zusammenhang bedarf auch die häufige Verwendung der den Gegensatz Diachronie und Synchronie explizierenden Termini historisch und deskriptiv einer Kritik. Diese Termini sind ohne Symmetrie und suggerieren eine Opposition, die nach dem oben Ausgeführten keine ist. Korrekter ist es deshalb, historisch und gegenwartsbezogen als Termini zu konfrontieren, womit die zeitliche Differenz des zu untersuchenden sprachlichen Objekts beschrieben wird. Dabei ist als historisch jeweils das zu werten, was durch die eigene Sprachkompetenz oder die eines zeitgenössischen Informanten nicht mehr erreichbar ist. Beide zeitlich differenzierten Objektbereiche können nun jeweils unter synchronischen oder diachronischen Aspekten untersucht werden, auch die Historie ist also einer synchronischen Untersuchung zugänglich. Eine Explikation von synchronisch und diachronisch — als Ersatz für deskriptiv und historisch — können die Termini systembezogen und entwicklungsbezogen leisten, wobei deskriptiv dann als die beide Forschungsaspekte einbegreifende fundamentale wissenschaftliche Aktivität zu gelten hat, die zu präskriptiv in Opposition zu setzen ist.

Unter diesen Gesichtspunkten bedarf noch ein anderes Argument der Kritik: Es ist zuweilen betont worden, daß die Theorien und Methoden der neueren Linguistik zuerst an der Gegenwartssprache auszuarbeiten und zu erproben seien. Diese Argumentation setzt z. T. synchronisch mit gegenwartsbezogen gleich und verkennt, daß in der Opposition gegenwartsbezogen — historisch nur unterschiedliche Objektbereiche vorliegen, die wegen ihrer unterschiedlichen stofflichen Basis und zeitlichen Differenz auch einer unterschiedlichen Methodik bedürfen. So wird, um ein Beispiel zu geben und in Vorgriff auf spätere methodologische Argumentationen, eine semantische Untersuchung des Mittelhochdeutschen die Distributionsanalyse in den Vordergrund stellen müssen, um die Semantik der Lexik in Form von Kontexttypen zu eruieren, während die semantische Deskription jener historischen Epochen, in denen die Lexik in Wörterbüchern kodifiziert worden ist, die Distributionsanalyse als ein Mittel zur kritischen Kontrolle der lexikographischen Kodifikation benutzen kann. Einen ganz anderen Stellenwert wiederum kann die Lexikographie der Gegenwart für die gegenwartsbezogene semantische Deskription der Lexik einnehmen; hier kann z. B. die zeitgenössische Lexikographie ein kritisches Instrumentarium darstellen, das den aufgrund seiner eigenen Sprachkompetenz oder aufgrund der Sprachkompetenz seiner Informanten arbeitenden Forscher kritisch zu führen und zu korrigieren vermag.

---

[44] Coseriu (1970) 76 folgert, daß „das Funktionieren der Sprache und der Sprachwandel [...] in der Wirklichkeit zusammenfallen". Ich hingegen plädiere dafür, daß auch auf der Stufe der Basissprache schon zu differenzieren sei; denn auf der metasprachlichen Stufe kann es nichts geben, was nicht eine wie immer geartete Analogie auf der basissprachlichen Stufe hat.

1.3. Sprachkompetenz, Sprachsystem, Diskurs, Sprachnorm

In 1.2. wurde die Differenzierung des Saussure'schen Begriffs einer langue in Sprachkompetenz und Sprachsystem dazu benutzt, um die Termini Synchronie und Diachronie präziser zu definieren. Wiederum schon vor Saussure wurde die „Rede" des Einzelnen von der „Einzelsprache" eindeutig unterschieden[45]. Bei Saussure erscheint diese Differenzierung unter den Termini langue und parole[46]. Sie erwies sich in der Folgezeit als fruchtbar und problematisch zugleich[47]. Nur die Probleme, die diese Dichotomie in der Saussure'schen Fassung aufwirft, sollen im folgenden diskutiert werden.

Der Terminus langue beinhaltet bei Saussure den kollektiv-virtuellen Teilbereich der Sprache einer definierten Sprachgruppe[48]. Demgegenüber wird kein Begriff und Terminus zur Verfügung gestellt, der den kollektiv-realisierten Teilbereich der Sprache einer definierten Sprachgruppe deckt.

Da die Definition einer Sprachgruppe, auf die sich beide Teilbereiche beziehen, bei Saussure nicht explizit erfolgt[49], soll im folgenden eine Rahmendefinition einer Sprachgruppe versucht werden: Diese ist eine Gruppe von Sprachbenutzern, die aufgrund eines nur ihnen zur Verfügung stehenden sprachlichen Kommunikationsmittels in Kommunikation treten können. Dieses sprachliche Kommunikationsmittel steht dieser so definierten Gruppe deshalb zur Verfügung, weil aufgrund historischer, räumlicher und sozialer Kriterien, die im Einzelfall jeweils zu spezifizieren sind, sich eine nur ihnen gemeinsame sprachliche Kommunikation entwickelt hat. Das jeweilige sprachliche Kommunikationsmittel braucht nicht immer voll entwickelt zu sein; teilweise kann es seine Funktion nur unter Zuhilfenahme anderer sprachlicher Kommunikationsmittel erfüllen. Die Sprache einer so definierten Sprachgruppe kann deshalb z. B. sein eine Ortsmundart, eine Berufssprache, eine Standardsprache, die jeweils im Rahmen einer Gesamtsprache zu sehen sind. Diese hingegen muß als Diasystem charakterisiert werden, das keine strukturellen, sondern nur „architektonische" Merkmale aufweist[50].

---

[45] Gabelentz (1901) 3, 54 ff. Vgl. dazu Coseriu (1969) 6 ff.

[46] Saussure (1967 ff.) 40 ff.

[47] Zur Kritik an Saussure, die auf halbem Wege stehen bleibt, vgl. Bierwisch (1966) 82. — Die folgenden Ausführungen im Anschluß an Henne/Wiegand (1969) 132—136.

[48] Vgl. Saussure (1967 ff.) 28 ff.

[49] Vgl. Saussure (1967 ff.) 201: „b) Une seconde différence découle des limites du champ qu'embrasse chacune des deux disciplines [diachronie et synchronie]. L'étude synchronique n'a pas pour objet tout ce qui est simultané, mais seulement l'ensemble des faits correspondant à chaque langue; dans la mesure où cela sera nécessaire, la séparation ira jusqu'aux d i a l e c t e s et aux s o u s d i a l e c t e s. Au fond le terme de synchronique n'est pas assez précis; il devrait être remplacé par celui [...] de idiosynchronique." (Sperrung von mir.)

[50] Coseriu (1964) 139 f.

Der Terminus parole benennt bei Saussure die individuelle Realisierung der langue. In gewisser Weise folgerichtig erfolgt auch hier keine Differenzierung zwischen dem individuell-virtuellen und dem individuell-realisierten Teilbereich dieses Begriffes. Lediglich den zweiten bezeichnet parole. Demnach sind folgende Teilbereiche der Sprache einer definierten Sprachgruppe zu differenzieren:

(1) der inviduell-virtuelle Teilbereich;
(2) der kollektiv-virtuelle Teilbereich;
(3) der individuell-realisierte Teilbereich;
(4) der kollektiv-realisierte Teilbereich.

Für diese vier Teilbereiche der Sprache einer definierten Sprachgruppe werden folgende Definitionen vorgeschlagen:

(1) Der in sich homogene individuell-virtuelle Teilbereich der Sprache einer definierten Sprachgruppe ist die Fähigkeit eines einzelnen Sprachbenutzers (Sprecher, Schreiber, Hörer, Leser), mit Hilfe eines spezifischen Systems von gespeicherten Pleremen, also von Lexemen und Grammemen, und einem spezifischen System von gespeicherten phonemischen (bzw. graphemischen) und syntaktischen Regeln erstens eine spezifische Menge von neuen, den phonemischen (bzw. graphemischen) Regeln adäquaten Pleremen, zweitens eine spezifische Menge von Pleremkombinationen (= Synplereme) zu generieren und zu interpretieren, die ihn als Sprachbenutzer und damit potentiellen Sprachkommunikanten dieser definierten Sprachgruppe ausweisen[51]. Diese nur unter spezifisch linguistischen Gesichtspunkten virtuell existente, individuelle Fähigkeit wird im folgenden S p r a c h k o m p e t e n z genannt[52]. Das System von Lexemen und Grammemen und das System von syntaktischen und phonemischen (bzw. graphemischen) Regeln sind also die beiden linguistisch relevanten Teilkomplexe der Sprachkompetenz.

(2) Der in sich homogene kollektiv-virtuelle Teilbereich der Sprache einer definierten Sprachgruppe ist eine Menge von unterschiedlichen Elementen, von Lexemen und von Grammemen und von allen Regeln, die nach ihrer Elementenanzahl zwischen der Vereinigungs- und der Durchschnittsmenge aller Elemente liegt. Diese Menge ist eine echte Teilmenge der Vereinigungsmenge und enthält: 1. alle Elemente der Durchschnittsmenge; 2. alle Elemente, die in mindestens x (x > 1) Sprachkompetenzen enthalten sind. Die empirisch zu ermittelnde Größe x ist abhängig von der Gesamtzahl der Sprachkompetenzen. Daraus folgt, daß alle Elemente, die in weniger als x Sprachkompetenzen enthalten sind, nicht zu dieser echten Teilmenge gehören. Damit sind alle Elemente, die nur in einer einzigen Sprachkompetenz enthalten sind, nicht Element dieser

---

[51] Zu diesen speziellen Termini signifikativer Einheiten (Plerem, Lexem, Grammem etc.) s. 1.4.
[52] Zur Differenzierung dieser Auffassung von Sprachkompetenz vom Begriff der Sprachkompetenz innerhalb der Transformationsgrammatik s. Henne/Wiegand (1969) Anm. 25.

echten Teilmenge, da sie keinen Kommunikationswert haben. Die so definierte Menge ist eine kollektiv-virtuelle Größe und wird S p r a c h s y s t e m genannt.

(3) Der aufgrund der Sprachkompetenz individuell-realisierte Teilbereich der Sprache einer definierten Sprachgruppe erhält den Terminus D i s k u r s. Der Diskurs ist eine in der Sprachkommunikation sukzessiv gebildete graphisch oder phonisch materialisierte Pleremkombination und stellt eine auf Selektionen der Sprachkompetenz beruhende Realisierung eines individuellen Sprachbenutzers dar.

(4) Der kollektiv-realisierte Teilbereich einer so definierten Sprachgruppe ist eine Menge aller Elemente aller Diskurse, also aller realisierten Plereme und realisierten Pleremkombinationen aller Sprachbenutzer, die nach dem Betrag ihrer Elementenanzahl zwischen der Vereinigungsmenge und Durchschnittsmenge aller Diskurse liegt. Diese Menge ist eine echte Teilmenge der Vereinigungsmenge und enthält alle Elemente der Durchschnittsmenge und alle Elemente, die in mindestens y (y > 1) Diskursen enthalten sind. Für die empirisch zu ermittelnde Größe y gelten entsprechend die Aussagen, die oben für x gemacht wurden. Diese Menge aus Elementen aller Diskurse ist eine kollektiv-realisierte Größe und wird S p r a c h n o r m genannt.

In einer Matrix wäre diese Ordnung der Teilbereiche der Sprache einer definierten Sprachgruppe wie folgt darzustellen[53], wobei die Dichotomien virtuell vs. realisiert und individuell vs. kollektiv die Parameter als Funktionskonstanten darstellen:

	IDIOLEKT	SOZIOLEKT
	individuell	kollektiv
virtuell	SPRACH-KOMPETENZ	SPRACH-SYSTEM
realisiert	DISKURS	SPRACH-NORM

Skizze 2: Matrix der Teilbereiche der Sprache einer definierten Sprachgruppe

Dabei entsprechen Sprachkompetenz und Diskurs in etwa dem, was man einen Idiolekt, und Sprachsystem und Sprachnorm dem, was man einen Soziolekt nennt. Da jedoch die hier definierte Sprachkompetenz alle Merkmale eines

---

[53] Andere Differenzierungen und Korrekturen der Saussure'schen Dichotomie langue-parole haben u. a. Coseriu (1966) 203—208; Coseriu (1970) 71—85 und Heger (1969) 147—160 gegeben; zur kritischen Beurteilung dieser Differenzierungen s. u. a. Harras (1969) 5—15.

Systems aufweist — sie ist eine nichtleere Menge von Elementen, die in spezifischer Relation zueinander stehen —, können Sprachkompetenz und Sprachsystem auch als individuelles Sprachsystem bzw. kollektives Sprachsystem näher expliziert werden.

Diese metabereichlichen Differenzierungen der Sprache einer definierten Sprachgruppe implizieren methodische Konsequenzen. So hat eine semantische Analyse jeweils zu bestimmen, welchem Teilbereich die Untersuchung gilt. Denn wie 1.4. und 1.5. erweisen werden, ist jeweils mit einem unterschiedlichen Status z. B. eines Signems auf der Stufe der Sprachkompetenz und eines realisierten Signems (eines „Signemvorkommens" im Sinne Hegers[54]) auf der Stufe des Diskurses zu rechnen.

1.4. Interne Struktur und Klassifizierung von Sprachzeichen

Entsprechend der von André Martinet konstatierten „double articulation" (zweifachen Gliederung) jeder natürlichen Sprache[55] sind — auf der Stufe der Sprachkompetenz und des Sprachsystems, also innerhalb der virtuellen Teilbereiche — distinktive und signifikative Elemente zu unterscheiden, die auf der Stufe des Diskurses und der Sprachnorm realisiert und damit materialisiert sind bzw. werden, deshalb also z. B. als Phone bzw. Phonemvarianten und realisierte Signeme (s. u.) zu gelten haben.

Die entsprechend den phonemischen und graphemischen Regeln eines Sprachsystems kombinierten distinktiven Elemente konstituieren die signifikativen Elemente. Die distinktiven Elemente sind unter den Termini Phoneme bzw. Grapheme in die Linguistik eingeführt. Als Gattungsterminus für distinktive sprachliche Elemente soll Distingem fungieren[56].

Während Distingeme als sprachzeichenkonstituierend und zugleich sprachzeichendifferenzierend definiert sind, also selbst keine Sprachzeichen mit Inhalts- und Ausdrucksseite sind, sind die signifikativen sprachlichen Elemente dadurch definiert, daß sie eine Ausdrucks- und Inhaltsseite aufweisen, somit bilaterale Sprachzeichen sind. Als Gattungsterminus für signifikative sprachliche Elemente überhaupt, also auch für durch Regeln konstituierte Sprachzeichenkombinationen, soll Signem fungieren[57], so daß der Begriff und Terminus Signem auch zum Satz und darüber hinaus führt. Die bilateralen sprachlichen Elemente sind im Gegensatz zu den Distingemen als sprachliche

---

[54] Vgl. Heger (1969) 159.
[55] Martinet (1963) 25 ff.
[56] Heger (1969) 166.
[57] Nach Heger (1969) 166. — Gegenüber Hegers z. T. widersprüchlicher Definition (vgl. 166 und 168) sei hier festgehalten, daß das Signem Form und Substanz miteinbegreift und Kombinationen signifikativer Einheiten, also Signeme der Ränge R_{1+n}, durch Sprachregeln konstituiert werden; s. dazu Anm. 77.

Z e i c h e n definiert, weil nur auf diese zutrifft, daß sie Außersprachliches „abbilden" bzw. „widerspiegeln"[58]. Dazu bedarf es des Erkenntnissubjekts, also des jeweiligen Sprachbenutzers einer Sprachgruppe, des Sprachzeichens und der außersprachlichen Realitität, die in den Sprachzeichen ihre Widerspiegelung bzw. Abbildung findet. Diese Abbildfunktion sprachlicher Zeichen, daß sie also auf etwas verweisen, was sie nicht selber sind, ist auch als deren „Intentionalität" beschrieben worden[59], ein Terminus, der die Abbildfunktion vom Sprachzeichen aus zu definieren sucht. Der Intentionalitätscharakter sprachlicher Zeichen wurde in der Scholastik durch die Formel „aliquid stat pro aliquo" beschrieben und stellt eine nicht umkehrbare Stellvertretungsrelation dar.[60]

Unter der Voraussetzung der Bilateralität eines sprachlichen Zeichens, das Außersprachliches abbildet, und unter der weiteren Voraussetzung, daß zwischen dessen Ausdrucks- und Inhaltsseite eine Interdependenz- und Solidaritätsrelation existiert, ist das oben zitierte zeichentheoretische Postulat folgendermaßen zu applizieren: Das Ausdruck und Inhalt umfassende Sprachzeichen (aliquid) steht für (stat pro) das außersprachliche Phänomen.[61]

Im folgenden soll nunmehr die interne Struktur sprachlicher Zeichen aufgezeigt werden. Struktur soll definiert sein als die spezifischen Relationen, in denen die Elemente oder Teilkomplexe eines sprachlichen Zeichens zueinander stehen[62].

Das im wesentlichen auf Saussure basierende Postulat der Bilateralität sprachlicher Zeichen wurde von Hjelmslev dahingehend erweitert, daß er sowohl dessen Ausdrucks- als auch Inhaltsseite einen Substanz- und Formbereich zuschrieb. Allerdings stellte für Hjelmslev nur der F o r m bereich der Ausdrucks- und Inhaltsseite den Objektbereich l i n g u i s t i s c h e r Deskription dar[63], die Ausdrucks- und Inhaltssubstanz war somit innerhalb des Metabereichs irrelevant. Diese von Hjelmslev erweiterte Sprachzeichenstruktur wurde im folgenden dahingehend präzisiert, daß sowohl die Ausdruckssubstanz als auch die Inhaltssubstanz zum Objektbereich linguistischer Deskription ge-

---

[58] Vgl.Resnikow (1968) 28 ff.; Schaff (1964) 166 f.; Albrecht (1967) 162 ff.
[59] Vgl. Resnikow (1968) 27 f.; Gauger (1970) 63 f.; Vgl. dazu 1.6. und die Diskussion des Zeichenbegriffs der Lexikographen in Kap. 3.
[60] Vgl. Bühler (1965) 40.
[61] Vgl. dazu Coserius Interpretation von Aristoteles' Zeichentheorie (1968/69) 70; vgl. Wiegand (1970) 248—253, wo die Applizierung dieser nicht umkehrbaren zeichentheoretischen Prämisse auf verschiedene Zeichentheorien durchgespielt wird; vgl. dazu auch 1.6.
[62] Damit ist konstatiert, daß Sprachzeichen Systemcharakter haben; denn der Begriff der Struktur kann definiert werden nur im Hinblick auf Systeme oder Subsysteme. Struktur ist somit das Gesamt der Relationen der Elemente innerhalb eines Systems oder Subsystems, das wiederum als strukturierte Elementenmenge zu definieren ist. Zur Definition von System s. 1.3.; diese Definitionen von Struktur und System bzw. Subsystem folgen Kröber (1968) 1314 f.
[63] Vgl. u. a. Itkonen (1968) 467.

2*

rechnet wurde[64]. Dabei muß die Relation von Form und Substanz des Sprachzeichens dialektisch interpretiert werden: Die Form — sowohl der Ausdrucks-
als auch der Inhaltsseite — ist als „substanzgebundene Form" und die Substanz
als „geformte Substanz" zu begreifen[65], wobei die verschiedenen Grade der
„Formung" jeweils anzugeben sind (s. dazu unten).

Akzeptiert man zudem, daß Ausdrucks- und Inhaltsseite quantitativ konsubstantiell sind bzw. in einer Solidaritätsrelation zueinander stehen[66], so wird
die Inhaltssubstanz, i n n e r h a l b derer nur qualitative Konsubstantialität
und dementsprechend quantitative Divergenzen existieren, zur eigentlichen
Operationsbasis der Semantik[67]. Denn über die R e l a t i o n von Ausdrucks-
und Inhaltsseite, also über das, was Ullmann „meaning" nennt[68], kann man
bei den oben getroffenen Voraussetzungen nichts anderes aussagen, als daß sie
wechselseitig vorhanden ist[69]. Andererseits erlaubt die Annahme der quantitativen Divergenz innerhalb des Substanzbereichs des sprachlichen Zeichens
widerspruchsfrei das Phänomen der Polysemie zu definieren, was nach Saussure'schen Prämissen nicht möglich war, und deshalb notwendigerweise zum
Dogma der Monosemie führen mußte[70]. Nunmehr kann man jedoch — ohne
das Postulat der Konsubstantialität zu verletzen (was, wie das Dogma der
Monosemie zeigt, zu einer Atomisierung des sprachlichen Zeichens führen
würde) — folgern, daß die an eine bestimmte Ausdrucksseite „substanzgebundene" Inhaltsform und die dieser entsprechenden „geformte" Inhaltssubstanzsumme[71] zwar quantitativ konsubstantiell an die Ausdrucksseite gebunden sind,
daß aber diese Inhaltssubstanzsumme sich als zusammengesetzt erweist aus
mehreren quantitativ divergierenden Substanzen, die das erklären, was man
landläufig die verschiedenen Bedeutungen eines „Wortes" nennt[72].

Nach dieser Skizzierung der internen Struktur des sprachlichen Zeichens
gilt es zunächst, das signifikative Minimalelement zu definieren und die Bedin-

---

[64] Vgl. Henne/Wiegand (1969) Anm. 71 (mit weiterführender Literatur). Der Terminus Substanz innerhalb der Linguistik entspricht nicht immer dem, was bestimmte
philosophische Schulen darunter verstehen. Vgl. Heringer (1968) Anm. 23.

[65] Vgl. Wiegand (1970) 271—273.

[66] Dieses Definitionsmerkmal bilateraler sprachlicher Zeichen basiert auf Saussures
berühmter Metapher von der Vorder- und Rückseite eines Blatt Papiers. Hjelmslev
übernahm dieses Postulat. Vgl. Heger (1964) 489; Heger (1967) 525; Schauwecker
(1968) 537; Henne/Wiegand (1969) 151 u. 157. — Die quantitative Konsubstantialität gilt nur in synchronischer Perspektive und unter der Bedingung der Virtuali-
tät.

[67] Vgl. Heger (1969) 169; Henne/Wiegand (1969) 157.

[68] Ullmann (1962) 57; Ullmann (1967) 66; vgl. dazu Weinrich (1962) 187.

[69] Vgl. Henne/Wiegand (1969) 157 (mit weiterführender Literatur).

[70] Vgl. u. a. Schauwecker (1968) 537.

[71] Für die Inhaltssubstanzsumme gibt es u. a. folgende Termini in der Literatur: Heger
(1964) 515: Bedeutungsumfang; Henne/Wiegand (1969) 156: Semsumme; Heger
(1969) 168: Signifikat.

[72] S. dazu die dieses Faktum demonstrierenden Skizzen Baldingers, abgedruckt bei
Henne/Wiegand (1969) 151 und in der vorliegenden Arbeit Skizze 3.

gung seiner Kombination auf höheren Rängen anzugeben[73]. Ränge sind definiert als ein hierarchisiertes System von Rangstufen, in dem Kombinationen signifikativer Einheiten auf dem Rang n in einer Teil-Ganzes-Relation zu Kombinationen signifikativer Einheiten des Ranges n + 1 stehen. Dabei kann der hierarchische Rang sowohl eines Signems als auch eines realisierten Signems bestimmt werden. Im letzteren Falle bedeutet dies, daß die Funktion eines realisierten Signems in einem Kontext bestimmt wird, während im ersteren Falle seine Zusammensetzung aus nächstkleineren signifikativen Einheiten oder seine Funktion bei der Stiftung größerer signifikativer Einheiten beschrieben wird[74].

Da oben die Forderung aufgestellt wurde, das signifikative Minimalelement zu bestimmen, soll im folgenden nach der Definition dieses Minimalelements dessen Funktion bei der Stiftung von signifikativen Elementen auf höheren Rängen angegeben werden[75].

Das signifikative Minimalelement erhält den Terminus Plerem. Es ist innerhalb des virtuellen Teilbereichs als kleinstes definiert dadurch, daß es nicht als eine Kombination aus signifikativen Elementen eines nächstniederen Ranges zu beschreiben ist[76]. Kombination meint hier: daß zumindest zwei signifikative Elemente und eine Sprachregel als Katenationsregel, nach der die Kombination erfolgt, summiert werden können.[77] Innerhalb der Plereme, die auf Rang 1 (R_1) zu plazieren sind, sind zwei Subklassen zu differenzieren, $R_{1'}$ und $R_{1''}$. Zur Subklasse der Plereme, die $R_{1'}$ zuzurechnen sind, sollen diejenigen Plereme gehören, die einem offenen paradigmatischen System zuzurechnen sind, insofern als diese Subklasse von Pleremen vermehrbar ist, ohne daß n o t - w e n d i g Funktionsveränderungen, d. h. Änderungen der Struktur der Inhaltsseite bei zumindest einem der übrigen Plereme dieser Subklasse zu konstatieren sind. Diese Subklasse ist weiter strukturierbar insofern, als jeweils operationell paradigmatische Subsysteme als (lexikalische) Paradigmen zu kon-

---

[73] Zu den hierarchischen Rängen von Einheiten vgl. Halliday (1961) 241—292; Huddleston (1965) 574 ff.; Heger (1967) 516 f.; Heger (1969) 148 f.; 183 ff.

[74] Vgl. Heger (1967) 516.

[75] Das Folgende in Anlehnung an einen Versuch Hegers (1969) 183 ff., der zugleich modifiziert wird.

[76] Hinsichtlich eines realisierten Plerems würde das bedeuten, daß es „nicht weiter unterteilbar ist". Heger (1969) 183.

[77] Heger (1969) 149 f. nennt diese Sprachregel in Anlehnung an Seiler (1964) 18 ff. eine „Katena", der er — mit Ausdrucks- und Inhaltsseite — den Charakter eines sprachlichen Zeichens zuspricht. Ich hingegen interpretiere, daß die „Verkettungen" signifikativer Einheiten einem syntaktischen Regelsystem unterliegen und spreche jeweils von einer Katenationsregel, die (1) die Reihenfolge der zu katenierenden Plereme bestimmt, wodurch (2) die spezifische semantische Relation hergestellt wird, die auf satzsemantischen Mustern basiert; dadurch ist (3) die Selektion der semantischen Merkmale der katenierten Plereme angegeben. Polenz (1968) 13 spricht von „syntaktischen Transformationsmustern, nach denen [...] ständig neue ‚Wörter' entstehen können." Beispiele satzsemantischer Muster, die den Kompositemen und Derivatemen zugrundeliegen, geben die Lexikographen selbst; Vgl. 3.3.4.; 4.1.3.

stituieren sind, die n u r o p e r a t i o n e l l als geschlossen definiert werden können.

Zur Subklasse der Plereme, die $R_{1''}$ zuzurechnen sind, sollen diejenigen Plereme gehören, die einem geschlossenen paradigmatischen System zuzurechnen sind, insofern als diese Subklasse von Pleremen n i c h t vermehrbar ist, ohne daß Funktionsveränderungen, also Änderungen der Struktur der Inhaltsseite bei zumindest einem der übrigen Plereme dieser Subklasse zu konstatieren sind. Diese Subklasse ist weiter strukturierbar insofern, als jeweils operationell paradigmatische Subsysteme als (grammatische) Paradigmen zu konstituieren sind, die jeweils — und zwar nicht nur operationell — als geschlossen definiert werden können.[78]

Die signifikativen Minimalelemente, die einem offenen paradigmatischen System zuzurechnen sind und folglich in operationell konstituierten offenen Paradigmen stehen, also solche auf $R_{1'}$, erhalten den Terminus Lexem; solche, die einem geschlossenen paradigmatischen System zuzurechnen sind und folglich in operationell konstituierten und geschlossenen Paradigmen stehen, also solche auf $R_{1''}$, erhalten den Terminus Grammem. Dabei sind im Rahmen der deutschen Standardsprache Substantive, Verben und „Beiwörter" (Adjektive und Adverbien) sicher den Lexemen zuzurechnen, sofern sie die Bedingung des Plerems als signifikatives Minimalelement nach der oben gegebenen Definition erfüllen. Für die Grammeme sind, sofern sie gleichfalls die Bedingung der Definition des Plerems erfüllen, weitere „Subklassen" anzusetzen: Die „freien" Grammeme, also die Grammeme, die im Diskurs „mindestens einmal zwischen zwei Pausen" (oder graphischen Leerstellen) vorkommen können (z. B. *der, ich*)[79], sollen unter dem Terminus Lexogrammem zusammengefaßt werden. Die „gebundenen" Grammeme hingegen, die die Bedingungen der Definition der „freien" Grammeme nicht erfüllen, erhalten entweder den Terminus Flexionsgrammem (z. B. *-e, -er, -en*) oder den Terminus Derivationsgrammem (z. B. *ver-, -lich*), da diese beiden „Subklassen" der Grammeme unterschiedliche Funktionen in bezug auf die Kombination signifikativer Elemente auf höheren Rängen erfüllen.

Dem bilateralen, ausdrucks- und inhaltsseitigen Lexem und Grammem ist nun jeweils ein Substanz- und Formbereich zuzuweisen, der auch terminologisch zu differenzieren ist. Dabei soll für das Lexem u n d Grammem gelten: Der Substanzbereich der Ausdrucksseite ist als A u s d r u c k s s u b s t a n z - s u m m e (ASUS) terminologisch zu benennen und als geformte Ausdrucks-

---

[78] Vgl. u. a. Heger (1969) 187; die von mir vorgenommene approximative Definition von Lexem und Grammem versucht eine Relation von paradigmatischem „System" (dafür auch oft „Inventar", vgl. Martinet (1963) 107 f.) und „Paradigma" herzustellen insofern, als Paradigmen als operationell konstituierte paradigmatische Subsysteme gelten sollen; zur Definition von Paradigma s. 1.5. — Eine Differenzierung von Lexem und Grammem, die ihre Kriterien aus der unterschiedlichen Struktur der Inhaltsseite bezieht, ist mehrmals versucht worden; vgl. u. a. Weinreich (1963) 135 f.

substanz zu beschreiben. Diese beinhaltet sämtliche Distingeme eines Lexems bzw. Grammems. I n n e r h a l b der ASUS existieren quantitative Divergenzen und somit lediglich qualitative Konsubstantialität, d. h. es sind jeweils einzelne D i s t i n g e m e anzusetzen, die wiederum durch d i s t i n k t i v e M e r k m a l e konstituiert werden. Die Form der Ausdrucksseite, die als M o n e m terminologisch zu benennen ist, gibt die spezifische Relation an, in der die Distingeme der ASUS stehen, also z. B. //taɪk// und nicht //aɪtk//.

Der Substanzbereich der Inhaltsseite ist als (I n h a l t s -) S u b s t a n z - s u m m e (SUS) terminologisch zu benennen und als geformte Inhaltssubstanz zu beschreiben. I n n e r h a l b dieser SUS existieren quantitative Divergenzen und somit lediglich qualitative Konsubstantialität, d. h. es sind jeweils einzelne (I n h a l t s -) S u b s t a n z k o l l e k t i o n e n (SUK) anzusetzen, die wiederum durch s e m a n t i s c h e M e r k m a l e (M) konstituiert werden. Die Form der Inhaltsseite, die als S e m e m terminologisch zu benennen ist, gibt die spezifische (gerichtete) Relation an, in der die semantischen Merkmale der SUS zueinander stehen. Dazu werden in 3.4. und 4.2. spezifische Beispiele zu erbringen sein. Der Terminus S i g n i f i k a n t soll dann für die den Substanz- und Formbereich umfassende Ausdrucksseite stehen und der Terminus S i g - n i f i k a t für die den Substanz- und Formbereich umfassende Inhaltsseite.

Nunmehr kann die Substanzsumme, die als die „Gesamtbedeutung" z. B. des Lexems zu explizieren ist, als eine disjunktive (↔) Kombination der Substanzkollektionen (der „Bedeutungen") beschrieben werden, die wiederum durch die semantischen Merkmale in Form einer konjunktiven (∧) Kombination konstituiert werden[80]:

$$SUS = SUK_1 \leftrightarrow SUK_2 \leftrightarrow \ldots \leftrightarrow SUK_n$$
$$SUK = M_1 \wedge M_2 \wedge \ldots \wedge M_n$$

Unter mengenalgebraischen Aspekten läßt sich die Relation dieser quantifizierbaren semantischen Größen wie folgt angeben[81]:

SUK c SUS
SUK ⊆ SUS

Das heißt: Die Substanzkollektion ist eine echte Teilmenge (c) der Substanzsumme in den Fällen, in denen Polysemie oder Homonymie vorliegt; die Substanzkollektion ist eine Teilmenge (⊆) der Substanzsumme in Fällen, in denen Monosemie vorliegt (jede Menge ist Teilmenge von sich selbst).

M c SUK
M ⊆ SUK

---

[79] Thümmel (1966) 119; „freie" und „gebundene" „Formen" wurden von Bloomfield definiert; vgl. auch Heger (1969) 188.
[80] Vgl. Heger (1969) 167, 177; Disjunktion und Konjunktion hier als logische Termini: Disjunktion: entweder A oder B, d. h. weder beide noch keins von beiden; Konjunktion: A und B, d. h. weder A alleine noch B alleine noch keins von beiden.
[81] Vgl. Henne/Wiegand (1969) 152. Die Termini Kollektion und Summe sind motiviert entsprechend dieser mengenalgebraischen Aspekte.

Das heißt: Das semantische Merkmal ist eine echte Teilmenge oder eine Teilmenge der Substanzkollektion.

Dabei ist es beliebig, in welcher Reihenfolge die SUKn, die in Form einer disjunktiven Kombination die SUS konstituieren, angegeben werden. Erst innerhalb des Semems wird die Relation der SUKn zueinander angegeben, d. h. die spezifisch gerichtete Struktur der semantischen Merkmale vollständig bestimmt.

Die präzise Konstituierung höherer Ränge, in denen die Plereme in Kombinationen auftreten, ist nun abhängig davon, welche Plereme des Ranges R_1 als „frei" und welche als „gebunden" eingestuft werden. Frei ist in d i e s e m Zusammenhang dadurch definiert, daß ein Signem des Ranges n „für sich alleine als Signem des nächsthöheren Ranges R_{n+1} fungieren kann; [...] ein gebundenes Signem des Ranges R_n ist dadurch gekennzeichnet, daß es nur in solchen Signemen des Ranges R_{n+1} auftreten kann, die außer ihm und der Katena mindestens ein weiteres Signem des Ranges R_n enthalten"[82]. Von Heger ist ein solches Rangstufensystem konzipiert worden[83], das aber, da es von einzelsprachlichen Bedingungen abstrahiert und auf das zielt, was allen Sprachen gemeinsam ist, für die Zwecke der Deskription deutscher Standardsprache revisionsbedürftig scheint.

Für die vorliegende Untersuchung ist eine präzise Ausarbeitung der höheren hierarchischen Ränge nicht nötig. Festgehalten werden muß hingegen, daß die Kombination (1) Lexem $\times$ Derivationsgrammem (z. B.: *häus* $\times$ *lich*)[84], die Kombination (2) Lexem $\times$ Lexem (z. B.: *Haus* $\times$ *tür*) bzw. Lexem $\times$ Derivationsgrammem $\times$ Lexem (z. B.: *Gott* $\times$ *es* $\times$ *furcht*) und die Kombination (3) Lexem $\times$ Flexionsgrammem (z. B.: *Häus* $\times$ *er*) nicht mehr den Bedingungen des Ranges R_1 entsprechen. Diese Kombinationen sind deshalb auf höheren Rängen, also auf R_{1+n} zu plazieren. Diesen sowie allen anderen möglichen Pleremkombinationen wird insgesamt der Terminus S y n p l e r e m zugewiesen. Innerhalb der hier spezifizierten Synplereme sind entsprechend dem Unterschied der obigen Beispiele verschiedene Subklassen anzusetzen, die — in der Reihenfolge der Beispiele — als (1) D e r i v a t e m , (2) K o m p o s i - t e m und (3) F l e k t e m einzuordnen sind. Ohne nun einer endgültigen Konstituierung und Hierarchisierung der Ränge vorzugreifen, können zudem Derivatem und Kompositem einerseits und Flektem andererseits v o r l ä u f i g differenziert werden, so daß Derivatem und Kompositem auf $R_{1+n'}$ und das Flektem auf $R_{1+n''}$ plaziert werden. Dadurch wird zumindest betont, daß Derivateme und Kompositeme selbst wieder Teile offener paradigmatischer Subsysteme sind, während dies für das Flektem nicht gilt, das dadurch definiert ist, daß es in ein grammatisches Paradigma, also ein geschlossenes paradigmatisches Subsystem, eingebettet wird. Kombinationen spezifischer Grammeme bzw.

---

[82] Heger (1969) 188 f.
[83] Heger (1969) 183—206.
[84] $\times$ steht hier für die Katenationsregel.

Grammemparadigmen mit spezifischen Lexemen bzw. Derivatemen bzw. Kompositemen können dann klassifiziert werden. Diese Klassifikation entspricht den Wortklassen oder Wortarten der Grammatik[85], also z. B. Substantiv, Verb, Adjektiv.

Greift man nach diesen Ausführungen auf die eingangs zitierte und von André Martinet konstatierte „zweifache Gliederung" jeder natürlichen Einzelsprache zurück: „einer ersten Gliederung in doppelseitige minimale Einheiten ([...] Moneme [...]), einer zweiten Gliederung in aufeinanderfolgende minimale Einheiten mit [...] distinktiver Funktion ([...] Phoneme)"[85a], so läßt sich das Gliederungsprinzip natürlicher Sprachen auf der Basis eines hierarchischen Rangstufensystems, das der Kombinationsfähigkeit der hier definierten sprachlichen Elemente folgt und diese relationiert, folgendermaßen konzipieren: Auf R_0 sind Distingeme zu plazieren (1. Gliederung); nach distingemischen Regeln kombinierte Distingeme konstituieren Plereme, die auf R_1 zu plazieren sind (2. Gliederung); nach Katenationsregeln, also signemischen Regeln kombinierte Plereme konstituieren Pleremkombinationen, also Synplereme, die auf R_{1+n} zu plazieren sind (3. Gliederung).

DISTINGEM	SIGNEM	
Phonem/Graphem	Plerem	Synplerem
R_0	R_1	R_{1+n}

Skizze 2 a:
Distinktive und signifikative sprachliche Elemente im Rahmen eines Rangstufensystems

Danach läßt sich die These von der quantitativen Konsubstantialität sprachlicher Zeichen sowie das System der hier definierten Termini innerhalb der Ränge R_1 und R_{1+n} in Modellen und Tabellen wie folgt darstellen (s. Skizzen 3 bis 6, S. 26 f.).

Im Zusammenhang mit dieser tabellarischen Übersicht sind zugleich die diakritischen Symbole zu verabreden, die anzeigen sollen, welche Elemente sprachlicher Zeichen entsprechend der hier skizzierten internen Struktur zur Deskription anstehen[86]. Danach soll gelten: Signeme (also Lexeme, Grammeme, Derivateme, Kompositeme, Flekteme) erscheinen kursiv: *Frucht, fruchtbar*. Der

---

[85] Vgl. Heger (1969) 193 f.
[85a] Martinet (1968) 33; Bühler (1965) 72 spricht von „Sprache" als einem „zweiklassigen System" [„Satz" und „Wort"] und konstatiert in einer Anmerkung, daß die Phoneme bei dieser „Namengebung" unberücksichtigt seien.
[86] S. dazu 1.1.

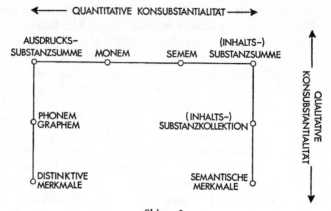

Skizze 3:
Modell der quantitativen und qualitativen Konsubstantialität sprachlicher Zeichen

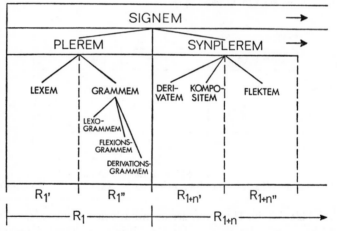

Skizze 4: Termini für (1) signifikative sprachliche Einheiten, (2) die signifikative
Minimaleinheit auf R_1 und (3) deren Kombinationen auf R_{1+n}

SIGNIFIKANT		SIGNIFIKAT	
SUBSTANZ	FORM	FORM	SUBSTANZ
DISTINK-TIVE MERKMALE A SUS DISTIN-GEM	MONEM	SEMEM	SUS SUK SEMAN-TISCHE MERKMALE
PLEREM: LEXEM GRAMMEM			

Skizze 5: Die terminologische Differenzierung der signifikativen Minimaleinheit

SYNSIGNIFIKANT		SYNSIGNIFIKAT	
SUBSTANZ	FORM	FORM	SUBSTANZ
DISTINKTIVE MERKMALE / A SUS DISTINGEM	SYNMONEM	SYNSEMEM	SUS SUK / SEMANTISCHE MERKMALE
SYNPLEREM: DERIVATEM KOMPOSITEM		FLEKTEM	

Skizze 6: Die terminologische Differenzierung der Kombination signifikativer Minimaleinheiten auf R_{1+n}

Signifikant bzw. Synsignifikant erscheint in Schrägstrichen: /Frucht/, /fruchtbar/. Das Signifikat bzw. Synsignifikat erscheint in einfachen Anführungszeichen: ‚Frucht', ‚fruchtbar'. Das Monem bzw. Synmonem erscheint in doppelten Schrägstrichen: //Frucht//, //fruchtbar//. Das Semem bzw. Synsemem in doppelten Anführungszeichen: „Frucht", „fruchtbar". Die Substanzsumme in runden Klammern: (Frucht). Die Substanzkollektion in eckigen Klammern: [Frucht]. Für die semantischen Merkmale wird in 4.2.2. eine operational orientierte Differenzierung vorgenommen und daraus folgend eine entsprechende diakritische Differenzierung.

1.5. Der Objektbereich der Lexikologie

Nach diesen Differenzierungen innerhalb der Ränge R_0, R_1, R_{1+n} und spezieller der Ränge $R_{1'}$, $R_{1''}$, $R_{1+n'}$, $R_{1+n''}$ kann der Objektbereich der Lexikologie als linguistischer Disziplin bestimmt werden: Objekt der Deskription sind diejenigen Elemente auf R_1 und R_{1+n}, die einem offenen paradigmatischen System zuzurechnen sind, wobei eine semantische Lexikologie speziell deren Signifikatstrukturen zu beschreiben hat. Das trifft für das Lexem auf $R_{1'}$ und für das Derivatem und Kompositem auf $R_{1+n'}$ zu. Die Deskription derjenigen Signeme, die einem geschlossenen paradigmatischen System zuzurechnen sind, also das Grammem auf $R_{1''}$ und das Flektem auf $R_{1+n''}$ sowie die Kombination signifikativer Elemente auf höheren Rängen bis hin zu Sätzen und Texten muß dagegen der Grammatik bzw. Syntax zugewiesen werden.

Damit ist zugleich konstatiert: Es gibt keine Grammatik, zumindest keine zureichende, ohne Semantik. Die Opposition heißt nicht Grammatik-Semantik, sondern Grammatik-Lexikologie, wobei eine exhaustive linguistische Deskription nur durch eine Kooperation beider Disziplinen erreicht wird. Hiermit ist jedoch auch konstatiert, daß Derivateme und Kompositeme z u g l e i c h zum Objektbereich der Grammatik, spezieller: der Syntax gehören, da sie nach einer (syntaktischen) Katenationsregel konstituiert werden, die in 1.4 definiert wurde. Damit findet die viel diskutierte Streitfrage, ob die „Wortbildungen" dem Objektbereich der Lexikologie oder Grammatik zuzuweisen seien[87], eine plausible Lösung: Sofern die Katenationsregel expliziert werden soll, also das Faktum, warum diese Signeme auf $R_{1+n''}$ zu plazieren sind und welche satzsemantischen Muster den Synpleremen zugrundeliegen, kann das nur im Rahmen der Syntax erfolgen. Die Deskription der semantischen Merkmale, deren Selektion die Katenationsregel angibt, ist dagegen — da es sich um Signeme eines offenen paradigmatischen Systems handelt — einer semantischen Lexikologie zuzuweisen.

Auch bestimmte Flekteme liegen in einem Zwischenbereich von Lexikologie und Grammatik. Einzelne Lexeme, wie z. B. das Lexem *Wort*, erhalten durch Einbettung in konkurrierende grammatische Paradigmen auch unterschiedliche semantische Merkmale zugewiesen (*Worte*, *Wörter*).

Der Objektbereich der Lexikologie soll nunmehr unter dem summierenden Terminus Lexik (vgl. *Lexik*ologie und *Lexik*ographie) gefaßt werden. Lexeme, Derivateme und Kompositeme sind dann unter dem summierenden Terminus lexikalische Signeme (LS) zusammenzufassen.

Aufgrund der Konstituierung eines partiellen Rangstufensystems kann nunmehr auch expliziert werden, wie aufgrund der bisher erarbeiteten Prämissen der Begriff des „parataktischen Feldes" und „syntaktischen Feldes" einzuordnen ist[88], der innerhalb der Lexikologie wichtiges Diskussionsobjekt war und ist. Mit letzterem Terminus versuchte Porzig den Trier'schen Feldbegriff („parataktisch") gegenüber dem von ihm explizierten „syntaktischen" abzugrenzen[89]. Diese sogenannten parataktischen und syntaktischen Felder sind nunmehr umfassender und präziser in die Konstruktion semantischer lexikalischer Paradigmen und semantischer Syntagmen einzuordnen, wobei eine Auseinandersetzung mit dem „Feld"-Begriff hier nicht geführt werden kann.

(1) Onomasiologische lexikalische Paradigmen

Onomasiologische lexikalische Paradigmen sind o p e r a t i o n e l l begründbare Konstrukte des Metabereichs[90]. Diese lexikalischen Konstrukte bilden lexikalische Subsysteme des Basisbereichs, also einer spezifischen Objektsprache, innerhalb eines individuellen (Sprachkompetenz) oder kollektiven

---

[87] Vgl. zuletzt Schippan (1969) 263—266.

[88] Porzig (1957) 120, 125; das „syntaktische Feld" wurde von Porzig (1934) unter dem Terminus „wesenhafte Bedeutungsbeziehungen" in die Literatur eingeführt.

[89] Zu dem „parataktischen" Feldbegriff Triers s. u. a. Oksaar (1958) 12 ff.; Seiffert (1968) 9—47; Seiler (1968) 268—286; Rupp (1968) 35—49; Hoberg (1969); Weisgerber (1970) 275—292; eine Fortführung der Theorie des syntaktischen Feldes von Porzig gibt Coseriu (1967) 293—303 unter dem Terminus „lexikalische Solidaritäten"; vgl. auch den Begriff eines „Worthofs" von Grebe (1969) 63; Baumgärtner (1967) 166 spricht von einem „kontextualen Feldbegriff" Porzigs, dem er den „paradigmatischen ‚Sinnbezirk'" Triers gegenüberstellt; vgl. Ducháček (1960) 22—35; Kühlwein (1967) 41—48.

[90] Vgl. Seiler (1966/67) 271, der allerdings den Paradigmabegriff auf das „grammatische Paradigma" eingeengt wissen möchte.

Sprachsystems im Metabereich ab. Ein onomasiologisches lexikalisches Paradigma ist somit eine Klasse von an unterschiedliche, also mehrere Signifikanten gebundener SUKn, die durch spezifische Identität und Opposition semantischer Merkmale ausgezeichnet sind[91]. Dieses Paradigma ist im Gegensatz zum grammemischen Paradigma als offen zu definieren insofern, als die Addition oder Substraktion einer weiteren SUK nicht notwendig Funktionsveränderungen der anderen SUKn zur Folge hat; lediglich unter operationellen Aspekten ist es als geschlossen zu bezeichnen. Diese paradigmatische Klassenbildung impliziert, daß die an mehrere Signifikanten gebundenen SUKn in einer „Entweder-Oder"-Relation stehen, die als Disjunktion terminologisch zu benennen ist („aut-aut", d. h. exklusives „oder", terminales Symbol ↔)[92]. Gesehen auf die syntagmatische Umgebung, in der diese SUKn mit ihren Signifikanten realisiert werden können, bedeutet dies, daß sie aufgrund der Identität der semantischen Merkmale jeweils in ein und denselben Kontext (als Teil eines Diskurses) eingesetzt werden können und sich zugleich in demselben Kontext — aufgrund der oppositiven semantischen Struktur — wechselseitig ausschließen, d. h. in minimaler Opposition stehen[93]. Die an mehrere Signifikanten gebundenen SUKn eines onomasiologischen Paradigmas konstituieren also eine in der Relation der Disjunktion stehende Kommutationsklasse[94], wobei die partiell identische semantische Struktur den Status eines Paradigmas und die oppositive die Relation der Disjunktion garantiert. Der Konstruktcharakter des Paradigmas bedingt nun, daß spezifische Operationen vorzusehen sind, durch die solche Paradigmen konstituiert werden[95]: Onomasiologische lexikalische Paradigmen, die lexikalische Subsysteme abbilden, werden konstituiert durch eine in 4.2.2. zu explizierende onomasiologische Operation. Dadurch wird eine Klasse von SUKn konstituiert, die an unterschiedliche Signifikanten gebunden sind. Diese Klasse von SUKn zeichnet sich dadurch aus, daß sie ein nächsthöheres semantisches (Gattungs-)Merkmal gemeinsam haben und durch spezifische Differenzmerkmale in minimaler Opposition zueinander stehen (s. dazu 5.5.5.).

Entsprechend der Differenzierung in $R_{1'}$ und $R_{1+n'}$ sind verschiedene Subklassen onomasiologischer lexikalischer Paradigmen zu differenzieren:

---

[91] Coseriu (1970) 181 spricht in bezug auf ein lexikalisches Paradigma vom „lexikalischen Inhaltskontinuum" u n d „minimalen unterscheidenden Inhaltszügen, (die) in unmittelbarer Opposition miteinander stehen." — Martinet (1968) 167 betont, daß der Begriff der Opposition „Gleichheit" und „Verschiedenheit" voraussetzt: „In jeder Opposition gibt es eine den beiden Gliedern gemeinsame Basis und [...] eine Differenz [...]".

[92] Vgl. Hjelmslev (1961) 36 und Anm. 80.

[93] Vgl. Coseriu (1970) 166 f.; Martinet (1963) 35.

[94] Seiler (1966/67) 271 spricht von „Substitutionsklasse".

[95] Vielfach werden die „Wortfelder" oder zumindest Teile von ihnen als einfach vorgegeben betrachtet. Vgl. z. B. Coseriu (1970) 168: „Wir schlagen dagegen vor, von unmittelbaren Oppositionen, zum Beispiel zwischen zwei oder drei Lexemen, auszugehen [...] und das Wortfeld schrittweise zu „konstruieren" [...]". Vgl. auch Baumgärtner (1965/66) 174.

(11) die Subklasse eines onomasiologischen Lexem-Paradigmas:

$Lexem_1$ (mit SUK_1) ⟷ $Lexem_2$ (mit SUK_2) ⟷ ... ⟷ $Lexem_n$ (mit SUK_n);

(12) die Subklasse eines onomasiologischen lexikalischen Synplerem-Paradigmas (lexikalisches Synplerem = LSy (= Derivatem oder Kompositem)):

LSy_1 (mit SUK_1) ⟷ LSy_2 (mit SUK_2) ⟷ ... ⟷ LSy_n (mit SUK_n);

(13) die „hybride", die Rangstufen überkreuzende Subklasse eines onomasiologischen lexikalischen Signem-Paradigmas (lexikalisches Signem = LS (= Lexem oder Kompositem oder Derivatem)):

LS_1 (mit SUK_1) ⟷ LS_2 (mit SUK_2) ⟷ ... ⟷ LS_n (mit SUK_n).

(2) Semasiologische lexikalische Paradigmen

Da onomasiologische lexikalische Paradigmen ausgezeichnet sind durch spezifische semantische Relationen m e h r e r e r SUKn, die an unterschiedliche, also m e h r e r e Signifikanten gebunden sind, ist zu fragen, ob nicht auch die semantisch begründbaren Relationen mehrerer SUKn, die an e i n e n Signifikanten gebunden sind, als paradigmatisch zu definieren sind: Semasiologische lexikalische Paradigmen sind gleichfalls operationell begründbare Konstrukte des Metabereichs, durch die lexikalische Subsysteme des Basisbereichs, also einer Objektsprache, innerhalb eines individuellen (Sprachkompetenz) oder kollektiven Sprachsystems abgebildet werden. Ein semasiologisches lexikalisches Paradigma ist eine Klasse von SUKn e i n e s lexikalischen Signems, die innerhalb der SUS dieses lexikalischen Signems in der spezifischen Relation der Disjunktion stehen[96]. Das heißt: Die an einen Signifikanten gebundene gemeinsame SUS garantiert den Status eines Paradigmas und die oppositive semantische Merkmalstruktur der SUKn die Relation der Disjunktion. Semasiologische Paradigmen sind gleichfalls als offen zu definieren und können lediglich unter operationellen Aspekten als geschlossen bezeichnet werden. Sie werden durch eine in 4.2.2. zu explizierende semasiologische Operation konstituiert. Dadurch wird eine disjunkte Klasse von SUKn konstituiert, die an einen Signifikanten quantitativ konsubstantiell gebunden ist[97]. In bezug auf ihre mögliche Realisierung in Kontexten konstituieren die SUKn eines semasiologischen Paradig-

---

[96] S. dazu 1.4.

[97] Coseriu (1970 a) 105 konzediert: „Bei der sprachlichen Polysemie handelt es sich um verschiedene funktionelle Einheiten, um verschiedene Sprachinhalte, die nur zufällig im materiellen Ausdruck zusammenfallen [...]" Diese „verschiedenen Sprachinhalte" eines „materiellen Ausdrucks" sind auf der Basis von 1.4. als SUKn spezifiziert worden. Coseriu (1970) 161 definiert: „In der Semasiologie ist der Ausgangspunkt ein Ausdruck, und man untersucht die Beziehungen, die diesen Ausdruck mit den verschiedenen Inhalten, die er wiedergeben kann, verbinden." Aus weiteren Ausführungen Coserius wird allerdings ersichtlich, daß er unter einem „lexematischen Gesichtspunkt" der Semasiologie keine Chance einräumt, „Sprachinhalte", also „funktionelle Einheiten" (s. o.) zu strukturieren, „da es in diesem Fall keine Kombination von Ausdruckselementen gibt" und so nur übrigbliebe, „die Interpretation der lexikalischen Einheiten" zu strukturieren (Coseriu (1970) 90 und 187 in Auseinandersetzung mit der semantischen Theorie von Katz und

mas — da jeweils an e i n e n Signifikanten gebunden — keine Kommutationsklasse; vielmehr müssen jeweils die Kontexte kommutiert werden, damit die
unterschiedlichen SUKn realisiert werden können[98]. Somit wäre in diesem Fall
von spezifischen Kontextklassen zu sprechen, die durch die SUKn eines semasiologischen Paradigmas konstituiert werden. Konträr zu (1) wäre also zu
definieren: Die SUKn eines semasiologischen lexikalischen Paradigmas, gebunden an einen Signifikanten, können jeweils in unterschiedliche Kontexte eingesetzt werden, in denen sie sich wechselseitig ausschließen.

Da die spezifische Relation der Disjunktion der SUKn eines semasiologischen lexikalischen Paradigmas, und das heißt, gesehen auf die mögliche Realisierung, der oppositiven Selektion, allein durch die Relation zur SUS des jeweiligen lexikalischen Signems definiert ist, braucht über die s p e z i f i s c h e
Relation, in der die semantischen Merkmale dieser SUKn untereinander stehen
können, hier nichts weiter ausgeführt werden (s. dazu Kap. 5.).

Entsprechend der Differenzierung in $R_{1'}$ und $R_{1+n'}$ ist zu differenzieren:

(21) die Klasse eines semasiologischen Lexem-Paradigmas:

$Lexem_1$ (mit SUK_1) ↔ $Lexem_1$ (mit SUK_2) ↔ . . . ↔ $Lexem_1$ (mit SUK_n);

(22) die Klasse eines semasiologischen lexikalischen Synplerem-Paradigmas:

LSy_1 (mit SUK_1) ↔ LSy_1 (mit SUK_2) ↔ . . . ↔ LSy_1 (mit SUK_n).

In ähnlicher Weise können nun auch g e s c h l o s s e n e Grammem- und
Flektem-Paradigmen operationell konstituiert werden, die als Paradigmen im
traditionellen Sinne der Grammatik gelten, die aber entpsrechend dem Analyseobjekt dieser Untersuchung nicht zur Debatte stehen[99].

(3) Lexikalische Syntagmen sind nach bestimmten Katenationsregeln konstituierte Signeme. Die lexikalischen Syntagmen repräsentieren die syntagmatische Dimension der Sprache, die durch die Sowohl-als-Auch-Relation (∧), d. h.
die der Konjunktion, beschrieben ist[100]. Dabei sind zu differenzieren:

(31) Die Klasse des Kompositems: z. B. Lexem ∧ × ∧ Lexem[101];

(32) die Klasse des Derivatems: z. B. Lexem ∧ × ∧ Derivationsgrammem.

Fodor). Allerdings: Auch die „Bedeutungsbeziehungen" zwischen zwei Lexemen
eines onomasiologischen Paradigmas oder „Wortfeldes" im Sinne Coserius ergeben
sich nicht unmittelbar etwa durch Gegenüberstellung dieser Lexeme (s. dazu 4.2.3.),
sondern die „Bedeutungsbeziehungen" erfahren im Metabereich eine „Interpretation", also Deskription. Auch im Fall der „Bedeutungsbeziehungen" zwischen zwei
Lexemen handelt es sich um Relationen von SUKn; die spezifischen Operationen
zur Eruierung „polysemer" (semasiologischer) und (partiell-)synonymer (onomasiologischer) SUKn sind unterschiedlich. Maximal ist eine integrierte Deskription
(s. dazu 5.7.4.).
[98] S. dazu 4.2.3.
[99] Vgl. u. a. Seiler (1966) 190 ff.
[100] Vgl. Hjelmslev (1961) 36 und Anm. 80; bei Hjelmslev ist die Relation der Konjunktion allerdings nur auf den „process", den „text" bezogen.
[101] × steht hier wiederum für die Katenationsregel.

(33) In diese Klassifikation sind nun auch die „wesenhaften Bedeutungsbeziehungen" oder „syntaktischen Felder" oder „lexikalischen Solidaritäten"
einzubeziehen, die auf höheren, hier nicht konstituierten Rängen bestimmte
Syntagmen vom Typus z. B. Prädikat-Subjekt oder Prädikat-Objekt darstellen.
Damit erweist sich Baumgärtners Kritik als gerechtfertigt, daß bei dem „Relationentyp" Porzigs kein „Feld" vorliege. Baumgärtner ordnet deshalb diesen
Relationentyp dem „umfassenden Mechanismus der semantischen Kompatibilität oder Kontextselektion" unter[102], der hier unter dem zusammenfassenden
Begriff eines Syntagmas gebracht wurde.

Graphisch lassen sich diese paradigmatischen und syntagmatischen lex-
ikalisch-semantischen Relationen auf den hierarchischen Rängen wie folgt darstellen:

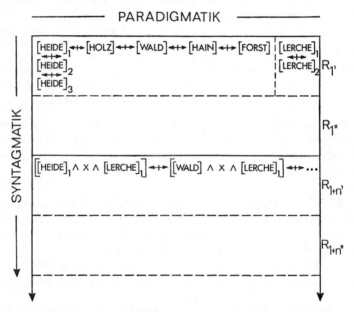

Skizze 7: Lexikalische Paradigmen und Syntagmen auf den Rängen $R_{1'}$ und $R_{1+n'}$

Auf $R_{1'}$: Beispiel eines lexikalischen Paradigmas nach (11) und (21); auf
$R_{1+n'}$: Beispiel eines lexikalischen Syntagmas nach (31) und eines lexikalischen
Paradigmas nach (12).

Die Beispiele nach Eberhard (1799) 70 ff. und Adelung (1796) 1061 ff.;
2029 f.; (1801) 1358.

---

[102] Baumgärtner (1967) 168.

1.6. Die Abbildfunktion bzw. Intentionalität von Sprachzeichen

Am Ende von 1.3. wurde darauf verwiesen, daß entsprechend der Differenzierung in Sprachkompetenz und Sprachsystem, Diskurs und Sprachnorm mit einem unterschiedlichen Status eines Signems auf der Stufe der Sprachkompetenz und des Sprachsystems einerseits und eines realisierten Signems auf der Stufe des Diskurses und der Sprachnorm andererseits zu rechnen sei[103]. Innerhalb der Phonemik wird dieser Tatsache Rechnung getragen, indem für die virtuellen Teilbereiche Phoneme angesetzt werden, die in den realisierten Teilbereichen als Phone und — sofern sie klassifiziert sind — als Phonemvarianten definiert sind. Für die Definition der Relation z. B. eines Plerems zur außersprachlichen Realität ist nun diese Differenzierung gleichfalls relevant: Entsprechend der Ordnung in virtuelle und realisierte Teilbereiche ist eine unterschiedliche Relation eines Plerems und eines realisierten Plerems zur außersprachlichen Realität zu konstatieren, die den unterschiedlichen Status des Plerems insgesamt bestimmt.

Diese unterschiedliche Relation zur außersprachlichen Realität soll als die unterschiedliche Abbildfunktion bzw. Intentionalität (aliquid stat pro aliquo) des Plerems und des realisierten Plerems definiert werden. Das meint, daß das Plerem ein Produkt seiner Funktion ist, Außersprachliches „abzubilden" („widerzuspiegeln"), darüber hinaus aber auch Instrument dieses Prozesses ist, insofern als ein Sprachbenutzer als Erkenntnissubjekt mittels des Plerems diese Abbildung als Abstraktionsprozeß „intendiert"[103a].

Diese Definition der nicht umkehrbaren Zuordnungsrelation zwischen Plerem und Außersprachlichem ist durch Konventionen innerhalb einer Sprachgruppe stabilisiert. Sie ist nichtsdestoweniger für ein Plerem innerhalb des virtuellen individuellen und kollektiven Teilbereichs und innerhalb des realisierten individuellen und kollektiven Teilbereichs zu definieren.

Das Signifikat eines Plerems kann erstens ein Element der Sprachkompetenz und zugleich — als abstraktive, empirisch zu ermittelnde und (unter 1.3.) mengenalgebraisch definierte Größe — ein Element des Sprachsystems sein. Dabei kann — gesehen auf die semantische Struktur des Signifikats, d. h. die jeweils auszusetzende SUS — das Verhältnis von Sprachkompetenzplerem zu Sprachsystemplerem als Teilmengenbeziehung angegeben werden. Einem Sprachkompetenzsignifikat sind, zusammen mit dem Sprachkompetenzsignifikanten, Klassen von außersprachlichen Sachen und Sachverhalten zugeordnet. Eine Klasse von außersprachlichen Sachen oder Sachverhalten erhält, sofern ihr ein Plerem zugeordnet ist, den Terminus Designat. Einem Sprachkompetenzsignifikat eines Plerems ist deshalb, zusammen mit dem jeweiligen Signifikanten, lediglich ein Designat zugeordnet. Ein Designat ist eine begriffliche Vorstellung

---

[103] Vgl. Henne/Wiegand (1969) 136—138; im folgenden sind einige terminologische und sachliche Korrekturen vorgenommen worden.
[103a] Vgl. u. a. Schaff (1969) 193 und oben 1.4.

bzw. ein Komplex begrifflicher Vorstellungen und hat als ein extensional definierter Begriff bzw. als Komplex von Begriffen zu gelten, wodurch die generellen Sachen und Sachverhalte abgebildet werden[104].

Das Signifikat eines Plerems kann zweitens eine Einheit des Diskurses und zugleich — als abstraktive, empirisch zu ermittelnde und (unter 1.3.) mengenalgebraisch definierte Größe — ein Element der Sprachnorm sein. Das Diskurssignifikat eines Plerems ist eine realisierte Größe. Einem Diskurssignifikat ist, zusammen mit dem Signifikanten, eine Einzelvorstellung zugeordnet, die den Terminus Denotat erhält. Ein Denotat bildet spezifische Sachen und Sachverhalte ab. Das Diskurssignifikat ist identisch mit der individuellen Gebrauchsweise, wobei, determiniert durch Situation und Kontext, ein Denotat denotiert wird. Dieses Faktum ist unter dem Terminus Monosemierung bekannt. D. h.: Im Fall von Polysemie des Plerems wird bei seiner Realisierung innerhalb eines Kontextes und einer Situation, determiniert durch diese, nur eine spezifische SUK selektiert, so daß SUS und SUK identisch sind. Sprachspiele bzw. Wortwitze beruhen dann darauf, daß der Kontext des realisierten Plerems bewußt so gewählt wird, daß keine Monosemierung erfolgt.

Im folgenden soll die unterschiedliche Zuordnungsrelation eines Plerems und eines realisierten Plerems zum Außersprachlichen in graphischen Modellen dargestellt werden.

Dabei ist darauf hinzuweisen, daß erst durch die Definition der Zuordnungsrelation eines Plerems u n d eines realisierten Plerems, dieses determiniert

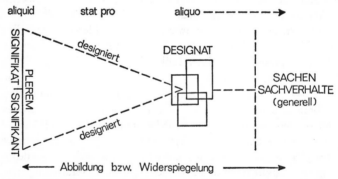

Skizze 8: Die Zuordnungsrelation eines Plerems zum Außersprachlichen

---

[104] Die Ansetzung eines extensional definierten Begriffs als Designat impliziert eine linguistische Hypothese, die die bisher nicht gelöste Frage offen läßt, ob (1) Denken ohne Sprache möglich ist oder ob (2) Denken an Sprache strikt gebunden ist oder ob (3) ein kontinuierlicher Übergang von sprachabhängigem zu sprachunabhängigem Denken anzusetzen ist. Im Falle von (2) wären Designat und Signifikat identisch. Entsprechendes gilt für den Begriff des Denotats (s. u.). Vgl. zu Teilaspekten dieses Problems Wiegand (1970) 253.

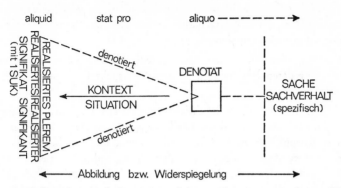

Skizze 9: Die Zuordnungsrelation eines realisierten Plerems zum Außersprachlichen

durch Kontext und Situation, die Abbildfunktion und Intentionalität der Sprache insgesamt garantiert ist: daß also die Sachen und Sachverhalte über die Denotate und deren Klassen (Designate) in der Sprache abgebildet werden. Dabei können innerhalb der Linguistik keine ontologischen Aussagen über den Status der außersprachlichen Sachen und Sachverhalte gemacht werden. Sie interessieren nur insofern, als sie in Form der oben definierten Relation in der Sprache, d. h. hier speziell: in den Pleremen, abgebildet bzw. widergespiegelt werden.

1.7. Lexik und Kodifikation

Wenn die Lexikologie in 1.5. u. a. definiert wurde als diejenige linguistische Disziplin, die die ausdrucks- und inhaltsbezogenen Strukturen derjenigen Sprachzeichen zu beschreiben habe, die in offenen Paradigmen stehen, also der lexikalischen Signeme, so muß die Kodifikation[105] dieser lexikalischen Signeme als Unterdisziplin der Lexikologie gelten. Diese Kodifikation der lexikalischen Signeme trägt konventionell den Terminus Lexikographie (,Wörterbuchschreibung'). Das praktische Ergebnis der lexikalischen Kodifikation ist das Wörterbuch, in der neueren Linguistik teilweise (wieder) als Lexikon (λεξικόν [βιβλίον] ,Wörterbuch') bezeichnet, was z. T. jedoch lediglich Sprachzeicheninventar, z. B. eines „idealen Sprecher-Hörers", meint. Daß in einem Wörterbuch Bestandteile von geschlossenen Paradigmen, also konventionellerweise auch Lexogrammeme kodifiziert werden, muß unter den hier explizierten theoretischen Prämissen zumindest als inkonsequent gelten, obwohl dadurch praktischen Bedürfnissen Rechnung getragen wird: „lexicography as applied lin-

---

[105] Der Terminus „Kodifikation" wurde von der Prager Schule in dieser Weise verwendet. Vgl. u. a. Havránek (1964) 414; Vachek (1966) 97.

3*

guistics"[106]. Die praktische Inkonsequenz dieser Position wird ersichtlich daraus, daß Grammatiken u n d Wörterbücher jeweils z. B. das Paradigma der Artikel (als Lexogrammeme) kodifizieren.

Da im folgenden Objekt der Analyse lediglich monolinguale Wörterbücher sind, steht nur deren Problematik unter dem Aspekt Lexik und Kodifikation zur Debatte[107].

Nach den in 1.1. bis 1.5. beschriebenen theoretischen Voraussetzungen der Linguistik im allgemeinen und der Lexikologie im besonderen kann der Lexikograph das Korpus der zu kodifizierenden Lexik dadurch begrenzen, daß er nach bestimmten linguistischen Merkmalen die zu kodifizierenden lexikalischen Signeme selektiert. Diese Merkmale sind zugleich Deskriptionsmerkmale, nach denen die vorhandenen und noch zu produzierenden Wörterbücher klassifiziert werden können[108]. Aufgrund der vorstehenden Ausführungen ergeben sich folgende Merkmale: [gegenwartsbezogen], [historisch], [diachronisch], [synchronisch], [bezogen auf eine definierte Sprachgruppe], [bezogen auf mehrere definierte Sprachgruppen], [bezogen auf einen Einzelnen als Mitglied einer Sprachgruppe], [bezogen auf einen Einzelnen als Mitglied mehrerer Sprachgruppen]. Zusätzlich liefert die Dichotomie gesprochene und geschriebene Sprache, also die unterschiedlichen Realisationsformen sprachlicher Kommunikation, deren Relevanz in 2.2. diskutiert wird, zwei weitere Differenzierungsmerkmale, die unter den Termini [oral] und [scribal] dieser Merkmalliste hinzuzufügen sind.

Bei Applizierung dieser Merkmale kann der Lexikograph unterschiedliche Klassen von Wörterbüchern produzieren, wobei die jeweilige Klasse als eine Teilkombination der oben explizierten Merkmale aufzufassen ist. Daß die jeweiligen Klassenmerkmale nicht immer scharf zu erarbeiten sind, markiert den Unterschied zwischen theoriebezogener Linguistik und Lexikographie als angewandter Linguistik, worauf oben schon verwiesen wurde. Lediglich bestimmte Merkmale des obigen Inventars bedürfen noch einer kurzen Explikation: Ein Lexikograph kann versuchen, die Lexik einer definierten Sprachgruppe zu kodifizieren. Er kann aber auch bestrebt sein, die Lexik mehrerer Sprachgruppen (innerhalb einer Gesamtsprache als Diasystem), die mehr oder weniger definiert sind, in sein Wörterbuch aufzunehmen. Außerdem kann er die Lexik eines Einzelnen als Repräsentanten einer definierten Sprachgruppe kodifizieren oder auch die Lexik eines Einzelnen als Repräsentanten mehrerer Sprachgruppen, also diejenigen lexikalischen Signeme, die sich aus dessen Gesamtsprachkompe-

---

[106] So der Titel einer Abhandlung von Meier (1969) 141.
[107] Zu dem weiteren Komplex der Lexikographie s. Henne (1969 a) mit weiterführender Literatur. (Einige theoretische Positionen dieses Artikels sind korrekturbedürftig).
[108] Typologische Klassifikation lexikalischer Kodifikationen haben u. a. Malkiel (1967) 3—24 und Sebeok (1962) 363—374 geliefert.

tenz herleiten[109]. Das ergibt konventionellerweise die Wörterbücher zu bestimmten Autoren, also z. B. „Goethe"- oder „Luther"-Wörterbuch.

Darüber hinaus kann ein Lexikograph die zu kodifizierende Lexik nach Kriterien bestimmen, die unter linguistischen Aspekten nur noch vage zu determinieren sind: So kann er etwa einen Text lexikalisch kodifizieren, der nach dem Maßstab kulturhistorischer oder literarischer Relevanz ausgewählt wurde. Dieses Merkmal soll unter dem Terminus [textkodifizierend] dem oben aufgestellten Merkmalinventar beigegeben werden.

Daneben gibt es Merkmale, nach denen sich zwei Konzeptionen hinsichtlich der A n l a g e des Wörterbuchs differenzieren lassen. Diese Differenzierungen basieren auf der internen Struktur des bilateralen Signems, die in 1.4. näher beschrieben wurde. Danach kann der Signifikant oder das Signifikat des Signems Ordnungskriterium für die Kodifikation der Lexik sein. Der e r s t e Wörterbuchtypus ordnet die zu kodifizierende Lexik von der Ausdrucksseite des Signems, also vom Signifikanten her. Der Signifikant erscheint als Lemma im Wörterbuch, dem in der semantischen Deskription das entsprechende Signifikat zugeschrieben wird. Erweist sich, daß die Substanzsumme des Signifikats aus mehreren Substanzkollektionen besteht, daß also das entsprechende Signem polysem ist, so konstituiert der Lexikograph ein lexikalisches semasiologisches Paradigma gemäß den Klassen (21) und (22) in 1.5., d. h. eine paradigmatische semantische Teilstrukturierung der Lexik erfolgt vom Signifikanten her. Dieses Faktum findet konventionellerweise seine Bezeichnung dadurch, daß man sagt, ein „Wort" habe mehrere Bedeutungen. Die Anordnung der Signifikanten, also der Lemmata, erfolgt normalerweise durch eine mehr oder weniger normierte Orthographie, obgleich die nach sehr unterschiedlichen Prinzipien genormten Schriftzeichensysteme die phonemische Struktur der Signeme nur unvollkommen wiedergeben.

Im z w e i t e n Wörterbuchtypus werden die zu kodifizierenden Signeme von deren Inhaltsseite her geordnet. Das Signifikat stellt also das Ordnungskriterium der lexikalischen Kondifikation, und diesem Signifikat wird der entsprechende Signifikant zugeschrieben. Aufgrund sehr unterschiedlicher Vorstellungen hinsichtlich der internen Struktur des Signems existieren hier sehr unterschiedliche und z. T. kontroverse Konzeptionen. Eine Konzeption, die im Rahmen dieser Untersuchungen noch näher zu beschreiben ist, besteht darin, daß von einem außereinzelsprachlichen bzw. übereinzelsprachlichen Begriff[110], d. h. von einem solchen, der unabhängig von den besonderen Bedingungen einer Einzelsprache formuliert wird, ausgegangen und anschließend gefragt wird, welche Signeme der zu kodifizierenden Lexik diesen Begriff innerhalb ihrer Signifikate beinhalten. Aufgrund dieser Operationen kann der Lexikograph jeweils onomasiologische lexikalische Paradigmen gemäß den

---

[109] S. dazu Henne/Wiegand (1969) 134 (Anm. 26).

[110] Vgl. Heger (1967) 533—536; Baldinger (1969) 247 und 4.2.2. dieser Untersuchung.

Klassen (11), (12) und (13) in 1.5. konstituieren, also die Lexik unter onomasiologischen Aspekten paradigmatisch teilstrukturieren[111].

Der erste Wörterbuchtypus ist gemeinhin unter dem Terminus eines „alphabetischen" Wörterbuchs bekannt. Entsprechend den unterschiedlichen Konzeptionen hinsichtlich der internen Struktur des Signems im allgemeinen und der des Signifikats im besonderen gibt es für den zweiten Wörterbuchtypus unterschiedliche Termini, die mit „Sachwörterbuch", „Synonymenwörterbuch" und „Begriffswörterbuch" anzugeben sind[112].

Daneben existiert noch ein d r i t t e r Typus der Anlage nach. Gegenüber der streng alphabetischen, d. h. orthographischen Lemmatisierung des ersten Wörterbuchtypus wird in diesem Fall ein „Stammwort", d. h. zumeist ein Lexem, als Lemma gesetzt, und unter dem Lemma des Lexems werden die Derivateme und Komposeteme aufgeführt und semantisch deskribiert, deren Bestandteil das Lexem ist. Dieses Prinzip der Stammwortlemmatisierung stimmt mit dem ersten Wörterbuchtypus insofern überein, als jeweils von dem Signifikanten ausgegangen und — falls das Lexem polysem oder homonym ist — ein semasiologisches lexikalisches Paradigma gemäß Klasse (21) in 1.5. konstituiert wird; mit dem zweiten insofern, als bestimmte partiell onomasiologische lexikalische Paradigmen konstituiert werden gemäß der Klasse (13) in 1.5. Allerdings werden diese lexikalischen Paradigmen nicht nur aufgrund der Signifikatrelationen (wie beim Wörterbuchtypus zwei) konstituiert, sondern aufgrund der Signifikantrelationen, die zumeist auch Signifikatrelationen garantieren[113]. Somit wird eine hybride Form lexikalischer Paradigmen konstituiert, in denen lexikalische Signeme verschiedener Ränge aufgrund partieller Identität des Signifikanten vereint sind.

Aus der theoretisch orientierten Deskription dieser Wörterbuchtypen wird ersichtlich, daß die hier anvisierte Lexikographie auf semantischen Operationen basiert, in denen jeweils eine wechselseitige Zuordnung der ausdrucks- und inhaltsbezogenen Struktur der Lexik erfolgt[114]. Dabei basiert das alphabetische Wörterbuch präzis auf dem, was man eine semasiologische Operation nennt, während das Begriffswörterbuch und seine Variationen durch eine onomasiologische Operation konstituiert wird. Der dritte Wörterbuchtypus schließlich wird aufgrund einer semasiologisch-syntagmatischen (also wortbildungsbezogenen oder signemgenetischen) Operation konstituiert. Diese drei Typen von

---

[111] Zur näheren Explikation und präzisen Definition von s e m a s i o l o g i s c h e n und o n o m a s i o l o g i s c h e n lexikalischen Paradigmen s. 4.2.2. und 4.2.5.

[112] Vgl. Baldinger (1960) 521—536.

[113] Vgl. Henne (1968 a) 103—111; dort Beispiele dieser Stammwortlemmatisierung: Kaspar Stieler z. B. subsumiert unter dem Lemma *Adel: Amtsadel, Blutadel, Erbadel, Landadel, Stadtadel, adlich, edel*.

[114] Daß darüber hinaus unter dem Terminus Lexikographie auch solche Kodifikationen gefaßt werden, die nur Teilelemente sprachlicher Zeichen kodifizieren, wie z. B. Orthographiewörterbücher, Aussprachewörterbücher etc., ist offensichtlich, soll aber hier ausgeklammert werden.

Wörterbüchern sind demnach präziser als semasiologisches, onomasiologisches und signemgenetisches Wörterbuch zu definieren.

Das oben aufgestellte Merkmalinventar kann also durch [semasiologisch], [onomasiologisch], und [signemgenetisch] erweitert werden.

Darüber hinaus können lexikalische Kodifikationen grundsätzlich in solche differenziert werden, deren semantische Deskription u. a. auf der Sprachkompetenz des Verfassers oder den Sprachkompetenzen eines Autorenteams basiert und in solche, deren semantische Deskription durch das Sammeln der von der jeweiligen Sprachkompetenz des Verfassers unabhängigen Information erfolgt. Somit ergeben sich zwei weitere Beschreibungsmerkmale für die Lexikographie, die als [sprachkompetenzgestützt] und [nicht sprachkompetenzgestützt] zu benennen sind.

Im ersteren Fall müssen nun die Relationen benannt werden, die zwischen der Sprachkompetenz eines Wörterbuchverfassers und dem Sprachsystem, der Sprachnorm und dem Diskurs existieren.

Aufgrund zusätzlicher Information, die durch das Sammeln von entsprechenden Diskursen erworben wird, erhebt der auf der Basis der eigenen Sprachkompetenz arbeitende Lexikograph vielfach den Anspruch, eine semantische Deskription der Lexik des Sprachsystems zu liefern. Dabei steht das Lemma jeweils für den Signifikanten und die semantische Deskription insgesamt für das Signifikat. Durch die zusätzliche Anführung von Diskursen, in denen das zu deskribierende Signem realisiert erscheint, dokumentiert der Verfasser die individuelle Gebrauchsweise des Signems. Diese „Zitate" haben also die Funktion, die Diskursadäquatheit der semantischen Explikation zu dokumentieren. Dadurch, daß diese Diskurse als „Zitate" eingeführt werden, ist das Bestreben erkennbar, die Diskurse als Annäherungswerte der Sprachnorm zu betrachten.

Somit wird bei den auf der Sprachkompetenz der Verfasser basierenden Wörterbüchern der Versuch erkennbar, eine semantische Deskription der Lexik des Sprachsystems und der Sprachnorm zu geben.

Die unterschiedliche Intensität, mit der dieser Anspruch jeweils vertreten wird, liefert zwei weitere Beschreibungsmerkmale: Dasjenige kompetenzgestützte Wörterbuch, dessen Verfasser den Abstand zwischen Sprachkompetenz und Sprachsystem bzw. Diskurs und Sprachnorm nicht akzeptiert, muß als [präskriptiv] gelten, während dasjenige Wörterbuch, dessen Verfasser diese Differenz akzeptiert, als [deskriptiv] zu klassifizieren ist.

Somit kann konstatiert werden, daß die lexikalischen Kodifikationen in ihrer Zuordnung von Signifikat und Signifikant lexikalischer Signeme jeweils — gesehen auf das Sprachsystem und die Sprachnorm — eine semantische Hypothese liefern, die der Prüfung und Kritik offen ist.

Eine Zusammenfassung der Beschreibungsmerkmale (semantischer) Lexikographie ergibt folgendes Inventar:

[oral], [scribal], [gegenwartsbezogen], [historisch], [synchronisch], [diachro-
nisch], [bezogen auf eine definierte Sprachgruppe], [bezogen auf mehrere
definierte Sprachgruppen], [bezogen auf einen Einzelnen als Mitglied einer
Sprachgruppe], [bezogen auf einen Einzelnen als Mitglied mehrerer Sprach-
gruppen], [textkodifizierend], [semasiologisch], [onomasiologisch], [signem-
genetisch], [sprachkompetenzgestützt], [nicht sprachkompetenzgestützt], [des-
kriptiv], [präskriptiv].

Nachdem nunmehr theoretische Voraussetzungen der Lexikologie und Lexikographie als linguistische Disziplinen und deren Relation zueinander dargelegt sind, soll im folgenden eine Beschreibung der lexikalischen Kodifikationen
gegeben werden, die Objekt der vergleichenden lexikologisch-semantischen
Analyse sind.

2. Lexikographie der deutschen Standardsprache 1793—1813

2.1. Forschungshistorischer Exkurs

Der germanistische Gelehrtentopos vom „unbekannten Land" der neuhochdeutschen Sprachgeschichte, insbesondere der Zeit des 17. und 18. Jahrhunderts, reicht (zumindest) von einer Veröffentlichung Konrad Burdachs über „Die Sprache des jungen Goethe" im Jahre 1885[1] bis zu einer Rezension des Buches von Eric A. Blackall über „Die Entwicklung des Deutschen zur Literatursprache. 1700—1775" im Jahre 1967[2]. Auch die in den 30er Jahren erschienenen Forschungsberichte zur Geschichte der deutschen Sprache bzw. Schriftsprache bestätigen — in Variationen — diesen Topos[3], und wiederum 1967 findet Nerius in seinen „Untersuchungen zur Herausbildung einer nationalen Norm der deutschen Literatursprache im 18. Jahrhundert" „die Erforschung der jüngeren deutschen Sprachgeschichte, insbesondere die Erforschung der sprachlichen Verhältnisse des 18. Jahrhunderts [...] arg vernachlässigt [...]"[4]. Wird dieser Topos nur deshalb beschworen, um die eigenen Forschungen in umso hellerem Licht erstrahlen zu lassen, oder signalisiert er reale Versäumnisse? Denn auf der Habenseite der Sprachforschung zum 18. Jahrhundert stehen immerhin die opera magna von August Langen und Eric A. Blackall zur Literatursprache dieses Zeitraums[5], in deren bibliographischen Anhängen die vorhandene umfangreiche Sekundärliteratur nicht vollständig, aber ausführlich angeführt ist. Weshalb also, um im Bilde zu bleiben, die pessimistischen Anmerkungen zur Sollseite der germanistischen Linguistik für das 18. Jahrhundert? Offensichtlich liegt die Lösung der Widersprüche in der unterschiedlichen Interpretation dessen, was Nerius „die sprachlichen Verhältnisse des 18. Jahrhunderts" nennt[6].

Die Forschungen zur Sprachgeschichte des 17. und 18. Jahrhunderts haben es vielfach versäumt, zwischen Standardsprache und Literatursprache zu differenzieren und die Relationen zwischen diesen beiden Sprachsystemen aufzuzeigen. Es wurden keine oder nur sehr zaghafte Versuche unternommen, eine linguistisch orientierte Theorie der Standardsprache zu liefern und zu applizieren, aufgrund derer die Relationen zur Literatursprache deutlicher wurden[7].

---

[1] Burdach (1926) 38—60.
[2] Schildt (1967) 992—995.
[3] Vgl. Michels (1924) 463—511; Maurer (1934) 201—228; Jellinek (1936) 221—259.
[4] Nerius (1967) 7.
[5] Langen (1968); Langen (1959); Langen (1957); Blackall (1966).
[6] Nerius (1967) 7.
[7] Vgl. u. a. Jedlicka (1964) 47—58; Schmidt (1968) 285—303; Baumgärtner (1969 a) 15—43; Bierwisch (1966) 141 ff.

Z. T. übernahm die Forschung einfach den ideologisch akzentuierten und zum Zwecke der Sprachvereinheitlichung tauglichen Ansatz der Grammatiker und Poetiker von Opitz bis Gottsched — der zudem eine lange Tradition in der abendländischen Sprachgeschichte hat —, daß Standard- und Literatursprache deckungsgleich seien, wobei man die Literatursprache im Zeitalter nach Gottsched einfach als graduelle Potenzierung der Standardsprache begriff. Prägnant formulierte dieses Axiom Adolf Bach: „Es waren nicht die Grammatiker, die schließlich die sprachliche Einigung des deutschen Volkes vollenden konnten. Unvergleichlich mehr als ihre Bemühungen um eine Regelung wirkte das mitreißende Vorbild der großen Dichter und Schriftsteller am Ende des 18. Jahrhunderts"[8]. Daraus ergab sich die Konsequenz, daß das Studium der Werke der „Dichter und Schriftsteller" die sprachliche Realität dieses Zeitraums ganz und gar vermittle. Man kann es auch anders formulieren: Die Literaturwissenschaft bestimmte im allgemeinen das Objekt linguistischer Studien in diesen Jahrhunderten.

Zwar erkannte Konrad Burdach bei der knappen Skizzierung des literarischen Streits zwischen Bodmer und Breitinger einerseits und der Gottsched-Schule andererseits, daß zwischen „regulärer Sprache" und „poetischer" zu trennen sei[9] — dies war ja der eigentliche Kernpunkt der Fehde. Aber allzu rasch schritt auch er zur Deskription und Analyse der literatursprachlich ausgeformten Dokumente dieses Zeitraums, d. h. zur sprachlichen Analyse der Werke Goethes und Schillers[10]. Die „reguläre Sprache", zumindest als Folie doch unentbehrlich, kam dabei nur beiläufig in den Blick[11]. Diese mehr prinzipiellen Ausführungen sollen auch erläutern, warum man nicht von einem „Stand der Forschung" zum Thema „Lexikographie der deutschen Standardsprache 1793—1813" unter speziell semantischen Aspekten, sondern eher von einem Mißstand sprechen kann. Derartige Forschungen zur „regulären Sprache" paßten nicht in das herrschende Konzept literatursprachlicher Forschung, die zudem meist nur eine schwach fundierte linguistische Basis aufwies.

Die Umrisse von Adelungs lexikographischer Arbeit sind gezeichnet worden durch die Monographie von Max Müller, „Wortkritik und Sprachbereicherung in Adelungs Wörterbuch"[12] und die — wenig beachtete — Leipziger Dissertation von Karl Ernst Sickel, „Johann Christoph Adelung. Seine Persönlichkeit und seine Geschichtsauffassung"[13], in der Sickel auch Adelungs sprach-

---

[8] Bach (1965) 352.

[9] Burdach (1926) 41.

[10] Außer einem Aufsatz „Studentensprache und Studentenlied um die Wende des 18. Jhs." sind alle 15 Aufsätze des Bandes „Goethe und sein Zeitalter" diesem und Schiller gewidmet. (Dazu noch ein „Anhang: Kunst und Wissenschaft der Gegenwart".)

[11] Vgl. dazu jetzt Polenz (1970) 99—130, der versucht, ein ausgewogeneres Bild der Sprachentwicklung im 17. und 18. Jahrhundert zwischen „Literatursprache" einerseits und „Gebrauchsdeutsch" andererseits zu zeichnen.

[12] Müller (1903).

[13] Sickel (1933).

wissenschaftliche Tätigkeit zu beschreiben sucht. Dabei steht in der Arbeit von Müller das Bemühen im Vordergrund, unter dem Stichwort „Wortkritik" Adelungs lexikographische Praxis, insbesondere die „Bedeutungsdarstellung" zu beschreiben — was ihm nur unzureichend gelingt —, und unter dem Stichwort „Sprachbereicherung" an ausgesuchten Beispielen seine Stellung zu „Archaismen", „Provincialismen" und „Neubildungen" zu skizzieren.

Joachim Heinrich Campe ist in der germanistischen Sekundärliteratur kennzeichnenderweise nur als Purist und Wortschöpfer verzeichnet. Zu nennen sind hier die Disserationen von Guido Holz, „Joachim Heinrich Campe als Sprachreiniger und Wortschöpfer"[14], und Kurt Plück, „Der Ausbau des Wortschatzes, untersucht an typischen Neuschöpfungen Klopstocks, Goethes, Campes"[15]. Eine zusammenfassende Behandlung der puristischen Bemühungen Campes erfolgte durch Karlheinz Daniels, „Erfolg und Mißerfolg der Fremdwortverdeutschung. Schicksal der Verdeutschungen von Joachim Heinrich Campe."[16]

Der Name Johann August Eberhard und sein lexikographisches Werk ist gleichfalls nur sehr am Rande in die Annalen der germanistischen Sekundärliteratur eingetragen. Diese Tatsache ist umso erstaunlicher, als sein „Synonymisches Handwörterbuch der deutschen Sprache [. . .]"[17], eine Kurzfassung seines sechsbändigen Werkes, bis 1910 in immer neuen Bearbeitungen 17 Auflagen erlebte. Noch 1968 bezeichnet G. Kempcke Eberhards Kodifikation in der Auflage von 1910 als das „letzte große Synonymwörterbuch" und begründet damit seine Forderung nach einem „großen wissenschaftlichen Synonymwörterbuch" für die Gegenwart[18]. An dieser Stelle ist vor allem auf die „Einleitung" von Otto Lyon, des Bearbeiters der 13.—17. Auflage (1882 bis 1910), hinzuweisen, der eine knappe und kritische Würdigung von Eberhards Werk gibt[19].

So läßt sich zusammenfassend sagen, daß innerhalb der vorhandenen, nicht sehr zahlreichen Untersuchungen zur Lexikographie des Zeitraums Fragen der Semantik nur Teilaspekte bilden bzw. nur ganz am Rande berührt werden[20].

---

[14] Holz (1951).
[15] Plück (1952).
[16] Daniels (1959) 46—54; 105—114; 141—146.
[17] Eberhard (1802).
[18] Kempcke (1968) 229.
[19] In: Eberhard (1910) VIII—XII; vgl. auch Bellmann (1968) 219—221; da es über Eberhard — im Gegensatz zu Adelung und Campe — keine germanistischen Disserationen mit entsprechenden Literaturverzeichnissen gibt, seien die Artikel folgender Lexika verzeichnet: Jördens, Lexikon dt. Dichter und Prosaisten 1. 1806, 420—430; Allg. Dt. Biographie 5. 1877, 569—571; Neue dt. Biographie 4. 1959, 240 f.
[20] Für eine detaillierte Auseinandersetzung auch mit abgelegener und zeitgenössischer Sekundärliteratur, die z. T. über den hier behandelten Fragenkomplex hinausgeht, sei auf Henne (1968) 109—129; Henne (1969) V—XXVIII; Henne (1970) I—XXXII verwiesen.

2.2. Zur Theorie der Standardsprache und Literatursprache

Die Termini für die jeweils zu differenzierenden Sprachsysteme[21] innerhalb einer historischen Gesamtsprache divergieren weitgehend. In der Forschung sind deshalb — wiederum konkurrierende — Versuche zu verzeichnen, die entsprechenden Termini in ein harmonisierendes terminologisches System zu bringen[22]. Einigkeit herrscht darüber, daß jeweils zwischen gesprochener und geschriebener Sprache zu differenzieren sei. Lediglich unter diachronisch-genetischen Aspekten kann eine Priorität gesprochener Sprache behauptet werden. Unter synchronischen Aspekten sind beide autonome sprachliche Realisationsformen, die unterschiedliche Forschungsmethoden bedingen[23]. Dieser Tatsache ist terminologisch dadurch Rechnung getragen worden, daß man die „Phonemsprache" der „Graphemsprache" gegenüberstellt[24].

Der Vorrang der schriftlichen bzw. gedruckten sprachlichen Realisationsform[25] für sprachhistorische Fragestellungen resultiert erst einmal aus der Quellensituation. Darüber hinaus ist die geschriebene Sprache die Basis für jegliche Form der Standardisierung, also der intentionellen Sprachnormierung[26]. Deshalb kodifiziert Adelung in seinem Wörterbuch sowohl die Lexik, „wie sie noch jetzt in Schriften üblich ist"[27], als auch die „Sprechart". Ansätze, diese beiden möglichen Realisationsformen sprachlicher Kommunikation zu differenzieren, werden deshalb auch von Adelung und Campe gemacht, die von „Schrift- und Gesellschaftssprache" bzw. von der „allgemeinen Deutschen Umgangs- und Schriftsprache" sprechen[28].

Damit ist aber die Frage nach dem Terminus des Sprachsystems gestellt, das die Funktion eines über den Mundarten und landschaftlichen Umgangssprachen stehenden sprachlichen Kommunikationssystems erfüllt. Der innerhalb der germanistischen Linguistik übliche Terminus hierfür ist Schriftsprache bzw. Hochsprache, wobei diese terminologische Differenzierung z. T. die Unterscheidung zwischen „geschriebener bzw. gedruckter" und „gesprochener" Sprache benennt. Der Terminus „Schriftsprache" wurde in den deutschsprachigen Publikationen auch von der Prager Schule übernommen, wobei allerdings in der Terminologie der Prager die gesprochene Sprache eingeschlossen ist. Die Prager Schule hat zudem eine „Theorie der Schriftsprache" erarbeitet[29], in die sowohl

---

[21] Benkö (1962) 23 ff. spricht von „Erscheinungsformen" bzw. „innersprachlichen Typen" bzw. „Sprachformationen".

[22] Vgl. u. a. Henzen (1954) 14; Benkö (1962) 289; Czichocki u. a. (1964) 122 f.

[23] Vgl. u. a. Vachek (1964) 441—452; Steger (1967) 259—291; Piirainen (1968) 12—24; Steger (1970) 13—21.

[24] Vgl. Piirainen (1968) 17 f.

[25] Vgl. Vachek (1964 a) 453—460.

[26] Haugen (1966) 53; vgl. Eberhard (1795) XX: „[...] nur die S c h r i f t kann Übereinstimmung und Regelmäßigkeit in die Sprache bringen".

[27] Adelung (1793) III.

[28] Vgl. Henne (1968) 118.

[29] Jedlicka (1964) 47—58; Vachek (1966) 96—100; Trost (1968) 211—214.

soziolinguistische als auch strukturelle Prinzipien der Sprachbeschreibung eingingen. Die Grundzüge dieser Theorie wurden von Havránek erstellt[30].

In dem Bemühen, das über den Mundarten und landschaftlichen Umgangssprachen stehende sprachliche Kommunikationssystem in den kulturellen und
sozialen Kontext einzugliedern, die extralingualen „Funktionen" also dieses
Kommunikationssystems zu bestimmen, kurz: die Schriftsprache als soziale
Institution zu beschreiben, wurde diese als „polyfunktionelles Gebilde mit
mehreren Stilschichten" charakterisiert[31]. Havránek unterschied für die Schriftsprache einerseits eine vorwiegend kommunikative und andererseits eine vorwiegend ästhetische Funktion. Die kommunikative Aufgabe erfüllen drei durch
unterschiedliche Funktionen gekennzeichnete „Funktionssprachen", die ihrerseits
durch besondere „Stilschichten" charakterisiert sind[32]: die Funktionssprache
und Stilschicht des „täglichen Verkehrs" (schriftsprachliche Umgangssprache);
die Funktionssprache und Stilschicht des „öffentlichen Verkehrs" (Arbeits- und
Fachsprache); die Funktionssprache und Stilschicht der wissenschaftlichen Kommunikation (theoretische Fachsprache, Publikationsstil). Die ästhetische Funktion der Schriftsprache hingegen erfüllt die Funktionssprache und Stilschicht
der sog. schönen Literatur, also die Literatursprache[33]. Zwar stehen die phone-
tisch-phonemischen, die grammemischen und die lexikalischen Mittel sowie die
Regeln der Syntax innerhalb der Schriftsprache allen Funktionssprachen zur
Verfügung; aber entsprechend der unterschiedlichen Funktion werden sie unterschiedlich verwendet, wodurch sich wiederum die verschiedenen Stilschichten
herausbilden.

Diese knappe Skizze kann natürlich die teilweise unterschiedlichen Akzentu-
ierungen und Nuancierungen innerhalb der Prager Theorie der Schriftsprache
nicht einfangen[34]. Einsichtig wird aber die Absicht, die Schriftsprache als komplexes und differenziertes System darzustellen.

Die Kritik an dieser Theorie, die im folgenden von einem lexikologisch-
semantischen Standpunkt geführt wird, muß feststellen, daß in dieser Form der
Differenzierung zu viel unter einem Terminus subsumiert wird:

(1) Die lexikalischen Signeme einer Fachsprache sind terminale Signeme,
deren Signifikate — im Normalfall — durch eine Definition monosemiert sind
im Gegensatz zu den polysemen Signifikaten der lexikalischen Signeme der

---

[30] Havránek (1964 a) 3—16.
[31] Jedlička (1964) 49. — Der Terminus „Funktion" meint also die Relationen, die
zwischen der Gesellschaft und der Sprache existieren; er umfaßt nicht die intra-
lingualen Funktionen innerhalb einer Sprache; zum Funktionsbegriff allgemein s.
Helbig (1968) 274—287.
[32] Stilschicht meint nach einer späteren Differenzierung die Gesamtheit der sprachlichen Mittel eines Funktionsstils, während Stiltyp die aktualisierte Anwendung
meint. Vgl. Beneš (1967) 83.
[33] Vgl. Havránek (1964 a) 14 ff. — Eine durchaus unterschiedliche Akzentuierung vor
allem hinsichtlich der Literatursprache bei Mukařovský (1964) 17 ff.
[34] Vgl. Barth (1970) 186—191.

„Normalsprache". Daß auch hier mit Mischungs- und Übergangserscheinungen zu rechnen ist[35], sagt nichts gegen diese prinzipielle Differenzierung; denn erst auf diesem Hintergrund werden die Mischformen beschreibbar. Zudem ist die eindeutige Zuordnung der Fachsprachen zur jeweiligen nationalen „Schriftsprache" nicht gerechtfertigt, da die Fachsprachen z. T. über dieses nationale Sprachsystem hinausgehende Sprachsysteme darstellen.

(2) Die Zuordnung bzw. Unterordnung der Literatursprache als Stilschicht der Schriftsprache wird dem spezifischen Status der Literatursprache nicht gerecht. Diese ist nicht nur ein Funktionsstil der Schriftsprache, sondern muß im Zusammenhang mit allen Sprachsystemen innerhalb einer Gesamtsprache gesehen werden.

Terminologisch soll deshalb im folgenden gelten: „Schrift- und Hochsprache" werden im Rahmen einer Gesamtsprache als S t a n d a r d s p r a c h e bezeichnet[36], aus der die Fach- und Literatursprache auszuschließen sind. Schriftsprache ist dann die schriftliche bzw. gedruckte Realisationsform der Standardsprache, also die Graphemsprache der Standardsprache, im Gegensatz zu deren gesprochener Realisationsform, der Phonemsprache.

Nach diesen Korrekturen bleibt dennoch einsichtig, daß die soziolinguistische Aufgabe, die Bedingungen sprachlicher Diversität bzw. Varianz der Standardsprache zu beschreiben[37], von der Prager Theorie der Schriftsprache in Angriff genommen wurde. Auf dem Hintergrund der oben erfolgten Kritik ist also zu konstatieren, daß auch für eine Standardsprache zu differenzieren ist zwischen formellem und informellem Sprachgebrauch, zwischen „casual every day speech and non casual styles"[38], was der Prager Differenzierung in die Funktionssprache des täglichen Verkehrs und die Funktionssprache des öffentlichen Verkehrs entspricht. Gesehen auf die Sprachkompetenz des Sprachbenutzers der Standardsprache bedeutet dies, daß entsprechend dieser Differenzierung unterschiedliche Grammeme, Lexeme und syntaktische Regeln internalisiert sind, die entsprechend der formellen oder informellen Situation zu jeweils unterschiedlicher Anwendung kommen.

Da aber die Sprachkompetenz in 1.3. definiert wurde als die Fähigkeit eines einzelnen Sprachbenutzers — in diesem Fall desjenigen einer Standardsprache —, mit Hilfe eines internalisierten endlichen Lexem- und Grammeminventars und eines endlichen Systems von phonemischen und syntaktischen Regeln u. a. eine unendliche Menge von Sätzen — in diesem Fall einer Standardsprache — zu generieren und zu interpretieren[39], ist es unmittelbar ein-

---

[35] Vgl. Möhn (1968) 315—348.
[36] „standard language" ist der übliche Terminus im angelsächsischen Sprachraum. Vgl. u. v. a. Gumperz (1968) 466; standard language ist auch das Äquivalent für Schriftsprache in den englischen Publikationen der Prager. Vgl. u. a. Vachek (1966) 96 ff.; vgl. auch Große (1969) 403.
[37] Vgl. u. a. Bright (1966) 12.
[38] Gumperz (1968) 466.
[39] S. dazu oben S. 16 und Henne/Wiegand (1969) 133 f.

sichtig, daß unterschiedlichen Sprachbenutzern unterschiedliche Sprachkompetenzen in bezug auf Elementen- und Regelinventar zuzuweisen sind. Diese differenzierenden Sprachzeichen- und Regelinventare der Sprachbenutzer einer Standardsprache werden nun — das kann man als Hypothese aufstellen — korrelieren mit den unterschiedlichen sozialen Strukturen, in die die Sprachbenutzer einer Standardsprache einzuordnen sind, wodurch die zu konstatierenden „Sprachbarrieren" innerhalb einer Standardsprache eine Erklärung finden[40]. Mehrere in bezug auf Sprachzeichen- und Regelinventare ähnlich strukturierte Sprachkompetenzen verschiedener Sprachbenutzer konstituieren somit ein Subsprachsystem, das eine echte Teilmenge des Sprachsystems darstellt und als schichtenspezifisch definiert werden kann. Die Tauglichkeit der Definition der vier Teilbereiche der Sprache einer definierten Sprachgruppe in 1.3. als Ausgangspunkt soziolinguistischer Fragestellungen ist somit einsichtig.

Als Rahmendefinition für die Standardsprache soll deshalb gelten: Standardsprache ist innerhalb einer Gesamtsprache das räumlich nicht begrenzte Sprachsystem der öffentlichen und privaten Kommunikation mehrerer sozialer Gruppen, wodurch zugleich die Existenz zu differenzierender Teilsysteme ihre Erklärung findet. Dieses Sprachsystem ist zumeist kodifiziert und erfüllt innerhalb des soziokulturellen Kontextes einer Nation oder eines Staates Leitbildfunktionen, die es dazu prädestinieren, Kommunikationsmedium auch noch nicht partizipierender Sprachgruppen zu werden.

In Fortführung und Auseinandersetzung mit der Prager Theorie der Schriftsprache sind Beschreibungsmerkmale für die Standardsprache erarbeitet worden[41], die auch nach dieser prinzipiellen Kritik weiterhin gültig sind. Vor allem auf dem Hintergrund der Probleme der Kodifikation sollen sie im folgenden diskutiert werden. Dabei ergeben sich aus der soziokulturellen Funktion der Standardsprache intralinguale Merkmale, d. h. solche, die dieses Sprachsystem im Vergleich zu anderen, nicht standardsprachlichen Systemen, auszeichnen; zum anderen extralinguale Merkmale, die den Reflex dieses Sprachsystems auf seine Benutzer angeben.

(1) Intralinguale Merkmale

(11) Die zu konstatierende S t a b i l i t ä t , der vor allem auf der phonetischen-phonemischen, orthographisch-graphemischen und grammemischen Ebene vorliegt, wird durch Kodifikationen gestützt. Neben der ausgeprägt schriftlichen Realisierungsform dieses Sprachsystems, die gleichfalls stabilisierend wirkt, sind diese orthographischen, phonetischen und grammatischen Kodifikationen ein zweiter stabilisierender Faktor.

---

[40] Basil Bernstein hat in diesem Zusammenhang versucht, einen „restricted code" und einen „elaborated code" innerhalb der Sprachbenutzer der englischen Standardsprache herauszuarbeiten, wobei er diese „codes" jeweils spezifischen sozialen Klassen zuwies; seine Thesen wurden u. a. von Oevermann aufgenommen und z. T. modifiziert; s. dazu Oevermann (1970) und Niepold (1970).

[41] Vgl. u. a. Garvin und Mathiot (1968) 367—373; Daneš (1968) 22—26.

(12) Die gleichfalls zu konstatierende F l e x i b i l i t ä t kennzeichnet vor allem die lexikalische und — in geringerem Maße — die syntaktische Ebene. Das hat zur Folge, daß die semantischen Deskriptionen innerhalb der lexikalischen Kodifikationen nicht in allen Fällen definitiv sind, sondern den für die Standardsprache notwendigen Anpassungsprozeß im Rahmen der soziokulturellen Entwicklung widerzuspiegeln versuchen. In diesen Zusammenhang gehört auch, daß die Intellektualisierung der Lexik der Standardsprache, d. h. der fortschreitende Abstraktionsprozeß, in den lexikalischen Kodifikationen eine gemäße Beachtung findet.

„Flexible Stabilität" ist also ein Terminus, der jeweils unterschiedliche Ebenen der Standardsprache zusammenfassend charakterisiert[42].

(2) Extralinguale Merkmale

(21) Die Tendenz der Sprachbenutzer der Standardsprache, andere Sprachgruppen zu integrieren, was als Unifizierung bzw. unifizierende Funktion der Standardsprache beschrieben wurde[43];
(22) die Tendenz der Sprachbenutzer der Standardsprache, sich von den Sprachbenutzern anderer Standardsprachen zu separieren, was als separierende Funktion umschrieben wurde[44];
(23) erhöhtes Prestigebewußtsein;
(24) erhöhtes Normbewußtsein;
(25) Sprachloyalität[45].

Die Definition der Literatursprache als Funktionssprache der „Schriftsprache" innerhalb der Prager Theorie wurde oben zurückgewiesen. In einer neueren Darstellung der „Theorie der Dichtersprache in der Prager Schule"[46] konfrontiert Doležel — in diesem Punkt die Prager Theorie korrigierend — die Dichtersprache nicht mehr der Schriftsprache, sondern der „Mitteilungssprache"[47]. Damit ist die Frage aufgeworfen, wie einerseits die Sprache oder das Sprachsystem literarischer Produkte und andererseits die diesem Sprachsystem gegenüberstehenden nichtliterarischen Sprachsysteme zusammenfassend zu benennen sind[48]. Die hier ausgesprochene Entscheidung für den Terminus Literatursprache orientiert sich an dem umfassenden Terminus einer Literaturwissenschaft. Die besondere Poetizität spezifischer literatursprachlicher Texte

---

[42] Vgl. Schmitt (1966) XL—XLII.
[43] Hertzler (1966) 170 ff.; Garvin and Mathiot (1968) 369.
[44] Garvin and Mathiot (1968) 369.
[45] Nach dem von Weinreich (1968) 99 eingeführten Terminus language loyalty.
[46] Doležel (1967) 275—293.
[47] Doležel (1967) 278.
[48] Vgl. z. B. Schmidt (1968) 287: „Alltags- oder Normalsprache und Gedichtsprache". Baumgärtner (1969) 15: „Umgangssprache und Poesiesprache"; 24: „Dabei wird Umgangssprache als Zwecksprache, Verkehrssprache, Alltagssprache vorausgesetzt [...]".

kann dann durch den engeren Begriff und Terminus der Poesiesprache oder poetischen Sprache gedeckt werden. Ein zusammenfassender Terminus der der Literatur- und Poesiesprache zu konfrontierenden Sprachsysteme wird lediglich durch die Negation dieses Terminus, also den Terminus nichtliterarische Sprache, erreicht. Solche terminologischen Prägungen wie Mitteilungssprache und Normalsprache sind recht fragwürdig insofern, als Literatur- und Poesiesprache einerseits auch normal und andererseits auch mitteilend, kommunikativ sind.

Innerhalb der linguistischen Poetik sind bestimmte Merkmale der Literatur- und Poesiesprache erarbeitet worden. Pauschal lassen sich zwei Merkmalkomplexe benennen, in die jeweils konkurrierende Beschreibungstermini einzuordnen sind:

(1) Das Prinzip der Deviation oder Abweichung[49].
   Dabei ist zu differenzieren zwischen
(11) der Deviation vom nichtliterarischen Standard und
(12) der Deviation vom Kanon literatursprachlicher Konvention.

(2) Das Prinzip der periodischen Organisation[50], d. h. der zusätzlichen Strukturierung des literarischen Textes durch Potenzierung und Intensivierung von in nichtliterarischer Sprache angelegten Mitteln (Assonanz, Reim, Rhythmus, Metrum etc.).

In das zweite Prinzip ist z. B. das von Jakobson so genannte „principle of equivalence" einzuordnen, d. h. daß auf die syntagmatische Achse, also die der Kombination, innerhalb eines literarischen Textes Muster der paradigmatischen Achse, also der der Selektion, wo das Prinzip der Äquivalenz herrscht, projiziert werden[51].

Die Merkmalkomplexe (1) und (2), die die Literatur- und Poesiesprache auszeichnen, betreffen nun alle Ebenen der Sprache, d. h. also im Sinne der Konstruktion von 1.4. die Ränge R_1 und R_{1+n} eines ausgearbeiteten Rangstufensystems sowie die diesem Rangstufensystem vorgeordnete phonemisch-graphemische Ebene. Deviation und periodische Organisation der Literatur- und Poesiesprache kann also unter phonemisch-graphemischen, suprasegmentalen, grammemischen, lexikalischen und syntaktischen Aspekten untersucht und definiert werden.

Entsprechend dem Analyseobjekt dieser Untersuchung, also der Einheiten auf $R_{1'}$ und $R_{1+n'}$, sollen im folgenden spezifisch semantische Strukturen litera-

---

[49] Vgl. u. a. Baumgärtner (1969) 24 ff.; Bierwisch (1966) 141; Havránek und Mukařovský sprechen von „Aktualisation" der Literatursprache, die u. a. durch eine „Deformation" des Standards erreicht wird; vgl. Doležel (1967) 278 f.; Garvin (1964) 3 ff. (dieser übersetzt Aktualisation mit „foregrounding").

[50] Vgl. Stankiewicz (1968) 77; Baumgärtner (1969) 26 ff.; Bierwisch (1966) 141 ff.; vgl. insgesamt Uitti (1969) 193—264.

[51] Jakobson (1968) 358; vgl. Posner (1969) 31 ff.

4 Henne, Semantik

tur- und poesiesprachlicher Lexik diskutiert werden. Da Baumgärtner die
„Ebene" der Semantik für „[...] die wesentliche Domäne für eine linguistische
Konstruktion des Poetischen [...]" hält[52], scheint dieser lexikologisch-semantische Aspekt am Zentrum der Literatursprache — ihrer Poetizität — zumindest nicht vorbeizuführen.

Eine semantisch orientierte Lexikologie der Literatur- und Poesiesprache
müßte also u. a. eine Beschreibung der semantischen Struktur von Lexemen,
Derivatemen und Kompositemen geben, die die spezifische Poetizität der Litera-
tursprache garantiert. Einsichtig ist, daß unter diesem Aspekt vor allem das
Prinzip der Deviation zur Debatte steht, da die Merkmale der periodischen
Organisation sich per definitionem nur auf höheren Rängen konstatieren lassen.

Baumgärtner hat darauf verwiesen, daß die aus der Konstruktion von
Jakobsons sprachlichem Kommunikationsmodell hervorgegangene Definition,
die poetische Funktion der Sprache bestünde darin, daß Poesie „focus on the
message for its own sake" sei, „kommunikationstheoretisch nicht faßbar ist"[53].
Dadurch würde — so ist weiter zu kommentieren — das sprachliche Zeichen,
hier also das poetische Signem, seinen Charakter als sprachliches Zeichen mit
Signifikant und Signifikat verlieren und zugleich seine Intentionalität bzw.
Abbildfunktion aufgeben. Vielmehr ist eine unterschiedliche semantische Stuk-
tur z. B. standardsprachlicher und literatursprachlicher lexikalischer Signeme
zu postulieren. Da aber die Literatursprache u. a. ihr Reservoir an Signemen
aus nichtliterarischen Sprachsystemen bezieht, also z. B. standardsprachliche
oder mundartliche Signifikanten und solche der Literatursprache identisch sind,
muß nach der Prämisse der quantitativen Konsubstantialität jeweils ein Signem
(z. B. ein mundartliches oder ein standardsprachliches) angesetzt werden,
dessen Inhaltssubstanzsumme (SUS) aus einer Kombination disjunktiver Inhalts-
substanzkollektionen (SUKn) besteht, die wiederum durch eine konjunktive
Kombination semantischer Merkmale (M) konstituiert werden. Von diesen
SUKn sind dann jeweils nur eine oder mehrere der Literatursprache zuzurechnen. Damit ist zugleich der parasitäre und instabile Charakter der Literatursprache, zudem ihr Prinzip fortwährender Innovation, erklärt.

Die Genese und somit die Beschreibung spezifisch literatursprachlicher SUKn
unter diachronischem Aspekt ist von Weinreich unter Einführung eines semantischen Transfermerkmals erklärt worden[54]. Ohne die Implikationen der semantischen Theorie Weinreichs zu übernehmen, kann dieser Beschreibungsterminus
zur Erklärung der Struktur spezifisch literatur- und poesiesprachlicher SUKn
verwandt werden.

Die zwei konkurrierenden semantischen Deskriptionen des Lexems *krank*
bei Adelung und Campe können dabei als Demonstrationsobjekt dienen[55].

---

[52] Baumgärtner (1969) 36.
[53] Baumgärtner (1969) 18; vgl. Jakobson (1968) 356.
[54] Weinreich (1966) 429 ff.; vgl. dazu Baumgärtner (1969) 37—40.
[55] Adelung (1796) 1750 f.; Campe (1808) 1032.

Löst man die semantische Explikation Adelungs in semantische Merkmale auf[56], so ergeben sich folgende SUKn des Lexems *krank:*

(1) M_1 „zu [. . .] gewöhnlichen Verrichtungen ungeschickt"; M_2 „von thierischen Körpern und deren Theilen"[57].

(2) M_1 „zu [. . .] gewöhnlichen Verrichtungen untüchtig"; M_3 „Kräfte der Seele".

Diese beiden SUKn sind durch Ziffern eindeutig voneinander abgesetzt. Danach führt Adelung, gleichsam in Parenthese, eine dritte Bedeutung von *krank* an, die er aber nur als „im Scherze" üblich charakterisiert: „Im Scherze auch von der Unvermögenheit des zeitlichen Vermögens. Einen kranken Beutel haben, Mangel an barem Gelde haben". Analog zu der obigen Merkmalexplikation ist diese SUK folgendermaßen zu beschreiben:

(3) M_1 „Unvermögenheit" [= „zu gewöhnlichen Verrichtungen untüchtig"]; M_4 „zeitliches Vermögen" [= lebloses Ding].

Die Analyse der semantischen Deskription bei Campe ergibt, daß auch dieser in der gleichen Weise die SUKn (1) und (2) expliziert. Darüber hinaus gibt Campe eine weitere SUK an:

(3) M_1 „zu ihren Lebensverrichtungen ungeschickt"; M_5 „Pflanzen".

Zusätzlich expliziert er eine SUK (4), die er als „weitere uneigentliche Bedeutung" charakterisiert und die er u. a. durch folgende — literatursprachliche — Zitate, d. h. also poetische Diskurse, zu exemplifizieren sucht:

„Krankes Roth, noch tief im Westen dämmernd" (Kosegarten); „Ein matter kranker Strahl" (Tiedge); „In dem kein Stern die bange Nacht erheitert/ Verirret sich das kranke Schiff und scheitert". (Uz).

Aufgrund dieser Diskurse muß also der SUS des Lexems *krank* in der semantischen Deskription Campes eine weitere SUK zugeordnet werden, die durch folgende semantische Merkmale zu charakterisieren ist:

(4) M_1 „zu [. . .] gewöhnlichen Verrichtungen ungeschickt"; M_6 „lebloses Ding".

Dabei erweist sich, daß M_4 der SUK (3) Adelungs und M_6 der SUK (4) Campes gleichzusetzen sind, was auch dadurch demonstriert wird, daß Campe Adelungs „scherzhafte" SUK (3) unter seiner SUK (4) subsumiert. Die Frage bleibt jedoch, was zur Ansetzung von M_6 aufgrund der poetischen Zitate Campes berechtigt. Offensichtlich werden in diesen poesiesprachlichen Diskursen Lexeme kollokiert, die semantisch inkompatibel sind, also kein gemeinsames semantisches Merkmal aufweisen. Die semantische Kompatibilität wird nun dergestalt hergestellt, daß ein semantisches Merkmal eines Lexems dem anderen transferiert wird, wodurch ein semantisches Transfermerkmal definiert sein soll. Dieses semantische Transfermerkmal kann als ein den Lexemen *Roth,*

---

[56] S. dazu 4.1.3.

[57] Ich versuche, mich weitgehend auf die metasprachliche Explikation der Lexikographen zu stützen; *thierisch* ist als „allen lebendigen Geschöpfen zukommend" semantisch zu explizieren. Vgl. Adelung (1801) 579.

Strahl, Schiff gemeinsames semantisches Merkmal „lebloses Ding" umschrieben werden. In diese Richtung weist auch der Kommentar Campes: „Kosegarten gebraucht es [= *krank*] selbst von der Farbe [= *Roth*] [...] Auf ähnliche Art auch vom Lichte [= Strahl]".

Die Merkmale M_2 oder M_3 oder M_5 der SUKn (1) und (2) bei Adelung und Campe und (3) bei Campe werden durch diesen Transfer gelöscht, und an deren Stelle tritt das neue semantische Merkmal M_6 — „lebloses Ding" in der Beschreibung der Lexikographen — der Lexeme *Roth, Strahl, Schiff*. Das heißt: die SUK (4) von *krank* ist eine „de-animalisierte" Bedeutung der Literatur- und Poesiesprache. Diese Entwicklung ist offensichtlich vorbereitet durch Adelungs SUK (3), die die gleiche Erklärung finden muß wie Campes literatur- und poesiesprachliche SUK (4): Okkasionell in der Standardsprache angelegte Mittel werden in der Literatur- und Poesiesprache bewußt eingesetzt.

Die hier gegebene Interpretation des Transfers fügt sich der Richtung, die Campes Kodifikation weist. Allerdings kann auch ein Transfer in entgegengesetzter Richtung angesetzt werden: daß nämlich die Merkmale M_2 oder M_3 oder M_5 in der Form M_x „belebt" den Signifikaten von *Strahl, Roth, Schiff* transferiert werden. Dadurch wiederum würde eine „Animalisierung" der Signifikate dieser Lexeme erfolgen. Damit ist ein weiterer Beitrag zur Erkenntnis der Interpretationsvarianz, zur Instabilität poesiesprachlicher Texte geliefert.

Solche neuen SUKn, die die spezifische semantische Struktur literatur- und poesiesprachlicher Signeme auszeichnen, e n t s t e h e n also durch Kombination der Signeme auf höheren Rängen und deren Realisierung im Diskurs[58]. Dabei werden Selektionsrestriktionen (Inkompatibilitäten) durchbrochen, und es entstehen „semantische Transitionen"[59], die in der Beschreibung der neuen SUK mittels eines semantischen Transfermerkmals erklärt werden können. Damit ist zugleich unter semantischen Aspekten das expliziert, was man literatursprachliche Metaphorik nennt.

Die neuen SUKn k ö n n e n zur literatursprachlichen Konvention werden, wie die mehrfache Zitierung bei Campe beweist. Dies demonstriert, daß spezifische SUKn von literatursprachlichen Kompetenzen gespeichert sind und Objekt der lexikalischen Kodifikation werden. Eine Lexikologie der Literatursprache hat folglich u. a. die Aufgabe, eine semantische Deskription derjenigen Sprachkompetenzsignifikate zu geben, die spezifisch literatur- und poesiesprachliche SUKn beinhalten. Diese SUKn sind jedoch nicht nur an standardsprachliche Lexeme, sondern auch an solche anderer Sprachsysteme (Mundarten, Umgangssprachen, Sondersprachen) gebunden, so daß der Objektbereich einer semantisch orientierten Lexikologie der Literatursprache über die Deviationen der Standardsprache hinaus erweitert wird.

---

[58] Andere Lexeme, bei denen jeweils literatursprachliche SUKn nach der semantischen Deskription Campes anzusetzen wären, sind z. B. *Wolke* und *Nebel*. Vgl. Campe (1809) 465 f. und (1811) 763 f.

[59] Baumgärtner (1969) 40.

2.3. Die materialen Konzeptionen der Lexikographen

2.3.0. Die „Zeiten von Eberhard, Adelung und Campe"

In den oben bezeichneten Zeitraum von 20 Jahren, die auch die „Zeiten von Eberhard, Adelung und Campe" genannt wurden[60], fällt die Publikation von drei großen Wörterbüchern mit insgesamt 16 Bänden zur „hochdeutschen Mundart" bzw. „deutschen Sprache". Von 1793 bis 1801 publiziert Adelung die zweite Auflage seines semasiologischen Wörterbuchs in vier Bänden: „Grammatisch-kritisches Wörterbuch der Hochdeutschen Mundart, mit beständiger Vergleichung der übrigen Mundarten, besonders aber der Oberdeutschen"; von 1795 bis 1802 läßt Johann August Eberhard ein onomasiologisches Wörterbuch in sechs Bänden erscheinen: „Versuch einer allgemeinen deutschen Synonymik in einem kritisch-philosophischen Wörterbuch der sinnverwandten Wörter der hochdeutschen Mundart", „nebst einem Versuche einer Theorie der Synonymik", die dem ersten Band beigegeben ist; von 1807 bis 1813 veröffentlicht Joachim Heinrich Campe ein semasiologisches „Wörterbuch der Deutschen Sprache" in fünf Bänden, dem als sechster Band ein „Wörterbuch zur Erklärung und Verdeutschung der unserer Sprache aufgedrungenen fremden Ausdrücke" zugefügt ist.

Eine ähnlich intensive lexikographische Erfassung des standardsprachlichen Deutsch der jeweiligen Gegenwart hatte es bis dahin nicht gegeben und ist auch für die folgenden Jahrzehnte nicht nachweisbar. Der Aufschwung, den die deutsche Literatur in diesen Jahrzehnten nahm, spornte offenbar — aus sehr unterschiedlichen Motiven — auch die Lexikographen der deutschen Sprache an, die standardsprachliche Lexik zu kodifizieren. Die Chance zu vergleichenden Untersuchungen, die zudem die Möglichkeit bieten könnten, die Relation Standardsprache und Literatursprache unter semantischen Aspekten zu bestimmen, ist bisher von der Germanistik nicht wahrgenommen worden.

Wollen sowohl Adelung als auch Eberhard in ihren m e t h o d i s c h entgegengesetzten lexikographischen Konzeptionen jeweils, entsprechend dem Titel ihrer Werke, die Lexik der „hochdeutschen Mundart" aufbereiten, so steht der Titel von Campe ostentativ gegen diese Konzeption. Deshalb ist es notwendig, zuvor die unterschiedlichen lexikographischen Vorstellungen und Intentionen hinsichtlich der unterschiedlichen Materialbasis zu erläutern.

2.3.1. Johann Christoph Adelung

Der pommersche Pfarrerssohn (1732—1806), der nach mißglückter Lehrtätigkeit am Gymnasium zu Halle seit 1763 in Leipzig als Redakteur tätig war und 1787 Oberbibliothekar in Dresden wurde, darf als der einflußreichste und produktivste Lexikograph (und Grammatiker) des letzten Drittels des 18. Jahr-

---

[60] Lyon (1889) III.

hunderts gelten[61]. Von 1774 bis 1786 veröffentlichte er u. a. in fünf Bänden den „Versuch eines vollständigen grammatisch-kritischen Wörterbuches der Hochdeutschen Mundart [. . .]"[62]. Dieses Wörterbuch war die Ausführung eines Unternehmens, das Gottsched nur angekündigt hatte und dessen Ausführung Adelung nach Gottscheds Tod von dem Leipziger Verleger Breitkopf angetragen wurde. Mit der Publikation dieses Wörterbuchs, dessen Grundkonzeption in der „zweyte[n] vermehrte[n] und verbesserte[n] Ausgabe" nur geringfügig geändert wurde (und mit seinen sonstigen sprachwissenschaftlichen Schriften), entfachte Adelung einen „Sprachenstreit" erster Ordnung, der in einer umfangreichen Kontroversliteratur seinen Niederschlag fand[63]. Stein des Anstoßes war seine Theorie der „hochdeutschen Mundart", d. h. der hochdeutschen „Schrift- und Gesellschaftssprache", die er mit der Sprache der „obern Classen" der „südlichern Chursächsischen Lande" identifizierte. Adelung bestimmte also geographisch und soziologisch eindeutig, was „gut und richtig Hochdeutsch ist"[64]. Über dieses von ihm dekretierte Vorbild sollten auch die Schriftsteller in ihren literarischen Produkten sprachlich nicht hinausgehen[65]. In seinem Wörterbuch will Adelung deshalb auch in erster Linie die Lexik dieser „hochdeutschen Mundart" kodifizieren, wenn auch der Untertitel den Vergleich einräumt und fordert, der aber nur zum Zwecke der Sonderung des „hochdeutschen" Weizens von der „oberdeutschen" und teils „niederdeutschen" Spreu vorgenommen werden soll, die in seinem Wörterbuch dann das Etikett „Provinzialismus" erhält.

Diese Theorie der „hochdeutschen Mundart", die von Adelung seit der Publikation der ersten Auflage seines Wörterbuchs immer entschiedener und doktrinärer vertreten wird, basiert auf einem Argumentationsgerüst, dessen Pfeiler einerseits ideologisch, andererseits linguistisch abgestützt werden.

Die ideologische Argumentation lautet, daß seit 1760 durch die Entwicklung der deutschen Literatur ein sprachlicher Verfall eingesetzt habe, der die so mühsam errungene Einheit der Literatur und Sprache gefährde. Adelung sah in der Epoche von 1740 bis 1760, in der Obersachsen als literarische Provinz dominierte, sowohl sein Ideal klassizistischer Literatur als auch die angestrebte sprachliche Einheit verwirklicht[66]. Diesen Zustand zu bewahren bzw. weiter auszubauen, wurde zum erklärten Ziel seiner publizistischen und sprachwissenschaftlichen Tätigkeit.

Mit diesen ideologischen Argumenten, in die literarische Geschmacksfragen, sprachlicher Einigungswille und regionaler Kulturpatriotismus gleichermaßen

---

[61] Für Einzelheiten und detaillierte Nachweise s. Henne (1968) 109—129; Henne (1970) I* — XXXII*; vgl. auch Eichler/Bergmann (1968) 39—48; Nerius (1967) 63—71; Sickel (1933) 60 ff.; Jellinek (1913) 329—385.
[62] Adelung (1774 ff.).
[63] Vgl. dazu 2.3.1. Anm. 61 und Steiger (1919).
[64] Vgl. Adelung (1782) 1. Bd., LVII—LX.
[65] Vgl. Adelung (1789) 1. Bd., 50—54.
[66] Vgl. Adelung (1783) 1. Bd., 4. Stück, 112—126; 134—159.

eingingen, traf sich eine linguistische Argumentation, von der Adelung hoffte, daß sie die überzeugen müsse, die ihm aufgrund seiner sonstigen Argumente nicht folgen zu können glaubten. Diese Argumentation beruht auf einem sprachwissenschaftlichen Axiom, demzufolge Sprache als „Dialect oder Mundart" nur als gesellschaftliches Kommunikationssystem in einer homogenen sozialen Gemeinschaft existiere. Diesen „Dialect" nennt er dann, bezogen auf die gehobene Gesellschaft innerhalb dieser Gemeinschaft, „Gesellschaftssprache" oder auch „höhere Gesellschaftssprache"[67]. Diese Bedingungen könne nun — so der Fortgang seiner Argumentation — nur jeweils eine bestimmte Provinz erfüllen, deren Sprache dann, unter der Voraussetzung wirtschaftlicher und kultureller Blüte, stellvertretend als nationale Standardsprache eintreten müsse und die demzufolge als „hochdeutsche Mundart" anzusprechen sei. Das aber treffe in Deutschland nur für die „südlichen Chursächsischen Provinzen" zu, deren „Mundart" der „oberen Classen" demzufolge die „Schrift- und höhere Gesellschaftssprache" der Nation sei. Hierbei steht „Gesellschaftssprache" für die gesprochene Sprache und „Schriftsprache" für die geschriebene Sprache. Nur innerhalb dieses gesellschaftlichen Verbandes erfolge die weitere Ausbildung der Schrift- und Gesellschaftssprache. Der „hochdeutsche Sprachgebrauch", auf den sich Adelung immer wieder als „obersten Gesetzgeber" beruft, hat also den von Adelung bestimmten Autoritäten zu folgen. Nur in Zweifelsfragen, wo der Sprachgebrauch evtl. schwankt, muß der Sprachlehrer nach linguistischen Kriterien entscheiden[68].

Deutsche Schriftsteller nun, auch die „besten", die dieser hochdeutschen Provinz nicht angehören, sind gehalten, die Normen dieses sprachlichen Leitbildes zu übernehmen. Hiervon nimmt Adelung auch den „poetischen Styl" nicht aus, also die Erzeugnisse jener Schriftsteller, die literaturwissenschaftliche Konvention als „Dichter" von diesen zu unterscheiden pflegt. Auch deren Werke sollen sich durch „Reinigkeit, Sprachrichtigkeit, Würde" der Sprache auszeichnen, Eigenschaften, die nach Adelungs Meinung der zeitgenössischen Dichtung so sehr fehlen[69].

In diesem Zusammenhang kann hinsichtlich der Kritik dieser Position auf die Ausführungen in 2.2. verwiesen werden[70]. Hier geht es lediglich um die Skizzierung seiner sprachwissenschaftlichen und ideologischen Position, die insbesondere für seine lexikographische Praxis hinsichtlich der zu kodifizierenden Lexik folgenreich wurde.

Auf dem Hintergrund der in 1.3. und 1.7. getroffenen Distinktionen kann man also sagen, daß Adelung in seinem Wörterbuch auf der Basis seiner Sprach-

---

[67] Vgl. Adelung (1782) 1. Bd., LVIII—LX; Adelung (1782 a) 1. Bd., 4. Stück, 79—111; Adelung (1789) 1. Bd., 38—79; dazu Henne (1968) 122 f. Diese Konzeption erinnert an Saussures These von der langue als „fait social"; vgl. Henne (1968) 118.

[68] Vgl. Henne (1968) 117—120; zu den Traditionen der Lehre vom „guten Sprachgebrauch" und seinen wechselnden Autoritäten vgl. Weinrich (1960) 1—33.

[69] Vgl. Adelung (1790) 2. Bd., 261—314; Zitat 314.

[70] Vgl. auch Henne (1968) 116—124.

kompetenz das lexikalische Sprachsystem und die lexikalische Sprachnorm einer
von ihm räumlich und sozial fixierten Sprachgruppe kodifizieren und als Vorbild und Standardsprache auch für andere Sprachgruppen darstellen möchte,
deren Sprachsysteme und Sprachnormen nur zum Vergleich und mit entsprechender negativer Kennzeichnung aufgenommen werden sollen. Die von Adelung betriebene lexikalische Kodifikation soll somit innerhalb des lexikalischen
Bereiches Leitbildfunktionen erfüllen. Aufgrund der Intensität, mit der Adelung den Anspruch vertritt, Sprachsystem und Sprachnorm der deutschen Standardsprache seiner Zeit lexikalisch zu kodifizieren, ist seinem Wörterbuch das
Prädikat präskriptiv zuerteilt worden.

2.3.2. Joachim Heinrich Campe

Adelungs Identifikation der „hochdeutschen Mundart" mit der deutschen
Standardsprache einerseits und mit der deutschen Literatursprache andererseits
trat Joachim Heinrich Campe (1746—1818) nicht nur, wie andere, mit Streit-
schriften entgegen; vielmehr konzipierte und publizierte er im Anschluß an
Adelungs lexikographisches Werk ein fünfbändiges Wörterbuch, das im Titel
ostentativ statt „hochdeutsche Mundart" „Deutsche Sprache" führt[71].

Erst relativ spät, im Alter von 46 Jahren, hatte sich der hauptberufliche
Pädagoge und pädagogische Schriftsteller Problemen der deutschen Sprache
zugewandt[72]: Im Jahre 1790 publizierte er die Abhandlung „Proben einiger
Versuche von deutscher Sprachbereicherung"[73]. Schon in diesem Titel präludiert
das Thema, das ihn fortan lebenslang beschäftigen wird: Die puristische
Säuberung der deutschen Sprache vom Fremdwortschatz und ihre Bereiche-
rung durch seine Methode der Lehnübersetzungen. Durch seine pädagogische
Tätigkeit hatte Campe die Überzeugung gewonnen, daß die Vermittlung von
Bildung und Kultur nur über die Sprache erfolge, und daß somit, wer die
Sprache forme und weiterentwickele, auch zugleich den Menschen bilde: „Das
Wörterbuch und die Sprachlehre eines Volkes geben also für die jedesmal mög-
liche Geistesausdehnung und Charakterausbildung desselben die unüberschreit-
baren Grenzen an [. . .]"[74]. Damit diese Grenze durch die lexikalische Kodifika-
tion Adelungs nicht zu eng gezogen werde, unternahm es Campe zusammen
mit den Mitarbeitern Johann Gottlieb Radloff und Theodor Bernd, von denen
Radloff bald ausschied, ein Konkurrenzwerk zu schaffen.

Im Vorwort zum letzten Band rechnete Campe ab: Sein Wörterbuch enthält
nach seinen Angaben 141 277 „Artikel und Wörter" gegenüber 55 181 in
Adelungs Wörterbuch[75]. Diese Fixierung auf den feindlichen Bruder wird in

---

[71] Campe (1807 ff.).
[72] Vgl. hierzu und für das Folgende Henne (1969) V*—XXVIII*; dort auch weitere
Sekundärliteratur; vgl. Holz (1951) 29—33.
[73] Campe (1790).
[74] Campe (1790) 258; vgl. auch Campe (1794) XXVIII f.
[75] Campe (1811) IV.

jedem theoretisch-technischen und praktischen Detail des Wörterbuchs bis hin zur Kopie deutlich. Das wird die semantische Deskription und ihre Analyse enthüllen. Lediglich die schon von Jacob Grimm kritisierte expressive Aufnahme auch ephemerer Wortbildungen[76], ephemerer Derivateme und Kompositeme also, zudem die durch den Titel angedeutete unterschiedliche Materialbasis, die vor allem auch die literatursprachliche Lexik mit einbegreift, lassen Campe über Adelung hinausgelangen.

Gegen Adelung betont Campe, daß er für sein Wörterbuch „aus allen Quellen, die für die a l l g e m e i n e Deutsche Sprache, H o c h d e u t s c h genannt, etwas zu liefern haben", schöpfen will[77]. Campe ist also der von Adelung entschieden bekämpften Aushubtheorie verpflichtet, d. h. der Ansicht, daß sich die deutsche Standardsprache gleichmäßig durch den Beitrag aller deutschen Provinzen entwickele und entwickeln werde. Somit entfällt eine geographische Restriktion; lediglich eine soziologische und stilistische wird anerkannt: Alle Landschaften seien berufen beizutragen, sofern „die gebildeteren Menschen und die Schriftsteller aller Gegenden das Beste, Edelste und Sprachrichtigste für die allgemeine Deutsche Umgangs- und Schriftsprache ausgehoben haben und noch immer auszuheben rechtmäßig fortfahren"[78]. In diesem Zitat erfolgt noch einmal eine Paraphrasierung dessen, was Campe lexikalisch dokumentieren möchte, wobei vor allem der Verweis auf die Schriftsteller die Stelle bezeichnet, an der er ganz sicher über Adelung materialmäßig hinausgeht, der in diesem Bereich, bedingt durch seine Reserve gegenüber der „neuen" Literatur, die größten Lücken vermuten läßt. Aber auch der Verweis auf „alle" Gegenden läßt eine unbefangenere Kodifikation der Lexik des Deutschen erwarten, wobei allerdings nicht vorausgesetzt werden darf, daß Campe Kriterien liefere, nach denen die Selektion standardsprachlicher lexikalischer Normen kontrolliert werden könne. In einem Punkt allerdings versagt der Vergleich mit Adelung. Der sechste Band von Campes Wörterbuch[79], der eine lexikalische Bestandsaufnahme des unter puristischen Aspekten neu gebildeten Wortschatzes gibt, ist konkurrenzlos. Dieses Verdeutschungswörterbuch ist einerseits ein konventionelles Fremdwörterbuch, das, alphabetisch geordnet, den fremdsprachlichen Wortschatz seiner Zeit dokumentiert und unter Beigabe entsprechender Verdeutschungen semantisch expliziert; andererseits ist es durch die Beigabe eines „Verzeichnis [ses] der in diesem Wörterbuche, zum Ersatz fremder Ausdrücke, vorgeschlagenen neuen und, der Erneuerung würdig scheinenden, alten Wörter [...]"[80] eine Inventarisierung der sprachpuristischen Bemühungen der Zeit und unentbehrlich zur kritischen Analyse des Sprachpurismus. Die „Wörter-Fabriken" Campes und Co., wie Adelungs Verleger abschätzig formulierten[81], sind

[76] Grimm (1961) 34.
[77] Campe (1807) VIII.
[78] Campe (1807) VIII.
[79] Campe (1813).
[80] Campe (1813) 613—673.
[81] Adelung (1801) IV.

hier in einem handlichen Band mit ca. 11 160 Verdeutschungsversuchen zusammengefaßt.

So ist für Campes lexikographisches Werk der Intention nach zu konstatieren, daß nicht das lexikalische Sprachsystem und die lexikalische Sprachnorm
einer bestimmten und definierten Sprachgruppe kodifiziert werden sollen; vielmehr möchte er das lexikalische Diasystem „Deutsche Sprache" — so der Titel
seines Wörterbuchs — bzw. die „allgemeine Deutsche Umgangs- und Schriftsprache" in ihrer ganzen Breite und Vielfalt dokumentieren nach den von ihm
gegebenen soziologischen und stilistischen Einschränkungen unter besonderer
Berücksichtigung der neueren Literatur[82]. Dabei stützt er sich zwar auf seine
eigene Sprachkompetenz — d. h. vor allem auf die seines Mitarbeiters Bernd[83];
aber darüber hinaus versucht er, auch die Informationen, die er vor allem
literatursprachlichen Zitaten entnimmt, semantisch zu verwerten. Da zudem
sowohl der Begriff eines Sprachsystems — und dementsprechend der der Sprachnorm — weiter gefaßt ist als bei Adelung und die eigene Sprachkompetenz
rezipierend ins Spiel gebracht wird, trifft das Prädikat präskriptiv nicht oder
nur sehr eingeschränkt auf Campes lexikalische Kodifikation zu. Präskriptiv
ist hingegen seine — lediglich negative — lexikalische Kodifikation des Fremd-
wortschatzes, sein Sprachpurismus also: Unter diachronischem Aspekt wurde
die Selektion und „Verdeutschung" „fremdsprachlicher" (standardsprachlicher)
Lexik betrieben. Synchronische Verhältnisse wurden unter diachronischem
Aspekt fehlbeurteilt[84].

2.3.3. Johann August Eberhard

Zur selben Zeit, in der Adelung die zweite Auflage seines Wörterbuchs
herausbringt, rüstet sich ein anderer, die standardsprachliche Lexik unter onomasiologischen Gesichtspunkten lexikalisch zu kodifizieren. Johann August
Eberhard (1739—1809), Professor der Philosophie auf dem Lehrstuhl zu Halle
seit 1778, wandte sich nach einer für ihn mit einer Niederlage endenden Kontroverse mit Kant „anderen Gegenständen des Studiums" zu[85], unter anderem
der Sprachwissenschaft. Mit seiner Publikation einer allgemeinen deutschen
Synonymik, „einem meisterhaften Versuch [...], übertraf er alle seine Vorgänger in diesem Felde"[86].

Die Genese und Entwicklung deutscher „Synonymiken" im 18. Jahrhundert
ist hier nicht nachzuzeichnen[87]. Anregend wirkte vor allem das Werk des Abbé

---

[82] Campe (1807) X spricht von den „neuen und funkelneuen Wörtern" der neueren
Literatur.
[83] Vgl. Henne (1969) VI*.
[84] Vgl. Henne (1969) VII*—XII*.
[85] Allg. Dt. Biographie 5. 1877, 570.
[86] Jördens (s. 2.1. Anm. 19) 420.
[87] Vgl. u. a. Weigand (1843) III—X; 1186 f.; Lyon (1889) VII—X; Slangen (1955)
10 ff.

Gabriel Girard, „Synonymes françois", dessen erste Auflage 1716 in Paris
publiziert wurde[88]. In Deutschland erscheinen zuerst zwei den Begriff eines
Synonyms thematisierende Zeitschriftenbeiträge von Gottsched im Jahre 1732
und 1733 und ein anonymer Aufsatz von 1742. Zuvor, im Jahre 1740, hatte
außerdem Breitinger in seiner „Critischen Dichtkunst" den „gleichgültigen
Wörtern und Redens-Arten" einen Abschnitt gewidmet. Auf diesen folgte
wiederum Gottsched mit „Beobachtungen über den Gebrauch und Mißbrauch
vieler deutscher Wörter und Redensarten" von 1758; durch Samuel Johann
Ernst Stosch (1770—1775); Wilhelm Petersen, Karl Gottlieb Fischer, Christian
Lävinus Sander und Friedrich Schlüter (alle 1794); Abraham Wilhelm Teller
(1794) und Johann Friedrich Heynatz (1795 ff.)[89] wurden daran anschließend
vielfältige Versuche unternommen, den deutschen Wortschatz unter „synonymischen" Aspekten zu ordnen. Der Begriff und Terminus eines Synonyms, der
im Laufe des 18. Jahrhunderts immer präziser gefaßt wird — die Entwicklung
gipfelt in Eberhards „Theorie der Synonymik" —, stehen an dieser Stelle nicht
zur Debatte[90].

In der Vorrede zu seiner Synonymik bestätigt Eberhard die Vermutung
von Jördens, daß ihn die „[...] Untersuchungen über die Unterschiede der
sinnverwandten Wörter [...] aus den fehdevollen Gebieten der Philosophie in
eine friedliche Gegend derselben hinziehen [...]" sollten[91], daß er also Zu-
flucht bei der Sprachphilosophie und Sprachwissenschaft suchte. Seine sechsbän-
dige Synonymik widmet der Verfasser „Dem Herrn Hofrath und Oberbibliothekar Johann Christoph Adelung [...] aus innigem Gefühl der Hochachtung
gegen seine unsterblichen Verdienste um die deutsche Sprache"[92], und entsprechend führt seine Synonymik die „hochdeutsche Mundart" im Titel. Daraus
ergäbe sich also, daß Eberhard auf der von Adelung umrissenen Materialbasis
der hochdeutschen Mundart ein onomasiologisches Wörterbuch konzipiert. Die
Notwendigkeit eines solchen ergibt sich — im Vergleich zu Adelung — einzig
aus der unterschiedlichen lexikologischen Methode und der daran anschließenden lexikalischen Kodifikation. Zusätzliche Konkurrenzmotive, wie sie Campe
bei zum Teil kopierter lexikographischer Methode anzuführen genötigt ist,
sind für Eberhard überflüssig.

Daß das Verhältnis zwischen semasiologischen und onomasiologischen Lexikographen ungetrübt sein konnte, hatte Adelung schon in der Vorrede zur
zweiten Auflage seines Wörterbuchs demonstriert, wo er „Hrn. Stosch [...]
für manchen nützlichen Wink [...]" dankt, den er dessen Schriften entnommen

---

[88] Vgl. Gauger (1961).
[89] Vgl. Eberhard (1795) L—LII; die ausführlichen Titel der „Synonymiken" s. im
    Literaturverzeichnis unter dem Namen der Autoren; die Zeitschriftenbeiträge unter
    Gottsched und unter „Anonymus"; der Abschnitt bei Breitinger im 2. Bd., 90—136;
    zu Gottsched vgl. Sparnaay (1944), Slangen (1955).
[90] S. dazu Kapitel 3.
[91] Eberhard (1795) V.
[92] Eberhard (1795) III.

habe[93]. Entsprechend lobt Eberhard als vornehmstes „Hülfsmittel" des Synonymisten das Wörterbuch desjenigen, dem er sein Werk widmet: „Denn keine
Nation kann sich eines Wörterbuches rühmen, das in allen Theilen der Lexicographie so vollkommen wäre, als Adelungs Wörterbuch der hochdeutschen
Mundart"[94]. Die weitere Charakteristik spricht außerdem von der methodisch
vorbildlichen Konzeption, auch von der „treffenden Wahl in den Autoritäten",
deren sich Adelung befleißigt habe. In anderem Zusammenhang kommt er zudem auf die „Mundart des gebildeten Stammes" zu sprechen, die „die herrschende Sprache der Bücher und der gebildeten Gesellschaften ward [...]"[95].
In Übereinstimmung mit Adelung, so könnte man sagen, bestimmt er danach
die wichtigsten „Hauptmittel zur Bestimmung der Bedeutungen der sinnverwandten Wörter [...]": 1. „Sprachgebrauch", und zwar 2. „nur der gewählte
und gebilligte Gebrauch der klassischen Geister", worunter er im besonderen
die „besten Schriftsteller" versteht (wer immer das sein mag), und 3., wo beides
versagt, die Etymologie; 4. verweist er noch auf Kontexte, auf eine „Verbindung", die die „Verschiedenheit" zu erhellen vermöchte[96].

Allerdings ist zu konstatieren, daß Eberhard in allen diesen materialen
Abgrenzungen und Bestimmungen dessen, was „hochdeutsche Mundart" seines
Titels meint, recht vage bleibt. Er spricht von der „Mundart des gebildeten
Stammes" und nicht vom Obersächsisch-Meißnischen; er macht keinen Versuch,
auch nur andeutungsweise zu spezifizieren, wer unter die besten Schriftsteller
zu rechnen sei; er mischt sich zudem mit keiner Bemerkung in die doch schon
heftig entfachte Kontroverse zwischen Adelung und seinen Gegnern ein[97]. Stattdessen spricht er in der Vorrede auch von dem „ganzen Wörterschatz der deutschen Sprache", auf den er seine Untersuchungen ausgedehnt habe und von
„deutscher Sprache", die „in ihrer Bildung immer fortschreitet"[98]. In einer
Beziehung läßt Eberhard sein Vorbild zudem entschieden hinter sich: Er konzediert, daß die „Sprache der Dichtkunst", speziell unter semantischen Aspekten, eigenen Gesetzen unterworfen sei, und demonstriert das bezeichnenderweise u. a. an dem Lexem *Minne*, das, längst veraltet, in die Dichtersprache
wieder aufgenommen sei[99]. Adelung hingegen hatte dieses Wort als „zu Recht
veraltet" klassifiziert[100].

So kann man feststellen, daß Eberhard in seiner theoretischen und materialen Wörterbuchkonzeption der Intention nach ein geläuterter Adelung ist, ohne
dogmatische Verhärtung, bis hin zur Vagheit und zudem in einem wesentlichen
Punkt sein Vorbild korrigierend. Das Prädikat präskriptiv trifft somit auf

---

[93] Adelung (1793) VII.
[94] Eberhard (1795) XLVII.
[95] Eberhard (1795) XXV.
[96] Eberhard (1795) XLII—XLVI.
[97] Vgl. Henne (1968) 110 f.
[98] Eberhard (1795) V; VII.
[99] Eberhard (1795) XXXIX.
[100] Adelung (1790) 2. Bd., 137.

Eberhards lexikalische Kodifikation nicht zu. Deren spezifische Form führte ihn ohnehin dazu, nur eine Auswahl der standardsprachlichen Lexik zu bringen, die lediglich auf seinen methodischen Prinzipien gründete.

Entschieden ist Eberhard deshalb dort, wo er die „Gränzen der allgemeinen Synonymik" ziehen muß, wo er sich also auf ein Gebiet begibt, das seine spezielle lexikographische Konzeption betrifft. Hier sondert er mit Entschiedenheit 1. „eigenthümliche Namen (propria)", 2. „eigenthümliche Kunstwörter einer gewissen Kunst oder Wissenschaft", 3. „Zusammensetzungen" und 4. „idiomatische Synonyme" aus der „allgemeinen Synonymik" aus[101]. Diese Thesen sind unter methodischen Aspekten diskutabel und werden in Kapitel 3 und 4 zu erörtern sein.

2.3.4. Merkmalmatrix der Wörterbücher

Auf der Basis des in 1.7. entworfenen Merkmalinventars zur Klassifizierung von Wörterbüchern kann nunmehr eine Merkmalmatrix für die lexikalischen Kodifikationen Adelungs, Campes und Eberhards entworfen werden. Diese positiven und negativen Merkmalsequenzen haben insgesamt pauschalen und zusammenfassenden Charakter, d. h. sie geben orientierende Hinweise auf der Basis der in 1.7. unter theoretischen Aspekten erarbeiteten Kriterien. Sie stellen somit eine Form der Zusammenfassung der verbalen Charakteristik von 2.3.1. bis 2.3.3. dar. Die Pauschalität dieser Merkmalsequenzen resultiert auf ihrer Theoriebezogenheit: In der Praxis einer auf Exhaustivität zielenden lexikalischen Kodifikation sind darüber hinaus viele spezielle Details in der Form der Abweichung zu verzeichnen. Der anschließende Kommentar wird das in der Paraphrase einiger Merkmale exemplarisch aufdecken (s. Skizze 10, S. 62).

Exemplarischer Kommentar:

(1) Wenn Adelungs Wörterbuch als semasiologisch eingeordnet wurde, so sind nichtsdestoweniger signemgenetische, also wortbildungsbezogene Ausnahmen hinsichtlich der Lemmatisierung zu verzeichnen. So subsumiert und deskribiert Adelung unter dem Lemma *grün* sowohl (das) *Grüne* als auch *Gründonnerstag*; (das) *Grüne* und *Gründonnerstag* erscheinen an der entsprechenden alphabetischen Stelle lediglich als Verweislemmata[102]. Campe hingegen ist unter dem Aspekt einer semasiologischen Lemmatisierung konsequenter und erreicht u. a. damit ein Plus an Lemmata: er setzt sowohl (das) *Grün* als auch (das) *Grüne* („im Grünen sitzen") als eigene Lemmata an mit jeweils spezifischer semantischer Deskription. *Gründonnerstag* wird auch von ihm jedoch nur als Verweislemma (verwiesen auf *grün*) geführt[103].

---

[101] Eberhard (1795) IX; XIII; XV; XXV.
[102] Adelung (1796) 825 ff.
[103] Campe (1808) 468 ff.

Merkmale	ADELUNG	CAMPE	EBERHARD	
a	+	+	−	semasiologisch
b	−	−	+	onomasiologisch
c	−	−	−	semasiologisch–wortbildungsbezogen
d	+	+	+	gegenwartsbezogen
e	−	−	−	historisch
f	+	+	+	synchronisch
g	−	−	−	diachronisch
h	+	−	+	bezogen auf eine definierte Sprachgruppe
i	−	+	−	bezogen auf mehrere definierte Sprachgruppen
k	−	−	−	bezogen auf einen Einzelnen als Mitglied einer Sprachgr.
l	−	−	−	bezogen auf einen Einzelnen als Mitglied mehrer. Sprachgr.
m	−	−	−	textkodifizierend
n	+	+	+	sprachkompetenzgestützt
o	−	−	−	nicht sprachkompetenzgestützt
p	+	+	+	oral
q	+	+	+	scribal
r	−	+	+	deskriptiv
s	+	−	−	präskriptiv

Skizze 10: Merkmalmatrix der Wörterbücher Adelungs, Campes, Eberhards

(2) Die zumeist in einem Anhang gegebenen etymologischen Deskriptionsversuche Adelungs[104] sind als historische und diachronische Beigaben in einem synchronischen und gegenwartsbezogenen Wörterbuch zu werten.

(3) Wenn Campes Wörterbuch als „bezogen auf mehrere definierte Sprachgruppen" eingestuft wurde, so ist das eine nachträgliche (Über)Interpretation, die den von Campe avisierten, in 2.3.2. beschriebenen Komplex „Deutsche Sprache" benennt.

(4) Die sprachpuristischen Neigungen Campes, die ihn z. B. dazu führen, *Umwälzung* statt *Revolution* als Lemma anzusetzen, müssen als präskriptive, nicht zu übersehende Ausnahmen seines insgesamt deskriptiven Ansatzes gewertet werden. Immerhin wird in solchen Fällen deutlich gemacht, daß z. B. *Umwälzung* ‚Ersatz' für *Revolution* sei.

---

[104] Vgl. Henne (1970) XIII*—XVIII*.

So erweist sich, daß solche theoretisch orientierten Merkmale in ihrem Klassifizierungsanspruch überfordert sind, wenn sie nicht lediglich als Annäherungswerte an eine komplexe Wörterbuchpraxis verstanden werden.

2.4. Die Lexikographen und die Standard- und Literatursprache

Bei der Bestimmung und Abgrenzung ihrer materialen Konzeptionen wurden die Lexikographen notwendigerweise auf die Probleme und Implikationen verwiesen, die in 2.2. unter dem Stichwort „Theorie der Standard- und Literatursprache" dargestellt wurden. Dabei setzten sie entsprechend der unterschiedlichen Intention ihrer Kodifikationen unterschiedliche Akzente. An ausgewählten Problemen der in 2.2. gegebenen Darstellung soll das deutlich gemacht werden.

(1) Die Relation Standard- und Literatursprache

Adelung forderte die Identität der Standardsprache und der Literatursprache dergestalt, daß die Literatursprache den Bedingungen der Standardsprache zu unterwerfen sei. Unter dem Stichwort: „Verdienst der Schriftsteller um die Sprache"[105] billigte Adelung diesen lediglich zu, daß in der „Wahl des Ausdrucks" ihr „ganzes Verdienst" bestehe, eine Wahl, die — gesehen auf die Lexik — nur nach den Bedingungen des standardsprachlichen lexikalischen Systems erfolgen könne. Was Adelung beklagte, war, daß nach seinen Beobachtungen die Schriftsteller die Sprache „nach eigener Convenienz" zu bilden und auszubilden geneigt seien[106]: Aus richtigen Beobachtungen zog Adelung Folgerungen, die nur auf dem Hintergrund der in 2.3.1. gegebenen Darstellung zu verstehen sind.

Campe und Eberhard sprachen der Literatur- und Poesiesprache unter lexikalisch-semantischen Aspekten größere Eigenständigkeit zu, wenn auch die Literatursprache entsprechend dem Objekt ihrer lexikalischen Kodifikation lediglich als Deviation standardsprachlicher Lexik zur Debatte stand. Campe demonstriert in seiner Vorrede zum ersten Band des Wörterbuchs die Deviation literatursprachlicher Semantik an einem Beispiel: Obgleich *ausspeien* ein „niedriges Wort" der Standardsprache sei, habe es darüber hinaus eine „uneigentliche Bedeutung", die es in einem literatur- und poesiesprachlichen Kontext wie: „da speiet das doppelt geöffnete Haus | Zwei Leoparden auf einmahl aus" zu einem „edlen Wort [...] der höchsten Schreibart", zu einem „dichterischen" Wort mache[107]. In seinem Wörterbuch wird dann unter dem Lemma *ausspeien* für diesen dichterischen Gebrauch eine spezifische SUK angesetzt, die

---

[105] Adelung (1789) 1. Bd. 58 ff.
[106] Adelung (1789) 1. Bd. 61.
[107] Campe (1807) XIII.

wiederum als „dichterische Schreibart" eingeordnet und durch weitere literatursprachliche Kontexte gestützt wird[108].

Zu erklären wäre diese spezifische SUK wiederum durch den Ansatz eines semantischen Transfermerkmals. Solche standardsprachlichen Diskurse wie: „Der Berg speiet Feuer aus", den Campe gleichfalls zitiert, haben diese poesiesprachliche Metapher vorbereitet.

Adelung hingegen ordnet diese SUK („Der Berg speyt Feuer aus") als „figürlich" ein und bringt einen literatursprachlichen Kontext eines obersächsischen Schriftstellers (Ramler)[109], der dieser „figürlichen Bedeutung" entspricht. Adelungs Interpretation läuft darauf hinaus, die Gemäßheit dieser literatursprachlichen SUK in Analogie zur standardsprachlichen „figürlichen" Bedeutung zu betonen.

(2) Die unifizierende Funktion der Standardsprache
und die soziale Basis ihrer Normen

Die Tendenz des standardsprachlichen Systems, aufgrund seiner Leitbildfunktion auch anderen Sprachgruppen als Kommunikationsmedium zu dienen, wurde von den Lexikographen richtig eingeschätzt. Unterschiedlich war die Einschätzung der Lexikographen hinsichtlich der Frage, welche Sprache welcher sozialen Gruppe diese Leitbildfunktionen erfülle, ob also einer definierten Regionalsprache die Leitbildfunktion eines standardsprachlichen Systems zuzusprechen sei (Adelung) oder ob aufgrund eines Integrationsprozesses sich ein solches System herausbilde bzw. herausgebildet habe (Campe), wobei dann die Kriterien der Integration mehrerer Regionalsprachen anzugeben wären. Die unterschiedlichen und z. T. einseitigen Stellungnahmen von Adelung und Campe sind nach dem Stand bisheriger Forschung dahingehend zu korrigieren, daß zwar das Ostmitteldeutsche, insbesondere das Obersächsische, bei der Selektion und Durchsetzung standardsprachlicher Normen ein gewisses Übergewicht hatte, aber nicht allein maßgebend war[110]. Zudem ist auch hier die größere Flexibilität der Lexik zu beachten, wodurch „Ausgleichsvorgänge" und „Mischungsprozesse" begünstigt werden[111]. Diese im wesentlichen in bezug auf die Genese des standardsprachlichen Systems definierten Ausgleichsvorgänge setzen sich nach einer gewissen Stabilisierung des standardsprachlichen Systems dergestalt fort, daß nunmehr in intensivierter Form Entlehnungen aus anderen standardsprachlichen Systemen die Weiterentwicklung der Lexik garantieren. Campes Versuch des Sprachpurismus ist ein Indiz für das Ausmaß dieser lehnsprachlichen Bereicherung im 18. Jahrhundert[112].

---

[108] Campe (1807) 340: „Der kalte Norden speit ein Volk von Wilden aus". (Uz).
[109] Adelung (1793) 652.
[110] Vgl. Nerius (1967) 126—128; Semenjuk (1964) 182; Semenjuk (1967); Henne (1968) 127 f.; (für das Frühneuhochdeutsche zuletzt) Besch (1967) 340—363.
[111] Vgl. (für das Frühneuhochdeutsche) Ising (1968) 1. Bd. 135—137.
[112] Vgl. Henne (1969) VII*—XII*.

(3) Diversität des standardsprachlichen Systems

Unter diesem Stichwort soll zusammengefaßt werden, daß hinsichtlich der Standardsprache — gesehen auf die Sprachkompetenz des einzelnen Sprachbenutzers — zwischen formellen und informellen Verwendungsmöglichkeiten zu differenzieren ist, wie auch — gesehen auf die Sprachkompetenzen mehrerer Sprachbenutzer — zwischen unterschiedlich internalisierten Sprachzeichen- und Regelinventaren, also verschiedenen schichtenspezifischen Subsprachsystemen.

Von Adelung wird dieses Problem sprachlicher Diversität standardsprachlicher Lexik gesehen und beurteilt unter dem Stichwort „Würde der Wörter": „Eines der vornehmsten Bedürfnisse schien mir die Bemerkung der Würde, nicht bloß der Wörter, sondern auch ganzer Redensarten zu seyn". Zur Kennzeichnung dieser Würde etabliert er „fünf Classen": „1. die höhere oder erhabene Schreibart; 2. die edle; 3. die Sprechart des gemeinen Lebens und vertraulichen Umgangs; 4. die niedrige, und 5. die ganz pöbelhafte"[113]. Diese „Classen"-Bildung reflektiert sowohl die individuell-virtuelle Diversität (edel versus vertraulich) als auch die kollektiv-virtuelle (höher versus niedrig und pöbelhaft). Daß Adelungs größere Aufmerksamkeit sowohl den formellen Verwendungsmöglichkeiten als auch denjenigen Sprachzeichen gilt, die vornehmlich innerhalb der „obern Classen" und somit schichtenspezifisch internalisiert seien, ist aus seinem weiteren Kommentar ersichtlich, der darin gipfelt: „Die ganz pöbelhafte (Sprechart) ist tief unter dem Horizonte des Sprachforschers"[114].

Campe spricht, Adelung folgend, hinsichtlich der Würde der Wörter von dem „innern Grade ihres Adels oder ihrer Gemeinheit"[115]. Auch er bemüht sich darum, eine Kennzeichnung dieser Würde innerhalb seiner semantischen Deskription zu geben, wozu er u. a. besondere „Kunstgriffe"[116] erfindet: So bedeutet das Zeichen)(: „niedrige Wörter, die ans Pöbelhafte grenzen, und deren man sich daher, sowol in der Schriftsprache, selbst in der untern, als auch in der bessern Umgangssprache, enthalten sollte [...]"[117]. Aufschlußreich ist hier der Hinweis auf die „untere Schriftsprache", was eine Übersetzung des von Bernstein erarbeiteten „restricted code" in die Metasprache des 18. Jahrhunderts sein könnte[118].

[113] Adelung (1774) XIV.
[114] Adelung (1774) XIV. Zu den „obern Classen" Obersachsens, die das „gute und richtige Hochdeutsch" beherrschen, vgl. Adelung (1782) 1. Bd., LXI f.; Henne (1968 a) 114; Henne (1968) 117 ff.
[115] Campe (1807) XIII.
[116] Vgl. Henne (1968 a) 111.
[117] Campe (1807) XXI.
[118] S. dazu Anm. 40.

3. Semantische Theorie und lexikographische Praxis

3.0. Bevor im folgenden eine Methodik vergleichender semantischer Analyse der lexikalischen Kodifikationen entworfen wird, sollen zunächst die theoretischen Positionen der Lexikographen hinsichtlich des Komplexes Semantik und die daraus resultierende lexikographische Praxis dargestellt werden. Diese Darstellung ist notwendig, um bei der kritischen Analyse die von den Lexikographen verwendeten Termini und ihre Einpassung in das jeweilige Deskriptionsschema adäquat zu erfassen. Ein zugleich beabsichtigter Nebeneffekt dieser Darstellung soll sein, der Meinung entgegenzutreten, die „Semantik" habe in die sprachwissenschaftliche Literatur erst Eingang gefunden mit K. Reisigs „Vorlesungen über lateinische Sprachwissenschaft" von 1839. Reisigs Bedeutung besteht vielmehr darin, einen Fachterminus für die „Bedeutungslehre", nämlich „Semasiologie" geprägt zu haben und diese so benannte Disziplin explizit als Teil einer diachronischen Grammatik (neben „Etymologie" und „Syntax") erklärt zu haben, wobei Reisig der „semasiologischen" Disziplin lediglich die lexikalischen Signeme zur Deskription zuweist[1]. Daß die Semantik integraler Bestandteil sprachwissenschaftlicher Deskription auch im 18. Jahrhundert war, mag die folgende Darstellung erweisen.

3.1. Eberhards Theorie der Bedeutung

3.1.1. Der sprachliche Zeichenbegriff und seine Implikationen

Eberhard differenziert zwischen natürlichen und willkürlichen Zeichen und rechnet zu den letzteren die Zeichen der Sprache: „Zuvörderst unterscheiden wir die natürlichen Zeichen von den willkürlichen. Die natürlichen hangen mit dem, was sie bezeichnen, durch allgemeine Naturnothwendigkeit zusammen; mit den willkürlichen haben sich die Ideen, die sie bezeichnen, allmählich durch Gewohnheit vergesellschaftet. Es scheint — und in vielen Fällen ist es wirklich so — als wenn die Verbindung der Wörter mit den Ideen bloß das Werk der Wahl und der Willkühr sei, so wenig ist man sich, wenn die Verbindung einmahl zu Stande gekommen und die Spuren ihres Ursprungs verwischt sind, der geringsten Naturnothwendigkeit bewußt"[2]. In dieser Definition der Relation der willkürlichen Zeichen zu den „Ideen"

---

[1] Vgl. Reisig (1839) 18 f.; 286 ff. Wissenschaftshistorische Anmerkungen zur Entwicklung der Semantik im 19. Jh. u. a. bei Hoberg (1970) 14—42.

die sie „bezeichnen", unterscheidet Eberhard einen genetischen und einen funktionellen Aspekt. Unter genetischen Aspekten bezeichnet er diese Relation als „durch Verabredung oder Gewohnheit festgesetzt"[3]. Dieser Aspekt der Definition referiert das, was Coseriu die glottogonische Interpretation der „κατὰ συνθήκην-Bestimmung" des „Namens" (ὄνομα) durch Aristoteles nennt und die in lateinischer Terminologie z. B. durch secundum placitum oder institutio oder ad placitum wiedergegeben wird[4]. Unter ausdrücklicher Ausklammerung der genetischen Perspektive („wenn die Verbindung einmahl zu Stande gekommen und die Spuren ihres Ursprungs verwischt sind") nennt er die „Verbindung der Wörter mit den Ideen bloß das Werk der Wahl und der Willkühr", oder an anderer Stelle: „Wenn in der Natursprache die Zeichen nothwendig sind, so sind sie in der künstlichen willkührlich"[5]. Diese Definition der Verbindung der Wörter mit den Ideen als willkürlich kommt einer genuinen Interpretation der κατὰ συνθήκην-These des Aristoteles näher und ist in der Geschichte der Sprachphilosophie unter dem Terminus arbiträr bekannt[6]. Die These meint, daß die Zeichen als Träger der Ideen nicht natürlich motiviert seien, da sie keine Kongruenz zu diesen aufwiesen.

Akzeptiert man Coserius These, daß der „Name" für Aristoteles „Laut mit Bedeutung", also bilateral ist[7], so darf die Bestimmung der Relation von sprachlichen Zeichen und der durch dieses Zeichen „be-zeichneten" Idee als willkürlich oder arbiträr nur als I n t e r p r e t a t i o n der κατὰ συνδήκην-These des Aristoteles aufgefaßt werden; denn dieser meinte, da für ihn der Name aus Laut u n d Bedeutung besteht, nicht deren Relation zueinander, sondern die von Name und Sache, ὄνομα und πρᾶγμα, Wort und außersprachlicher Wirklichkeit. Da für die Mehrzahl der späteren Interpreten die Bedeutung außerhalb des sprachlichen Zeichens lag, wurde dementsprechend deren Relation zueinander angegeben[8].

---

[2] Eberhard (1814) 5 f.; vgl. auch Eberhard (1786) 126; Eberhard (1795) 261. Zu evtl. Abhängigkeit Eberhards von Christian Wolff vgl. Coseriu (1968) 97—99; Coseriu (1968/69) 92 f.; Haller (1959) 126. Vor Wolff ist die Differenzierung in natürliche und willkürliche Zeichen u. a. schon von Thomas Hobbes vorgenommen worden. Vgl. Haller (1959) 117. — Auch das natürliche Zeichen wird zu einem Zeichen nur durch den Akt menschlicher Zeichenstiftung. Vgl. Bröcker und Lohmann (1948) 24 ff. — Im folgenden geht es nicht um die Kennzeichnung partieller Abhängigkeit Eberhards von Vorgängern, sondern um die Darlegung seiner Theorie.

[3] Eberhard (1795) 261.

[4] Coseriu (1968/69) 84 f.; 94 f.; Coseriu (1968) 89 ff. Vgl. Harris (1751) 315: „Boethius translates the Words κατὰ συνθήκην, ad placticum, or secundum placitum [...]". Harris selbst (z. B. 327) verwendet zur Kennzeichnung dieser Relation den Terminus „by compact".

[5] Eberhard (1814) 32.

[6] Vgl. Coserius (1968) 91.

[7] Coseriu (1968/69) 64—68.

[8] Bei Saussure, der wiederum von einem bilateralen Sprachzeichen ausgeht, wird der Terminus arbiträr dann verwendet zur Kennzeichnung der nunmehr innersprachlichen Relation von signifiant und signifié.

Wenn oben von einem genetischen Aspekt gesprochen wurde, unter dem
Eberhard die Relation sprachliches Zeichen und „Idee" einerseits definierte, so
kann dieser Aspekt diachronisch genannt werden. In gleicher Weise kann aber
andererseits der „funktionelle" Aspekt Eberhards nach den Ausführungen von
1.2. nicht synchronisch genannt werden, insofern die synchronische Sprachbeschreibung im Metabereich ihre Entsprechung im Basisbereich in den individuellen (Sprachkompetenz) und kollektiven (Sprachsystem) Teilbereichen der
Sprache einer definierten Sprachgruppe hat. Denn für den einzelnen Sprachteilhaber ist die Relation von sprachlichem Zeichen und Idee (im Sinne Eberhards) oder von signifiant und signifié (im Sinne Saussures) nicht arbiträr,
sondern notwendig und fest, weil eingeübt[9]. Lediglich in der nicht auf ein bestimmtes Sprachsystem festgelegten Perspektive des Linguisten sind die sprachlichen Zeichen arbiträr. Funktionell meint also hier einen panchronischen, oder
wie Ungeheuer vorschlägt, einen ahistorischen Aspekt, unter dem das Prinzip
der Arbitrarität vertreten werden kann[10].

3.1.2. Zeichen, Wort, Begriff und Bedeutung

Da für Eberhard ein Zeichen „etwas in die Sinne fallendes (ist), woraus
die Wirklichkeit von Etwas Andern erkannt werden kann"[11], stellen für ihn die
(Kombinationen der) „Laute" „Zeichen" dar, während die Buchstabenschrift als
das Zeichen eines Zeichens interpretiert wird: „Denn in unserer Schrift, die eine
Buchstabenschrift ist, sind die sichtbaren Züge nur Zeichen von hörbaren
Lauten"[12]. Das „Andere", worauf das sprachliche Zeichen verweist, bezeichnet
Eberhard als „Begriff": „Die willkührlichen Zeichen bezeichnen Begriffe"[13].
Sein Terminus nun für diese sprachlichen Zeichen, sofern sie einen Begriff
„bezeichnen", heißt „Wort"[14]. Nach der Formel: aliquid stat pro aliquo ist also
das Wort das aliquid, das pro aliquo, den Begriff also, steht. Statt Wort und
Begriff setzt Eberhard auch die Opposition „Zeichen" und „Bezeichnetes" ein,
wobei letzteres nicht mit der „Sache", also der außerhalb des Wortes und des
Begriffes liegenden Realität, zu verwechseln ist[15]. Da „Bedeutung" u. a. „eine
Sache (ist), die durch etwas anderes bezeichnet ist"[16], spricht Eberhard auch von
der Bedeutung eines Wortes und meint damit den Begriff, der durch ein Wort

---

[9] Vgl. Gauger (1970) 105: „Die Wörter sind für das Bewußtsein des Sprechenden
weder arbiträr noch motiviert, sie sind".
[10] Ungeheuer (1969) 71; dieser betont (77), daß sich die Thesen von der Notwendigkeit
und Arbitrarität des sprachlichen Zeichens ergänzen.
[11] Eberhard (1800) 102; vgl. Wolff, der Zeichen definiert als „ein Ding, daraus ich
entweder die Gegenwart oder die Ankunft eines anderen Dinges erkennen kann".
Zit. nach Haller (1959) 126.
[12] Eberhard (1814) 243.
[13] Eberhard (1814) 7.
[14] Eberhard (1795) 201 f.
[15] Eberhard (1795) 261.
[16] Eberhard (1795) 257.

„bezeichnet" wird[17]. „Bezeichnen" heißt also, einen Begriff mit einem Zeichen versehen, und damit „bezeichnet" das Zeichen diesen Begriff, während der Begriff das Zeichen „bedeutet", also die Bedeutung dieses Zeichens ausmacht[18].

Auf dem Hintergrund der in 1.4. entworfenen Sprachzeichentheorie wäre also nach Eberhard folgendes m o n o l a t e r a l e Sprachzeichenmodell zu entwerfen:

Skizze 11: Modell der Relation Wort und Bedeutung in der Theorie Eberhards

3.1.3. Bedeutung und „Ding"

Zu fragen wäre nun noch nach der Relation des so definierten Wortes als Zeichen und seiner Bedeutung zu der außerhalb dieser liegenden Realität, also den Sachen oder Sachverhalten. Das heißt u. a. auch die vorsichtige Frage stellen, ob Eberhard Bedeutung im Rahmen des Diskurses, also der „Rede" oder im Rahmen einer „Einzelsprache", also eines Sprachsystems differenziert. Die von Eberhard jeweils zu beschreibende Bedeutung und dementsprechend die Relation dieser Bedeutung zum „Ding" liegt auf einer Stufe, die er „Sprache" nennt und die er von der „Rede" differenziert: „Eine Sprache ist daher ein Inbegriff zu Wörtern articulierter Laute, die bei einer Nation im Gebrauche sind; eine Rede (ist) aber eine Verbindung von Wörtern [...]"[19]. Deutlicher wird diese von ihm nicht streng vorgenommene Differenzierung dort, wo er die „Wörter" auszusondern sucht, die nicht Objekt einer allgemeinen Synonymik sein können: „Die Wörter, welche der Gegenstand der Synonymik sind, können keine eigenthümliche Namen (propria), sie müssen gemeinschaftliche (appellativa) seyn, sie müssen also nicht einzelne Dinge, sondern allgemeine bezeichnen"[20]. Die Eigenschaft der „Rede" ist es aber nun, die nomina appellativa auf Denotate hin zu determinieren, während die Bedeutung innerhalb der „Sprache"

[17] Eberhard (1795) VIII ff.
[18] Eberhard (1795) 261.
[19] Eberhard (1800) 345.
[20] Eberhard (1795) XI.

nur auf „allgemeine Dinge", also Designate, ausgerichtet ist. Der Bedeutung auf
der Stufe der „Sprache" gilt also Eberhards lexikologisch-semantische Analyse.
Das in Skizze 11 nach Eberhards Anweisungen gezeichnete Sprachzeichenmodell
wäre also folgendermaßen zu ergänzen:

Skizze 12:
Modell der Relation Wort, Bedeutung und „Realität" in der Theorie Eberhards

3.1.4. Begriffsanalyse

Für Eberhard sind also innerhalb einer linguistischen Analyse diejenigen
„Begriffe" Objekt der Untersuchung, die durch Kombination von Lauten, d. h.
also jeweils durch ein Wort, bezeichnet werden. Kant hat im Jahre 1800 den
Begriff folgendermaßen definiert: „Der Begriff ist der Anschauung entgegen-
gesetzt; denn er ist eine allgemeine Vorstellung oder eine Vorstellung dessen,
was mehreren Objekten gemein ist, also eine Vorstellung, s o f e r n   s i e   i n
v e r s c h i e d e n e n   e n t h a l t e n   s e i n   k a n n "[21]. Eberhard selbst hatte
1790 definiert: „Die Vorstellung der Gattung oder Art, wozu ein Ding gehört,
ist der Begriff von demselben; [...]"[22].

Wenn also die Bedeutung eines „Wortes" auf der Stufe der „Sprache" nach
Eberhard die Qualität eines Begriffes hat, so liegt es nahe, die Begriffsanalyse
der Logik auch für die Analyse der Bedeutung fruchtbar zu machen. Da ein
Begriff selbst wiederum aus Teilbegriffen konstituiert ist, die als „Merkmale"
des zu definierenden Begriffes gelten, wird dieser Begriff dadurch beschrieben,
daß man die den jeweiligen Begriff konstituierenden Merkmale angibt. Dadurch
erfolgt die Einbettung des Begriffes in eine partielle Begriffspyramidik durch
Angabe des nächsten höheren Begriffs (= Gattung oder genus proximum) und
evtl. auch der weiteren höheren Begriffe (= genera remotiora) sowie durch
Angabe der differentia specifica, wodurch der zu definierende Begriff, der als
Art gilt, von der nächsten Art unterschieden wird. Die Angabe des „nächsten
höhern Begriffs", des „entferntern höhern Begriffs"[23] sowie des artbildenden
Unterschieds, also der differentia specifica, ist demnach gleichzusetzen mit der
Deskription der Merkmale, die den jeweiligen Begriff, also die Bedeutung eines
Wortes, konstituieren.

---

[21] Kant (1800) 1. Abschnitt. § 1. Anmerk. 1 (S. 521).
[22] Eberhard (1790) 477.
[23] Eberhard (1795) IX.

Diese begriffliche Merkmalanalyse nimmt Eberhard nun zu Hilfe, um die Bedingungen anzugeben, die die „Wörter" hinsichtlich ihrer semantischen Relationen erfüllen müssen, damit sie Objekt der Analyse innerhalb einer „allgemeinen Synonymik" werden können[24].

3.1.5. Historischer Exkurs

Im Verlauf des 18. Jahrhunderts wird die aus der Antike übernommene Synonymdefinition: „Synonyma sunt quae idem pluribus vocibus declarant, ita ut nihil significationis, quo utaris, inter sit", die Breitinger nach Quintilian zitiert[25], zur Diskussion gestellt. Schon die erste Abhandlung von Gottsched über Synonymenprobleme insistiert auf dem „Unterschied der deutschen Wörter"[26], den auch Breitinger gegen die zitierte Definition Quintilians hervorhebt, so daß Gottsched 1758 von den „vermeynten gleichgültigen Wörtern" sprechen kann[27]. Man konstatiert in den verschiedensten Abhandlungen[28], daß die eigentlichen Objekte einer Analyse in dieser Richtung die Wörter seien, deren Bedeutung differiere: Durch eine genauere „Zergliederung" ursprünglich als „gleichgültig" (= synonym) angesehener Wörter könne man sehr unterschiedliche Bedeutungen konstatieren. Den Wörtern mit unterschiedlichem Signifikanten und nur „ähnlichem" Signifikat gilt im weiteren Verlauf der Entwicklung die eigentliche Aufmerksamkeit.

Stosch gab d i e s e m Wortschatz in seinem dreibändigen Hauptwerk von 1770 ff. den mißverständlichen Terminus „gleichbedeutend"[29]. Später räumte er ein, daß „die Benennung gleichbedeutende Wörter [...] etwas dunkles und zweideutiges mit sich (führe)"[30], da g l e i c h sowohl ,identisch' als auch ,ähnlich' meine, das letztere aber nur der Terminus benennen solle. Diesen terminologischen Mißstand korrigierten dann die Abhandlungen in den „Schriften der Kurfürstlichen deutschen Gesellschaft in Mannheim" von 1794[31], die gleichbedeutend durch das präzisere „sinnverwandt" ersetzten. An diese Terminologie schließt sich Eberhard sowohl im Titel als auch in der Definition innerhalb seiner ‚Theorie' an: „Diejenigen Wörter, welche in der allgemeinen Synonymik sollen erklärt werden, müssen 1. verschiedene Bedeutungen haben, aber 2. diese Bedeutungen müssen einander so ähnlich seyn, daß ihre Verschiedenheit nicht leicht zu bemerken ist"[32].

---

[24] Der Versuch der Anwendung dieses Definitionsschemas erfolgt schon durch die französischen Synonymiker de Pons und Girard. S. Gauger (1960) 23 ff.; 56 ff.; 88 f.
[25] Breitinger (1740) 2. Bd., 92.
[26] Gottsched (1732) (Titel); vgl. Slangen (1955) 10—13; Lachmann (1931) 32 f.
[27] Gottsched (1758) a 6ʳ).
[28] S. dazu 2.3.3. Anm. 89.
[29] Stosch (1770 ff.) (Titel).
[30] Stosch (1775) 3 f.
[31] Vgl. Fischer (1794) (Titel) und S. 90 f.; Petersen (1794) (Titel).
[32] Eberhard (1795) VIII.

3.1.6. Konstituierung einer „Wörterfamilie"

Um nun ein Kriterium für die „Ähnlichkeit" der Bedeutungen, die Objekt der semantischen Deskription innerhalb einer Synonymik sind, zu geben, definiert Eberhard: „Wenn sie aber ähnliche Bedeutungen haben, so müssen die Begriffe, die sie bezeichnen, in gemeinschaftlichen Merkmalen übereinkommen, und in je mehrern gemeinschaftlichen Merkmalen diese Begriffe übereinkommen, desto ähnlicher werden die Bedeutungen der Wörter seyn, die sie bezeichnen"[33]. Daraus zieht er den Schluß, daß die Bedeutung derjenigen Wörter am ähnlichsten ist, die einen gemeinsamen „nächsten höheren Begriff" haben. Dagegen seien die Wörter, die nur einen „entfernten höhern Begriff" gemeinsam haben, aus einer Synonymik auszuschließen. Er verdeutlicht das an Beispielen, die hier in die Form einer partiellen Begriffspyramide gebracht werden sollen und die über Eberhards Beispiele an dieser Stelle hinaus nach seinen eigenen Angaben im Wörterbuch ergänzt sind[34]:

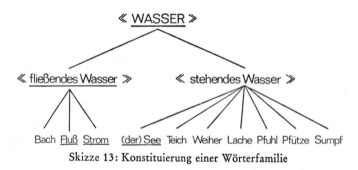

Skizze 13: Konstituierung einer Wörterfamilie

Lediglich anhand der in der Pyramide unterstrichenen Beispiele erläutert Eberhard innerhalb seiner „Theorie", daß *See* und *Fluß* „keine Gegenstände der Synonymik" seien, da sie nur einen „entferntern höhern Begriff", nämlich «Wasser», gemeinsam hätten und somit die semantische Differenz unmittelbar in die Augen falle. Dagegen seien *Fluß* und *Strom* Objekte der „Synonymik", da durch die Gemeinsamkeit des „nächsten höhern Begriffs" die Unterschiede nur durch eine genaue „Zergliederung", eben die Angabe des artbildenden Unterschieds, der differentia specifica, beschrieben werden könne. Da sowohl *See* als auch *Fluß* in Eberhards Wörterbuch semantisch analysiert werden, meint „Gegenstand der Synonymik" somit nicht, daß diese Wörter in seinem Wörterbuch überhaupt nicht erscheinen, sondern es meint, daß sie verschiedenen onomasiologischen lexikalischen Paradigmen aufgrund ihrer Zugehörigkeit zu unterschiedlichen genera proxima zuzurechnen seien.

Das genus proximum wird in einer „Sprache" nun durch ein „Wort" bezeichnet oder die betreffende Sprache, in diesem Fall die „hochdeutsche Mund-

---

[33] Eberhard (1795) IX.
[34] Eberhard (1795) IX; (1795) 235; (1800) 1.

art", stellt, wie im Fall „fließendes Wasser" und „stehendes Wasser", kein Signem auf dem Rang R_1,oder $R_{1+n'}$ zur Verfügung, wodurch der Lexikograph gezwungen wird, eine verbale Umschreibung dieses Begriffes zu geben. Gegen Fischer, der behauptet hatte, daß „subordinierte Begriffe, a l s s o l c h e , nie Synonymen ab(geben)"[35], möchte Eberhard auch das die Gattung bezeichnende Wort (wie z. B. *Wald* in dem Paradigma *Wald, Holz, Heide, Hain, Forst, (Waldung))*[36] in die Synonymik aufnehmen, obgleich alle anderen „Wörter" im Vergleich zu *Wald* als subordiniert betrachtet werden müssen und nach Fischer deshalb nur die koordinierten Wörter *Holz, Heide, Hain, Forst, (Waldung)* dieses Paradigma bilden dürften, da nur sie, wiederum nach Fischer, unter einem „gemeinschaftlichen Begriff" stehen würden. Eberhard argumentiert hingegen, daß nach seinem Konzept „in dem einen [die Gattung bezeichnenden Wort] nur der Hauptbegriff ohne irgend einen Nebenbegriff, bey den coordinirten hingegen der Hauptbegriff [...] mit einem besonderen Nebenbegriff [die differentia specifica] enthalten ist"[37].

Somit hatte Eberhard ein Konzept entwickelt, um eine „Familie sinnverwandter Wörter zu bestimmen"[38]: Er rechnete d i e Wörter einer „Familie" zu, die einerseits durch das genus proximum, also den „nächsten höhern Begriff" verbunden und andererseits durch artbildende Unterschiede, also differentiae specificae, unterschieden sind. Wird das genus proximum durch ein „Wort" bezeichnet, so rechnet es gleichfalls zur „Familie der sinnverwandten Wörter". Die semantische Deskription des genus proximum einerseits, das durch die Angabe der allen Arten gemeinsamen „Merkmale" näher bestimmt ist, und die semantische Deskription der Arten andererseits, die durch die Angabe der die Arten trennenden „Merkmale", der differentiae specificae also, näher bestimmt sind, rechnen nach Eberhard zu den Aufgaben des lexikographischen Synonymisten.

Somit hatte er Kriterien angegeben, nach denen lexikalische Paradigmen im Sinne der Definitionen von 1.5. (Klasse 11, 12, 13) zu konstituieren seien.

3.1.7. Z u s ä t z l i c h e B e d i n g u n g e n f ü r d i e A u f n a h m e i n d i e „ W ö r t e r f a m i l i e "

Eberhard erkannte zudem, daß bestimmte Klassen von Wörtern die Bedingungen nicht erfüllten, die er aufgestellt hatte, um von Synonymität sprechen zu können.

(1) Unter soziolinguistischen Aspekten schied er aus seiner „allgemeinen deutschen Synonymik [...] der hochdeutschen Mundart" solche Wörter aus,

---

[35] Fischer (1794) 102.
[36] Eberhard (1799) 70.
[37] Eberhard (1795) X. — Maaß, der Fortführer und Bearbeiter von Eberhards Werk, fügt (1823) III f. hinzu, daß auch „reciprocable Begriffe" [= solche Begriffe, die ungleichen Inhalt (= Merkmale) und gleichen Umfang haben] und „conträre Begriffe" ein Paradigma bilden können.
[38] Eberhard (1795) XXXII.

die er als „idiomatische Synonyme" bezeichnete[39] und die in der neueren Forschung als „Intersystemsynonyme" oder „Heteronyme" bekannt sind[40], also konkurrierende Bezeichnungen gleicher Begriffe verschiedener regionaler Sprachgruppen.

(2) Außerdem sprach er den „eigenthümliche(n) Namen (propria)" die Eigenschaft ab, eine „Familie von Wörtern" zu bilden, weil sie nicht „allgemeine", sondern nur „einzelne Dinge" bezeichneten[41]. D. h.: die Bedeutung eines „Namens" ergibt sich aus der Bindung an ein singuläres Objekt, und eine „Merkmalanalyse" auf „begrifflicher" Basis nach Gattung, Art und differentia specifica ist hier nicht möglich.

(3) Eberhard schied gleichfalls die „eigenthümliche(n) Kunstwörter einer gewissen Kunst oder Wissenschaft" aus, da hier „die Bedeutungen durch bestimmte Erklärungen festgesetzt werden"[42]. Somit erkennt Eberhard, daß die semantische Struktur der Lexik einer Fachsprache nicht ohne weiteres mit der der „hochdeutschen Mundart" gleichzusetzen ist. Zwar wäre sie einer „begrifflichen" Analyse im Sinne Eberhards zugänglich, aber diese Analyse dürfte nur, da es sich um Fachsprachen handelt, die explizit „festgesetzten" „Merkmale" der Bedeutung reproduzieren. Dieses Unterfangen würde aber die Intentionen einer „allgemeinen Synonymik" der „hochdeutschen Mundart" als Standardsprache übersteigen.

(4) Solche Kompositeme, die im Sinne Saussures eine eindeutige innersprachliche Motivierung haben[43], verbannt Eberhard aus der Synonymik. In diesem Zusammenhang wirft er „der Frau Piozzi, der Verfasserin der kürzlich erschienenen Brittischen Synonymik" vor, daß sie solche Wörter wie „Jagd-Hunde, Hüner-Hunde, Dachs-Hunde" aufgenommen habe, „weil sie den Begriff des Hundes gemein haben"; Eberhard meint dagegen, daß dieses falsch sei, „da ihre Unterschiede in der Zusammensetzung selbst in die Augen fallen"[44]. Eberhard folgert also, daß die Bedeutung dieser Kompositeme aus den sie konstituierenden Lexemen unmittelbar einsichtig, daß also zugleich auch die Katenationsregel zu erschließen sei. Die Katenationsregel kann u. a. durch folgende satzsemantische Muster expliziert werden: ‚Hunde zur Jagd', ‚Hunde zur (Feld)-Hühnerjagd', ‚Hunde zur Dachsjagd'. Da dies, so meint offensichtlich Eberhard, sich unmittelbar aus den zitierten Kompositemen ergebe, sei eine semantische Deskription innerhalb einer Synonymik überflüssig. Das heißt nun allerdings nicht, daß er sämtliche Kompositeme aus seiner Synonymik ausschließt. Eindeutige Kriterien für die Ablehnung dieser und die

---

[39] Eberhard (1795) XXV.
[40] Vgl. u. a. Bellmann (1968) 230.
[41] Eberhard (1795) IX.
[42] Eberhard (1795) XV.
[43] Gauger (1970) 113 ff. spricht in „bewußtseinseigener" synchronischer Perspektive von „durchsichtigen Wörtern".
[44] Eberhard (1795) XIII.

Aufnahme anderer, die nur in einer Theorie der „Demotivierung" von Kompositemen erarbeitet werden könnten[45], gibt er nicht an.

Anderer Meinung scheint er hinsichtlich des anderen Typus von Wortbildungen, nämlich der Derivateme zu sein, da er deren Problematik in bezug auf die „Familien von Wörtern" nicht erwähnt, dagegen deren Aufnahme in seine Synonymik praktisch durchführt. Offensichtlich geht Eberhard hier von der nicht abwegigen Annahme aus, daß in diesem Fall eine mindere Qualität von Motivierung einerseits und damit eine weniger durchsichtige Katenationsregel andererseits vorliege[46].

Zwei weitere Anmerkungen Eberhards zur Problematik seiner Synonymentheorie verdienen in diesem Zusammenhang Erwähnung.

(5) Es ist zuerst die Beobachtung, daß einige Wörter „mehrere Bedeutungen haben", daß also die SUS aus mehreren SUKn besteht, ein Faktum, das in der Linguistik u. a. unter den Termini Polysemie bzw. Homonymie geführt wird. Diese Problematik hinsichtlich seiner „Familien" erkennt Eberhard klar: „Es ist nämlich möglich, daß Ein Wort von Einer Seite mit Einer, und von der anderen mit einer andern Wörterfamilie verwandt ist." Er erläutert das u. a. an dem Beispiel von *begegnen*, das ich über seine Beispiele in der „Theorie" hinaus nach seinen eigenen Angaben im Wörterbuch ergänze und in die Form eines graphischen Modells bringe[47]:

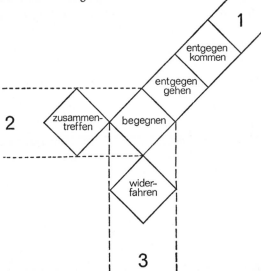

Skizze 14: Polysemie eines Wortes und Konstituierung mehrerer Wörterfamilien

---

[45] Zu den konkurrierenden Termini Motivierung — Demotivierung, Motivation — Idiomatisierung, Motiviertheit — Lexikalisierung vgl. Fleischer (1969) 12 f.
[46] Vgl. Coates (1964) 1049.
[47] Eberhard (1795) XI; (1795) 278 f.; (1802) 326.

Somit sind, bedingt durch die Polysemie von *begegnen*, drei Wörterfamilien
zu verzeichnen, die Eberhard an den oben angegebenen Stellen seines Wörterbuchs g e s o n d e r t beschreibt. Diese „Zergliederung der Begriffe in mehr
als einer Rücksicht"[48] unterscheidet zugleich die semantische Struktur des „ge-
meinsprachlichen" Wortschatzes, dessen „Bedeutung", wie Skizze 14 erweist,
polysem ist, von der normalerweise monosemen Bedeutung fachsprachlicher
Termini. Hieraus wird auch ersichtlich, daß Eberhard ein Wort mit nur einer
ganz spezifischen SUK in seine Wörterfamilie aufnimmt. Darauf wird unten
(5.7.1. (4)) zurückzukommen sein.

(6) Eine weitere erwähnenswerte Anmerkung Eberhards betrifft den Fall,
daß unter dem Aspekt einer begrifflichen Merkmalanalyse oft eine völlige
Identität der Wörter zu verzeichnen sei, daß es aber trotzdem Gründe für die
„Erhaltung" beider Wörter gebe: „Zwey Wörter können völlig den nämlichen
Begriff, aber das Eine stärker, das Andere schwächer, das eine feyerlicher, das
Andere gemeiner ausdrucken [...]"[49]. Er erläutert dieses Faktum u. a. an dem
Beispiel *Appetit* und *Eßlust*, die sich dadurch unterscheiden, daß das erste „das
Sinnliche der Begierde" vermindere. Hier zeichnet Eberhard konsequenterweise
die Grenzen seiner b e g r i f f l i c h e n Merkmalanalyse, ohne doktrinär zu
postulieren, daß dadurch eine völlige Identität der Wörter erreicht und deshalb
eins überflüssig sei, wie es z. T. im 18. Jahrhundert Brauch war. Der Begriff
und Terminus eines Stilems oder eines ähnlichen Deskriptionsterminus wurde
nicht geprägt, aber doch umschrieben. Eberhard nennt solche Wörter „völlig
gleichbedeutend, aber nicht gleichgültig"[50]. Mit diesen Termini charakterisiert
er z. B. die Reihe: *Abendessen. Abendmahlzeit. Abendmahl. Abendbrot*, die er
in sein Wörterbuch aufnimmt und durch „nicht gleichgültige" Charakteristika
differenziert: „veraltet" (für *Abendmahl*), „feyerlich" (für *Abendmahlzeit*), „in
Niedersachsen das Abendessen geringer Leute" (für *Abendbrot*). *Abendessen*
erhält keine spezifische Charakterisierung, muß also als „neutral" unter den von
Eberhard angegebenen Aspekten gelten. Auf dem Hintergrund dieser Beschreibung wird die von Eberhard vorgenommene Gleichsetzung von Bedeutung und
Begriff deutlich und fragwürdig zugleich.

3.2. Eberhards lexikalischer onomasiologischer Kodifikationsversuch

3.2.1. P r o b l e m a t i k
d e r o n o m a s i o l o g i s c h e n K o d i f i k a t i o n

Daß die Praxis, und insbesondere die eines sechsbändigen Wörterbuchs,
Eberhard selbst auf dem Hintergrund des Versuchs einer Theorie der Synony-

---

[48] Eberhard (1795) XI.
[49] Eberhard (1795) XXXVII.
[50] Eberhard (1795); Vollbeding (1800) 99 spricht von „gleichgeltenden Wörtern".

mik zu Kompromissen und — im Sinne der Theorie — zu unzulänglichen Beschreibungen zwingt, ist ein Gemeinplatz, der aber unter praxisfernen Theoretikern nicht so allgemein ist, als daß er hier nicht wiederholt werden müßte.

Die erste Schwierigkeit bot die Anordnung der Wörterfamilien. Nach Eberhards theoretischen Ausführungen muß man deduzieren, daß er bei der Konstituierung der „Familien" nach denjenigen sprachlichen Bezeichnungen fragt, die einen nächsten höheren Begriff als Merkmal ihrer Bedeutung beinhalten und auch — entsprechend seiner eigenen Anweisung — nach der sprachlichen Bezeichnung dieses Begriffes, der somit ein Gattungsbegriff ist. Sodann muß er versuchen, die diese sprachlichen Bezeichnungen differenzierenden „Merkmale" anzugeben. Da also Begriffe als Merkmale der Bedeutung das Ordnungskriterium für die in Wörterfamilien zu deskribierende Lexik abgeben, hätte es nahe liegen können, ein wie immer geartetes „Begriffssystem als Grundlage für die Lexikographie"[51] auszuarbeiten und danach die Wörterfamilien zu gliedern. Doch Eberhard geht diesen Weg nicht, sondern versucht, nach ausdrucksbezogenen Kriterien, also solchen der Signifikanten, seine Wörterfamilien nacheinander anzuordnen; diese Kriterien müssen in Ansehung eines onomasiologischen Wörterbuchs als willkürlich gelten. Eberhard gliedert die Wörterfamilien nach dem Anfangsbuchstaben des Mitgliedes der „Familie", das alphabetisch vorn liegt, d. h. also die Wörterfamilie steht an erster Stelle, deren erstes Glied „Aas" ist, und diejenige bildet den Abschluß, deren erstes Glied „Zutritt" ist. Allerdings unterlaufen Eberhard häufig Inkonsequenzen, die daraus resultieren, daß er dieses alphabetische Prinzip an einigen Stellen durchbricht und die entsprechende Wörterfamilie unter dem Stichwort des Wortes alphabetisch einordnet, das den Gattungsbegriff sprachlich bezeichnet bzw. ihm am nächsten kommt[52]. Diese Inkonsequenzen versucht er 1. durch Verweisungen, 2. durch ein alphabetisches Register zu jedem Band und 3. durch ein „Allgemeines Register" im sechsten und letzten Band aufzufangen.

3.2.2. Gruppierung nach „Classen von Redetheilen"

In Eberhards „Theorie" unerwähnt bleibt eine Bedingung für die Konstituierung von Synonymen, die sein Konkurrent Fischer explizit ausgeführt hat: „Daß die Synonymen zu eben derselben Klasse von Redetheilen gehören müssen, versteht sich von selbst. Man kann nicht Substantive mit Adjektiven oder mit Verbis vergleichen, sondern die Wörter jeder Klasse nur unter sich allein"[53]. Eine nähere Begründung für diese Prämisse der Konstituierung von Wörterfamilien durch Signeme gleicher Klassen gibt auch Fischer nicht. Gemeint ist

---

[51] Vgl. dazu Hallig/Wartburg (1963) und die Kritik Hegers (1964) 495—502; s. dazu auch 4.2.2.

[52] So erscheint die Reihe: *Abbildung. Bild. Bildniß* s. v. *Bild.*

[53] Fischer (1794) 99.

aber offensichtlich die Tatsache, daß die von Fischer angesprochenen Signemklassen („Wortklassen") erst einmal eine spezifische Klassenbildung hinsichtlich
spezifischer Funktionen bei der Konstituierung höherer hierarchischer Ränge
darstellen. Im Sinne der Konstruktion von 1.4. kann von einer Signemklasse
dieser Art erst auf dem Rang eines Flektems gesprochen werden[54], also dort,
wo z. B. jeweils Lexeme und spezifische Grammemparadigmen kombiniert werden. Darüber hinaus stellt aber die auf dem Rang eines Flektems jeweils zu
spezifizierende Signemklasse als Lexem bzw. Derivatem oder Kompositem eine
spezifische Kombination semantischer Merkmale dar, die jeweils einen unmittelbaren Vergleich mit einer anderen Signemklasse ausschließt. D. h.: die jeweils gemeinsame syntaktische Funktion der Signemklassen wird durch spezifische Kombinationen semantischer Merkmale garantiert[55]. Diese Tatsache reflektiert Eberhard in seiner Wörterbuchpraxis dadurch, daß er jeweils Signeme
gleicher Klasse in einer Wörterfamilie zusammenstellt. Doch die von Fischer
oben vorgebrachten Einschränkungen sind noch weitergehend: „Auch bei Wörtern aus einer Hauptklasse findet nicht jederzeit eine Vergleichung statt"[56].
Was Fischer damit u. a. meinen könnte, kann an der Konstituierung von drei
Wörterfamilien durch Eberhard demonstriert werden:

(1) *Abdanken* (verb. neutr.). *Ein Amt niederlegen.*

(2) *Abdanken* (verb. act.). *Absetzen. Entlassen.*

(3) *Abdanken* (verb. act.). *Verabschieden. Abschied geben*[57].

Bei *abdanken* in der Wörterfamilie (2) und (3) liegen nach der semantischen
Deskription Eberhards jeweils unterschiedliche SUKn vor; *abdanken* in der
Wörterfamilie (1) und (2) unterscheiden sich aber zusätzlich dadurch, daß jeweils eine unterschiedliche Valenz des Verbums vorliegt, die Eberhard durch
die Angabe verbum neutrum (= intransitivum) und verbum activum (= tran-
sitivum) zu spezifizieren sucht[58]. D. h.: In diesem Fall ist eine unterschiedliche
SUK dadurch gegeben, daß eine unterschiedliche Valenz mit entsprechend unterschiedlichen Leerstellen vorliegt[59].

In diesem Zusammenhang und anhand der obigen Beispiele sei darauf
verwiesen, daß Eberhard die sog. „Funktionsverbformeln" oder „Funktionsverbfügungen"[60] in seine Wörterfamilien aufnimmt und in Opposition setzt zu

---

[54] Vgl. Heger (1969) 193.

[55] Dieses Faktum hat man u. a. als „kategoriale Grundbedeutung" bzw. „kategoriale
Prägung" zu charakterisieren versucht. Vgl. Otto (1965) 26; Schmidt (1967) 48;
Helbig (1968 a) 58. Vgl. dazu Adelung (1782) 1. Bd., 274: „So fern nun die
Wörter die verschiedenen Arten unserer Vorstellungen in der Reihe der Begriffe
oder in einem Satz ausdrucken, werden sie Redetheile genannt."

[56] Fischer (1794) 99.

[57] Eberhard (1795) 2—4.

[58] Zu diesen Termini der Zeit s. Henne (1970) X* f.

[59] Vgl. dazu Erben (1965) 236, Anm. 4: „Mit der Bedeutung kann die Wertigkeit
[= Valenz] wechseln." Bondzio (1969) 235: „Die Existenz von Leerstellen hängt
[...] unmittelbar vom begrifflichen Bereich der Bedeutung ab."

[60] Polenz (1963) 11 f.; Heringer (1968 a) 25.

„einfachen" Verben. Damit dokumentiert er, daß diese signemischen Syntagmen in ihrer semantischen Struktur den Verben vergleichbar sind[61]. Auch auf dem Hintergrund der neueren Diskussion über die semantische Struktur dieser signemischen Syntagmen muß deren Beschreibung als semantische Einheit als progressiv gelten, da sie nicht suggeriert, daß deren (Syn)Signifikat durch eine bloße Summation der Einzelteile des Syntagmas zu eruieren sei[62].

3.2.3. Typen von Wörterfamilien

Unter dem Aspekt der Gattung/Art Relation sprachlicher Bezeichnungen auf dem Rang $R_{1'}$ und $R_{1+n'}$ ergeben sich zwei Typen von Wörterfamilien:

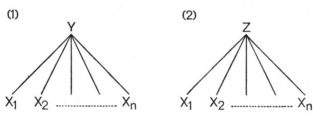

Skizze 15: Typen von Wörterfamilien

In diesen Modellen soll — jeweils auf dem Rang $R_{1'}$ oder $R_{1+n'}$ — y den sprachlich bezeichneten Gattungsbegriff und x den sprachlich bezeichneten Artbegriff repräsentieren, während z anzeigt, daß auf den angegebenen Rängen eine sprachliche Bezeichnung nicht existiert. Diese fehlende sprachliche Bezeichnung wird jeweils durch eine verbale Explikation ersetzt.

In der folgenden Analyse übernehme ich zunächst die Termini der Lexikographen: Merkmal, Bedeutung, Gesamtbedeutung, die — in dieser Reihenfolge — den Termini semantisches Merkmal, SUK, SUS in etwa entsprechen, weil sie eine dem monolateralen Sprachzeichen der Lexikographen adäquate Terminologie darstellen[63]. Lediglich Gesamtbedeutung ist dabei neu eingeführt, um die polyseme Verwendung des Terminus Bedeutung durch die Lexikographen zu vermeiden.

Typus (1) repräsentieren z. B. folgende Wörterfamilien: y = [Sitz]; x_1 = [Bank], x_2 = [Schemel], x_3 = [Stuhl], x_4 = [Sessel][64]. Oder: y = [Land];

---

[61] In einer Anm. zu der Wörterfamilie (3) spricht Eberhard (1795) 4 von „einerley Bedeutung", die z. B. *verabschieden* und *den Abschied geben* haben; nur „In Ansehung des Grades der Feyerlichkeit" sei ein Unterschied zu konstatieren.

[62] Vgl. Heringer (1968 a) 51 ff.; Engelen (1968) 289; deren Hinweise beziehen sich allerdings nur auf präpositionale Funktionsverbfügungen.

[63] S. dazu 4.1.2.

[64] Da Eberhard jeweils nur eine Bedeutung innerhalb seiner Wörterfamilien semantisch deskribiert (vgl. 3.1.7. (6)), werden entsprechend den Diakritika von 1.4. eckige Klammern verwendet. Eine monoseme Gesamtbedeutung ist mit der jeweiligen Bedeutung identisch.

x_1 = [Feld], x_2 = [Acker]. Typus (2) repräsentieren z. B. folgende Wörterfamilien: z = „Ein jeder, dessen Hauptgeschäft und Lebensart der Ackerbau
ist; der den Ackerbau verstehet und ausübet"; x_1 = [Ackermann], x_2 = [Land-
wirth], x_3 = [Bauer]. Oder: z = „[...] fließendes Wasser [...]"; x_1 =
[Bach], x_2 = [Fluß], x_3 = [Strom][65].

Eine Variante von Typus (1) verdient Erwähnung:

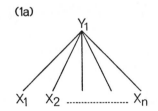

Skizze 16: Variante des Typus (1)

In dieser Skizze sollen die gleichen Indizes von y und x darauf hinweisen,
daß jeweils eine sprachliche Bezeichnung auf den angegebenen Rängen vorliegt;
daß dieses eine „Wort" aber mit einer Bedeutung den sprachlich bezeichneten
Gattungsbegriff und mit einer anderen Bedeutung einen sprachlich bezeichneten
Artbegriff vertritt.

Eine solche Variation des Typus (1), also Typus (1 a), stellt die Wörterfamilie *Aas, Luder* dar[66]. Nach Eberhards semantischer Deskription sind sie in
das Stemma von Skizze 17 folgendermaßen einzuordnen:

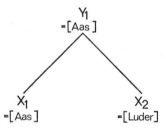

Skizze 17: Beispiel einer Wörterfamilie vom Typus (1 a)

y_1 = [Aas] erhält die semantische Explikation: „Überbleibsel von todten
Leichnamen"; x_1 = [Aas]: „Überbleibsel von todten Leichnamen"; „Menschen"; x_2 = [Luder]: „Überbleibsel von todten Leichnamen"; „Tiere".

Weitere mögliche Varianten, die aber bei Eberhard nicht erscheinen, wären:

---

[65] Eberhard (1795) 37 f.; 235 f.; 242 f.
[66] Eberhard (1795) 1.

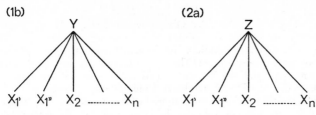

Skizze 18: Weitere mögliche Varianten der Typen (1) und (2)

Die Indizierung $x_{1'}$ und $x_{1''}$ soll sowohl im möglichen Typus (1 b) als auch im möglichen Typus (2 a) andeuten, daß jeweils ein (polysemes) Wort, also eine sprachliche Bezeichnung vorliegt, daß aber spezifische Bedeutungen dieses Wortes die Artbegriffe $x_{1'}$ und $x_{1''}$ sprachlich repräsentieren.

Diese Typen von Wörterfamilien kommen deshalb bei Eberhard nicht vor, weil er im Fall einer solchen Polysemie von Wörtern jeweils n e u e Wörterfamilien ansetzt, wie das Beispiel *abdanken* erweist[67].

3.2.4. Die Technik semantischer Deskription

Es bleibt nur noch, Eberhards Technik semantischer Deskription einer Wörterfamilie — eine Frage, die in 3.2.3. schon gestreift wurde — an einem Beispiel zu verdeutlichen. In der praktischen semantischen Deskription bleibt Eberhard insofern hinter seiner Theorie zurück, als er nicht etwa versucht, seine synonymischen Reihen in eine partielle Begriffspyramidik zu zwingen: Die konventionelle Form verbaler semantischer Explikation eröffnete eher die Möglichkeit, Unschärfen der Bedeutungsdifferenzierung und -abgrenzung gleichfalls anzumerken. Dennoch reflektiert die Gliederung der Artikel Eberhards Gattung/Art-Schema: Jeder Artikel zu einer „Wörterfamilie" ist durch eine römische Ziffer I. und II. deutlich zweigeteilt. Ziffer I. ist durch die Abkürzung Üb.[ereinstimmung] und Ziffer II. durch V.[erschiedenheit] näher bezeichnet[68]. Das heißt, daß in Abschnitt I. der den Mitgliedern der Wörterfamilie gemeinsame „Begriff", also der Gattungsbegriff, angegeben wird, der insgesamt als Merkmal gilt, während unter II. die die Arten differenzierenden spezifischen Merkmale, also die differentiae specificae, verbal expliziert werden[69].

Dazu sei folgendes Beispiel Eberhards zitiert und in der Interpretation vorgeführt, inwiefern Eberhards verbale Explikation seinen theoretischen Prämissen entspricht:

---

[67] S. dazu 3.2.2.

[68] Die Auflösung dieser Abkürzung erfolgt bei Eberhard (1795) LII: „Nachricht für den Leser".

[69] Der Zusammenhang zwischen Gattungsbegriff, Artbegriff, differentia specifica einerseits und semantischen Merkmalen nach 1.4. andererseits steht in Kap. 4 zur Diskussion.

Acker. Feld. Land.

I. Üb. Ein Theil der Oberfläche der Erde.   II. V. L a n d
bezeichnet an und für sich einen Theil dieser Oberfläche im Allgemeinen, ohne Rücksicht auf seinen wirthschaftlichen Nutzen.
So wird es demjenigen Theile der Oberfläche der Erde entge-
gengesetzt, der aus Wasser besteht.   Man sagt: wir stiegen ans
L a n d.   F e l d ist tragbares Land, es mag gebauet seyn und
Früchte tragen oder nicht.   Brach f e l d.   Winter f e l d.   A ck e r
aber, ein wirklich gebautes Feld, es mag Früchte tragen oder
nicht.   Weizen a ck e r.   Gersten a ck e r.   A. St.

Diese verbale semantische Explikation Eberhards sei nun entsprechend
seinen eigenen Angaben systematisiert:

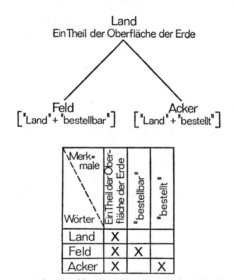

Skizze 19: Die semantische Explikation einer Wörterfamilie, dargestellt in einem
Stemma und einer Matrix

Bei dieser Form der Darstellung wird deutlich, daß Eberhard unter I. das
genus proximum angibt, das allen drei sprachlichen Bezeichnungen seiner Wörterfamilie als Merkmal zukommt. Dabei ist *Land* die sprachliche Bezeichnung
dieses genus proximum, während *Feld* und *Acker* die sprachlichen Bezeichnungen der Arten dieser Gattung sind, die sich durch zusätzliche Merkmale von
diesem unterscheiden. Die verbale Explikation dieser differentiae specificae
erfolgt dann unter II. Diese spezifischen Merkmale sind in Skizze 19 verkürzt
aber präzisiert wiedergegeben. Zugleich führt Eberhard Kompositeme an:
Brachfeld, Winterfeld bzw. *Weizenacker, Gerstenacker,* deren Bedeutungen jeweils die angegebene Differenzierung von *Feld* und *Acker* belegen sollen.

Eberhards Versuch semantischer Deskription seiner Wörterfamilien muß auf dem Hintergrund des folgenden Zitats bewertet werden: „Leider enthalten die wenigen systematischen Wörterbücher der Gemeinsprache, die es gibt, z. B. die von Roget, Wehrle, Dornseiff, Casares und Hallig/Wartburg alle keine Definitionen, d. h. keine Abgrenzung zwischen den Synonymen. Es sind eigentlich erst Materialsammlungen, deren Verarbeitung noch aussteht."[69a].

3.3. Adelungs (und Campes) Theorie der Bedeutung

3.3.0. In seiner Anmerkung zu dem Einleitungskapitel seiner Monographie „Über den Deutschen Styl", in dem u. a. eine Theorie des sprachlichen Zeichens entwickelt wird, bemerkt Adelung: „Eigentlich gehören diese und die folgenden Betrachtungen in die allgemeine oder philosophische Sprachlehre; allein da im Folgenden sehr vieles seine Erweislichkeit daraus bekommen muß, so konnte ich sie hier nicht ganz übergehen"[70]. Diese prinzipiellen „Betrachtungen" Adelungs stehen im folgenden — wie die Eberhards in 3.1. — zur Debatte. Campes Beitrag wird in einem kürzeren Zusatz abzuhandeln sein. Deren unmittelbare Relevanz für die lexikographische Praxis, die in 3.4. diskutiert werden soll, wird sich auch hier erweisen.

3.3.1. Der sprachliche Zeichenbegriff und seine Implikationen

Adelung setzt nicht — wie Eberhard — natürliche und künstliche Zeichen und Zeichensysteme in Opposition und versucht, so Aufschluß über den besonderen Status des sprachlichen Zeichensystems zu erlangen, sondern er insistiert auf der Priorität des sprachlichen Zeichensystems gegenüber anderen Zeichensystemen; diese existieren nur insofern, als sie „erst auf Wörter zurückgeführt werden (müssen), wenn wir einen klaren Begriff davon haben wollen"[71].

Dagegen differenziert Adelung zwischen S p r a c h e als dem „Inbegriff von Wörtern und deren Verbindung, vermittelst welcher die Glieder eines Volkes einander ihre Vorstellungen hörbar machen"[72] und dem S p r e c h e n, was heißt, „seine Vorstellungen durch vernehmliche Laute ausdrücken"[73]. Dieses Sprechen erfolgt also durch „Laute", die er als „hörbare Zeichen unserer Vorstellungen" beschreibt[74]. Da aber jede Vorstellung immer ein Ganzes aus-

---

[69a] Wüster (1958) 105.
[70] Adelung (1789) 4.
[71] Adelung (1782) 1. Bd., 198.
[72] Adelung (1789) 2.
[73] Adelung (1782) 1. Bd., 3.
[74] Adelung (1789) 2.

mache, so habe auch die Sprache eine Zeicheneinheit, die er folgendermaßen definiert: „Ein Wort ist ein vernehmlicher Ausdruck einer Vorstellung, welcher ohne Absatz und auf einmahl ausgesprochen wird"[75]. Oder an anderer Stelle: „Ein oder mehrere Töne mit einem Begriffe verbunden, machen ein Wort aus. Die Einheit des Begriffes macht die Einheit des Wortes aus, welches entweder einsylbig oder mehrsylbig sein kann"[76].

Die Frage nun, „was für eine Verbindung sich zwischen unsern Vorstellungen und den Wörtern als ihren Zeichen befindet"[77], versucht er nicht ohne Aufwand zu beantworten.

Adelung rekurriert zu diesem Zweck auf den „Ursprung der Sprache"[78], und zwar auf den der Sprache überhaupt wie auch auf den der Sprache einer „Nation" oder eines „Volkes", „einer Menge Menschen, welche bey einer gemeinschaftlichen Abstammung einerley Vorstellungen durch einerley Laute und auf einerley Art ausdruckt [...]"[79]. Die allgemeine Definition der Sprache in Ansehung des Ursprungs lautet nun: „Sprache (ist) Nachahmung der tönenden Natur"[80], und zwar erfolgt diese Nachahmung bei der Genese der Sprache, in deren „Kindheit", durch Nachahmung tönender Merkmale der Natur mittels tönender Laute, „welche mit seiner dunkel gedachten Vorstellung einige Ähnlichkeit hatten"[81]. Zwar erkennt Adelung, daß die Verbindung zwischen der Vorstellung und den „Lauten", also den Zeichen dieser Vorstellungen, nicht „wesentlich und notwendig" sein kann, da dieselbe Sache — in Ansehung der Sprache überhaupt — so viele verschiedene Zeichen habe, es also, mit anderen Worten, so viele verschiedene Sprachen gebe[82]. Allerdings könne man diese Verbindung — in Ansehung der Sprache eines Volkes — auch nicht „das Werk einer willkührlichen Verabredung" nennen, weil sonst nicht zu erklären wäre, warum nicht fortlaufend neue „Grundwörter" gebildet würden[83]. Da also die „ursprüngliche Verbindung [...] weder ganz nothwendig noch ganz willkührlich" sei, möchte sie Adelung als „natürlich", und, da dieses Wort zu „schwankend und unbestimmt" sei, als „conventionell oder gesellschaftlich"

---

[75] Adelung (1782) 1. Bd., 178.
[76] Adelung (1783) 1. Stück, 137.
[77] Adelung (1789) 6.
[78] Vgl. Adelung (1781 a) Titel und Adelung (1782) 1. Bd., 177 ff.: „Ursprung der Sprache und Bildung der Wörter."
[79] Adelung (1782) 1. Bd., 5.
[80] Adelung (1782) 1. Bd., 197.
[81] Adelung (1782) 1. Bd., 213.
[82] Adelung (1789) 6 f.
[83] Adelung (1789) 7. In dieser grundsätzlichen Fragestellung geht Adelung nicht mit dem von ihm sonst hochgeschätzten Johann Werner Meiner konform, der (1781) 71 erklärt hatte: „Die Sprache [...] ist eine durch willkührlich gewählte und gleichsam verabredete Zeichen bewirkte Abbildung alles dessen, was in unserer Seele vorgehet." Adelung (1783) 1. Stück, 134 bemerkt dazu: „Ich bedaure es [...], daß es dem Hrn. Verf. nicht gefallen hat, die Sprachen mit dem ihm eigenen Scharfsinne bis zu ihrem Ursprunge zu verfolgen."

bezeichnen[84]: Denn „Sprache als Nachahmung des Hörbaren" könne sich nur in dem „gesellschaftlichen Leben [...] in Verbindung mit den Umständen des Ortes, der Zeit, der Gelegenheit u. s. f." entwickeln, also bei „Menschen von gleichgestimmter Empfindungskraft [...]"[85]. Die Qualität dieser auf gleichgestimmter Empfindungskraft beruhenden Vorstellungen, die lautliche Merkmale der Natur nachahmten, ginge also, so meint Adelung, partiell in die Laute als deren Zeichen ein, die somit mit den Vorstellungen „einige Ähnlichkeiten hätten"[86]. Unter diesen Aspekten müsse nun auch die weitere Ausbildung der Sprache gesehen werden, die sich parallel zur fortschreitenden „Erkenntniß oder Cultur" entwickele und von der Bezeichnung dunkler Empfindungen zu der klarer Begriffe fortschreite[87]. Deshalb könne auch die „gegenwärtige Verbindung" der Laute und Vorstellungen die ursprünglich „natürliche" bzw. „gesellschaftliche" oder „conventionelle" nur unvollkommen widerspiegeln[88].

Es ist zunächst überraschend, daß ein Sprachforscher, dessen Bezogenheit auf die Sprache der Gegenwart nur allzu deutlich ist, bei der Definition der Relation zwischen sprachlichem Zeichen und der durch dieses bezeichneten Vorstellung u. a. auf den „Ursprung der Sprache" rekurriert, daß er also diachronisch-genetisch argumentiert. Diese Wendung zur Frühzeit der Sprache erfolgte unter dem Einfluß von Johann Gottfried Herders „Abhandlung über den Ursprung der Sprache" von 1772[89], in der dieser eine Theorie der Entstehung der Sprache auf der Basis der Schallnachahmung entwickelt hatte, der sich Adelung, sofern er diachronisch-genetisch argumentiert, anschließt[90].

Diese diachronische Perspektive dient ihm allerdings lediglich dazu, die These von der Arbitrarität der sprachlichen Zeichen zu widerlegen und nicht etwa die physei-These Platos aufzunehmen. Gesehen auf die Sprache der Gegenwart — in synchronischer Perspektive — spricht er dann von dem „conventionellen oder gesellschaftlichen" Charakter der Sprache.

So sind in Eberhards und Adelungs Thesen von der Arbitrarität (Eberhard) und der Konvention (Adelung) der Relation von Wort und Bedeutung die sich aus panchronischer und synchronischer Perspektive ergänzenden Feststellungen über das sprachliche Zeichen enthalten.

---

[84] Adelung (1789) 6 f.
[85] Adelung (1789) 7 ff.
[86] S. 3.3.1. Anm. 79; (1789) 312 wird diese „Ähnlichkeit" als „Congruenz" bezeichnet.
[87] Adelung (1782) 1. Bd., 7 f.; 189: „Je mehr der Mensch in der Cultur wächst, desto mehr entledigt er sich dieser tönenden Wörter [...]".
[88] Adelung (1789) 9 f.
[89] Herder (1772) 1—154.
[90] Schon Adelung (1777) Vorrede *2V verweist auf dessen „vortreffliche Abhandlung über den Ursprung der Sprache", deren Prinzip „Nachahmung mit Besonnenheit" [= Reflexion] er für die Etymologie übernehmen wolle. Vgl. auch Scherer (1893) 216; Raumer (1870) 216 ff.

3.3.2. Z e i c h e n , W o r t , B e g r i f f u n d B e d e u t u n g

Die „Zeichen" der Sprache sind also „hörbare Laute", und die „Buchstaben" wiederum sind deren „sichtbare Zeichen", also Zeichen von Zeichen[91]. Die Zeicheneinheit hatte Adelung als „Wort" definiert, das Zeichen der „Empfindung" bzw. der „Vorstellung" bzw. des „Begriffs" ist. Diese drei Termini unterscheiden sich nach Adelung in den „Graden der Klarheit" insofern, als unterschiedliche „Wörter" Zeichen für unterschiedlich klare „Vorstellungen" (um den neutralsten Terminus zu verwenden) sind: So seien Interjektionen nur Zeichen für Empfindungen, während das Wort „im engern Verstande" normalerweise Vorstellungen bezeichne[92]: „Diese Verbindung der Vorstellungen mit den Worten oder Zeichen macht ihre Bedeutung [...] aus"[93]. Diesen Terminus möchte Adelung für die „Vorstellung" bzw. den „Begriff" reserviert wissen, der mit dem einzelnen Wort verbunden ist, während er als „Verstand" die Bedeutung einer R e i h e solcher durch Wörter bezeichneter Vorstellungen oder Begriffe nennt.

Das Wort ist also ein materielles Zeichen, das für e i n e Vorstellung oder e i n e n Begriff steht, die bzw. der in Verbindung mit einem Wort den Terminus „Bedeutung" erhalten. Zwar unterscheidet Adelung darüber hinaus auch zwischen „Materie" und „Form" des Wortes. Aber Form meint innerhalb dieser Differenzierung jeweils die „Classe von Wörtern", der ein bestimmtes Wort zuzurechnen ist und wodurch verschiedene „Arten unserer Vorstellungen" bedingt sind[94].

So ließe sich Adelungs Theorie der Bedeutung nach dem Muster der bisherigen Modellentwürfe folgendermaßen darstellen:

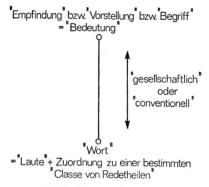

Skizze 20: Modell der Relation Wort und Bedeutung in der Theorie Adelungs

[91] Adelung (1782) 1. Bd., 5; 123.
[92] Adelung (1789) 125.
[93] Adelung (1789) 125.
[94] Adelung (1782) 1. Bd., 267 f.; 274.

3.3.3. Die Bedeutung
und die „Gattung ähnlicher Dinge"

Im Zusammenhang mit der Definition der „Redetheile", also der Wortarten oder -klassen, kommt Adelung auf die Relation zu sprechen, die das Wort über die Bedeutung zu dem „Ding" hat. Bei der Definition des „Substantivums oder Hauptworts" differenziert er zwischen „Nomen proprium", das „ein einzelnes für sich bestehendes Ding mit Ausschluß aller übrigen (bezeichne)", und „Nomen appellativum [...] ein Gattungswort". Dieses bezeichne „eine ganze Art oder Gattung mehrerer einander ähnlicher Dinge [...]"[95].

Diese Definition erweist, daß Adelung in diesem Fall von Bedeutung auf der Stufe dessen spricht, was er „Sprache" — im Gegensatz zum „Sprechen" — nennt[96]. Diese Definition der Relation der Bedeutung eines Substantivs zur Realität kann nun auch auf die anderen „Redetheile" übertragen werden, da — nach Adelungs Theorie der Redetheile — alle anderen Wortarten nur das „Selbständige", das durch das Substantiv in der Sprache repräsentiert sei, näher bestimmen würden[97]. Das für Adelung entworfene Modell für die Relation von Wort und Bedeutung ist also folgendermaßen zu ergänzen:

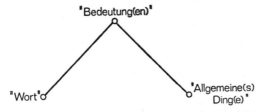

Skizze 21: Modell der Relation Wort, Bedeutung und außersprachliche Realität in der Theorie Adelungs

3.3.4. „Compositionen" und „Ableitungen"

Eine exakte Abgrenzung des Objektbereichs der Lexikologie und dementsprechend der Lexikographie konnte Adelung nach den von ihm getroffenen Definitionen der „Redetheile" nicht geben, weil ihm u. a. der Begriff des offenen und geschlossenen paradigmatischen Systems sprachlicher Zeichen fehlte[98]. Problembewußt ist er aber hinsichtlich des Mengenproblems, vor das sich jeder Lexikograph gestellt sieht, d. h. hinsichtlich der Frage, inwieweit Kompositeme und Derivateme zu kodifizieren seien.

Adelung erkennt, daß er Kriterien für eine Limitation der zu kodifizierenden Derivateme und Kompositeme geben muß. Er statuiert: „Zusammen ge-

---

[95] Adelung (1782) 1. Bd., 275 f.
[96] Vgl. dazu 3.3.1.
[97] Vgl. Jellinek (1914) 111—121.
[98] S. dazu 3.4.1.

setzte Wörter sind nur alsdann mit aufgeführt worden, wenn ihre Bedeutung aus der Zusammensetzung selbst nicht sogleich merklich ist. Hätten sie alle aufgenommen werden sollen, so würde dieses Werk keine Grenzen gehabt haben, weil die deutsche Sprache darin unerschöpflich ist."[99] Sein um Quantität bemühter Antipode Campe mißachtete diese praktische Regel und übertrifft deshalb Adelung um ca. das Dreifache hinsichtlich der kodifizierten Lemmata[100]. Doch darüber hinaus bemüht sich Adelung auch um eine mehr theoretisch orientierte Beschreibung der „zusammengesetzten Wörter".

Er erklärt, daß bei der Ableitung dem Wort ein „Nebenbegriff" hinzugefügt werde, während bei der „Composition" „zwey Ausdrücke klarer Begriffe vereiniget (werden), um sie nur als einen einigen darzustellen"[101]. Somit müßten alle Derivateme und Kompositeme, die das Postulat der „Einheit" des „Begriffs", der Bedeutung also, erfüllen, in einer lexikalischen Kodifikation semantisch deskribiert werden.

Adelung erkennt zudem, daß Ableitung und Komposition bequeme Mittel zur Wortschatzerweiterung sind. So versucht er, hinsichtlich der Derivateme produktive und unproduktive Derivationsgrammeme zu differenzieren. Andeutungsweise wird hier eine Theorie der Demotivierung vorgetragen, indem Adelung darlegt, nur solche „Vor- und Nachsylben" seien weiter zur „Bereicherung" des Wortschatzes zu verwenden, deren Bedeutung noch jetzt „bestimmt" und „bekannt" sei[102].

Für die Kompositeme versucht er, verschiedene Klassen zu konstituieren, die sich aus der unterschiedlichen Relation von „Grundwort" und „Bestimmungswort" ergeben[103]. Er erkennt richtig: „Die Zusammensetzung hat keinen anderen Nutzen als die Kürze [...]"[104], und entsprechend versucht er, in einigen Fällen auch verschiedene Klassen satzsemantischer Muster sichtbar zu machen, die die Katenationsregel explizieren sollen[105]. Allgemeines Kriterium für Adelung, ein Kompositem als solches zu akzeptieren, ist: Das Bestimmungswort muß das Grundwort so determinieren, daß eine neue Bedeutung entsteht, „die nicht sogleich aus der Zusammensetzung [der Bedeutung der Teile der Komposition] ersichtlich ist"[106]. Es muß also ein „dritter Begriff" entstehen: „Hieraus folgt nun die ganz natürliche und sehr vernünftige Regel, daß ich keine Wörter zusammen setzen darf, wenn ihre einzelnen Begriffe nicht von

---

[99] Adelung (1774) XIII.
[100] Vgl. dazu 2.3.2.
[101] Adelung (1782) 2. Bd., 212, 215; 1. Bd. 236; vgl. Jellinek (1914) 127 ff.
[102] Adelung (1782) 1. Bd., 340 f.; (1789) 118 heißt es: „welche noch jetzt einige Verständlichkeit haben, [...]"; vgl. auch (1782) 1. Bd., 4. Stück.
[103] Adelung (1782) 2. Bd., 219 ff.
[104] Adelung (1782) 2. Bd., 265.
[105] Adelung (1782) 2. Bd., 233 f.: „*Vaterherz*, das Herz eines Vaters, *Steinschneider*, der Steine schneidet, *Steinplatte*, eine Platte von Stein, *Apfelbaum*, ein Baum, der Apfel traget, *Hülfsmittel*, ein Mittel zu helfen, *Druckort*, der Ort, wo ein Buch gedruckt worden."
[106] Adelung (1782) 2. Bd., 258.

der Art sind, daß sie in einem einigen zusammen schmelzen können, sondern ich nur schlechterdings jeden einzeln und abgesondert denken muß"[107].

In einer Rezension von „Herrn Bürgers Übersetzung Homers" tadelt er deshalb den Übersetzer, weil dieser zusammengesetzte „Beiwörter" in seinen Text aufnehme, die einerseits, wie *schönumgürtet*, keinen „dritten Begriff" ergäben, man deshalb *schön* und *umgürtet* einzeln denken müsse, und die andererseits, wie *göttergepflegt*, erst „in eine lange Redensart" aufzulösen seien, bevor sie verständlich würden. Im zweiten Fall betont er, daß die Unsicherheit, das richtige satzsemantische Muster („Redensart") zu finden („gepflegt wie die Götter" oder „gepflegt durch die Götter"?), ein zusätzliches Argument gegen solche Kompositeme und ihre Aufnahme in die „hochdeutsche Mundart" sei[108].

3.3.5. „Schattierungen in den Bedeutungen"

Analog zu Eberhards „Theorie der Synonymik" hätte Adelung eine „Theorie der Polysemie" entwerfen müssen, auf deren Hintergrund die Technik seiner semantischen Deskription zu beurteilen gewesen wäre. Denn die Struktur der Lexik kann innerhalb eines alphabetischen Wörterbuchs jeweils nur insofern deutlich gemacht werden, als es die Struktur eines einzelnen Signems ist, die der Lexikograph deskribiert.

Ist diese Theorie der Polysemie z. B. lexikalischer Signeme von Adelung nicht explizit geliefert worden, so bemüht er sich doch im Rahmen seiner Einführungen zu seinen Wörterbüchern und vor allem in dem Kapitel über die Tropenlehre innerhalb seiner Stilistik, die ihn leitenden Grundsätze deutlich zu machen[109]. Das Problembewußtsein, das Adelung hier entwickelt, ist nicht nur durch den Vergleich von Adelungs Wörterbüchern mit denen seiner Vorgänger aufzuzeigen, also durch den Vergleich seiner lexikographisch-semantischen Deskriptionen mit denen in früheren lexikalischen Kodifikationen. Auch die nicht bzw. nur spärlich vorhandenen theoretischen Anmerkungen seiner Vorläufer zu diesem Komplex können dies deutlich machen.

Hierzu soll zum Vergleich lediglich auf den maßgeblichen Sprachtheoretiker des 17. Jahrhunderts, auf Justus Georgius Schottelius verwiesen werden, der in seiner „Anführung / wie ein völliges Lexicon in Teutscher Sprache / [...] zuverfertigen [...]" fordert: 1. daß Stammwörter durch lateinische, französische oder griechische Interpretamente zu „erklären" und daß 2. zu dem zu kodifizierenden Wortmaterial auch die „gebräuchligsten Redarten" zu bieten seien[110]. Daß in Wörterbüchern nichts gewöhnlicher sei, als die Bedeu-

---

[107] Adelung (1783/84) 2. Bd., 3. Stück, 95.
[108] Adelung (1783/84) 2. Bd., 3. Stück, 95 ff.
[109] Adelung (1774) III—XVI; (1783 a) III—XII; (1793) III—VIII; (1793) Auszug V—X; (1789) 371 ff.
[110] Schottelius (1663) 159; vgl. dazu Henne (1968 a) 97—99; Stötzel (1970) 4—7.

tungen eines Wortes durch die einer anderen Sprache zu erklären, ist Adelung
aus der Geschichte der Lexikographie geläufig; allein — meint er — so gewöhnlich dies sei, so falsch sei es auch, da schon dieselbe Sprache keine „gleichbedeutenden Wörter" habe; erst recht könnten zwei Wörter verschiedener
Sprachen nicht als „gleichbedeutend" angesehen werden[111]. Auf seine Argumente hierfür wird unten zurückzukommen sein. Auf jeden Fall meinte Adelung, auf diesen bequemen Weg semantischer Deskription verzichten zu müssen.
Daß diese wiederum die Hauptaufgabe des Lexikographen sei, hat er klar
erkannt: „[...] ich legte mir gleich Anfangs die Pflicht auf, den Begriff eines
jeden Wortes und einer jeden Bedeutung desselben auf das genaueste zu bestimmen; eine Pflicht, deren Erfüllung mir bey dem ganzen Werke die meiste
Mühe verursachte, ob es gleich scheinet, daß sie von den wenigsten bemerkt
und erkannt worden"[112].

Adelungs semantische Deskription besteht: 1. aus Explikationen („Erklärungen"), die gestützt werden durch Beigabe bedeutungsverwandter Wörter,
und 2. aus „Beyspielen", die sowohl den „Gebrauch" hinsichtlich der Bedeutungen des Wortes als auch „in Ansehung des Syntaxes" erläutern sollen[113].
Da „die Bedeutungen [...] in den meisten Wörterbüchern nur auf gut Glück
durcheinander geworfen zu werden pflegen"[114], entwickelt Adelung eine Technik der Gliederung seiner semantischen Deskription, die sich aus seiner Sprachtheorie herleitet.

Da nach Adelung eine Sprache ursprünglich nur ein der tönenden Natur
nachgeahmter hörbarer Zeichenvorrat für sinnliche Vorstellungen war und erst
im Laufe der Kulturentwicklung das „Associations- und Abstractions = Vermögen der Seele" fähig wurde, „Nebenbegriffe" wahrzunehmen und „unhörbare
Gegenstände" zu bezeichnen, ergab sich im Lauf der Entwicklung für die
Wörter als Zeichen der Vorstellungen eine „übergetragene Bedeutung", die,
durch Hervorhebung der „Nebenbegriffe", auf abstrakte Sachverhalte verwies:
Aus *Geist,* was auf *Giß, Gisch* zurückzuführen sei und ursprünglich ‚Wind,
Hauch, Athem' bedeutete, habe so die Bezeichnung für ein ‚denkendes unkörperliches Wesen' werden können[115]. Daraus folgert Adelung, daß die Bedeutung
eines Wortes durch „Etymologie, verbunden mit dem Sprachgebrauch" hergeleitet werden könne, daß also zuerst die „sinnliche Bedeutung" und daraus folgend
die „übergetragene" zu beschreiben sei[116]. Da sich diese „Leiter der Bedeutungen", die diachronische Entwicklung also, aufgrund der mangelhaften Quellenlage nur in einzelnen Fällen verfolgen läßt, muß er in vielen Fällen auf die

[111] Adelung (1783 a) IX; (1793) VI.
[112] Adelung (1793) VI.
[113] Adelung (1774) XIV f.; (1783 a) IV; (1793) VI.
[114] Adelung (1774) XIV.
[115] Adelung (1782) 1. Bd., 229 f. vgl. auch (1796) 512—515; (1789) 374 f.
[116] Adelung (1793) VI; (1804) 235 f.; in dieser Antwort auf „Hrn. Vossen's Beurtheilung meines Wörterbuchs" betont er, er habe „viel Zeit und Fleiß [...] auf die
Aufsuchung der ersten sinnlichen Bedeutung (verwandt)".

Beschreibung dieser ersten sinnlichen Bedeutung verzichten, die, sofern sie „veraltet" ist, mit einem Sternchen (*) versehen wird[117]. Da aber auch unter synchronisch-gegenwartsbezogenen Aspekten ein Wort einerseits eine „eigentliche" Bedeutung haben kann, sofern es den „ersten anschaulichen Begriff" bezeichnet, „welchem es sein Daseyn zu danken hat", und andererseits eine „uneigentliche" Bedeutung, sofern es einen „verwandten, gemeiniglich weniger sinnlichen Begriff" bezeichnet[118], läßt sich die Dichotomie auch anwenden auf Wörter, deren ursprüngliche „sinnliche Bedeutung" nicht mehr auszumachen ist. Adelung erläutert das an dem Bespiel *gesund*, dessen erster anschaulicher Begriff unbekannt, „daher diejenige Bedeutung, nach welcher es von dem zu allen animalischen Verrichtungen geschickten Zustande gebraucht wird, für die eigentliche gilt; bezeichnet es aber unverdorben, eine zu seiner Bestimmung gehörige Beschaffenheit überhaupt, so macht es dessen uneigentliche Bedeutung aus"[119].

Diese Differenzierung von eigentlicher und uneigentlicher Bedeutung erläutert er in seiner Stilistik im Zusammenhang mit seiner Lehre von den „Tropen": „Ein Trope besteht in der sinnlichen Darstellung eines unsinnlichen oder doch weniger sinnlichen Begriffes"[120]. Diese Relation sinnlich/unsinnlich, in der Terminologie seiner semantischen Explikation: eigentlich/uneigentlich, findet Adelung nun nicht nur bei z w e i Wörtern, deren jeweilige Bedeutung diese Relation aufweisen, sondern auch innerhalb der Bedeutungen eines Wortes, also seiner Gesamtbedeutung. Das heißt: mit diesen Termini, die zugleich die Gliederung der semantischen Deskription bestimmen, charakterisiert er das Faktum der Polysemie eines Wortes. Da für Adelung die Tropen nur eine besondere Art der Gattung der (Rede)Figuren sind[121], spricht er, vor allem innerhalb der semantischen Deskription seines Wörterbuchs, auch von „eigentlicher" und „figürlicher" Bedeutung[122].

Doch Adelung ist bemüht, nicht nur die „Leiter der Bedeutungen" und, in Variation dieser diachronischen Fragestellung, die eigentliche und uneigentliche Bedeutung herauszuarbeiten. Die schon 1774 geäußerte Absicht besteht auch darin, „die Schattierungen in den Bedeutungen" semantisch zu explizieren[123]. Innerhalb der eigentlichen (oder auch der figürlichen) Bedeutungen kann nämlich wiederum Polysemie vorliegen. Dieses Faktum versucht Adelung durch die Termini „enge" und „weite" Bedeutung zu beschreiben, wobei ihm die Kom-

---

[117] Adelung (1793) [Auszug] VIII.

[118] Adelung (1789) 376.

[119] Adelung (1789) 376 f.

[120] Adelung (1789) 374; vgl. dazu Lausberg (1960) 282: „Der *tropus* als *immutatio* ,Vertauschung' setzt ein semantisch nicht verwandtes Wort an die Stelle eines *verbum proprium*". Vgl. dazu die Definition der Metapher (als Spezialfall eines Tropus) in 2.2.

[121] Adelung (1789) 372 f.; vgl. Lausberg (1960) 308 ff.; Curtius (1961) 54 f.

[122] Eberhard (1798) 50 merkt dazu kritisch an, man solle in solchen Fällen nur von „uneigentlicher" Bedeutung sprechen; „figürlich" möchte er reserviert wissen für solche Bedeutungen, die der „Verschönerung und der Rede" dienen.

[123] Adelung (1774) XV.

parative und Superlative von Fall zu Fall zur weiteren Differenzierung zur Verfügung stehen: Bei der semantischen Deskription des Adjektivs *arm* verwendet er die Termini „weiteste", „etwas engere", „noch engere", „engste" Bedeutung[124]. Adelung hat richtig erkannt: „Je weiter die Bedeutung eines Wortes ist, desto weniger Merkmale enthält sie"[125], wobei die Umkehrung zu ergänzen ist: Je enger die Bedeutung eines Wortes ist, desto mehr Merkmale enthält sie. Diese aus der Logik bekannte These der Reziprozität von Inhalt und Umfang eines Begriffes[126], die sich auch auf den Inhalt (= Bedeutung, konstituiert aus Merkmalen) und den Umfang (= Gesamtheit der erfaßten Sachverhalte) eines Wortes übertragen läßt, liefert die Basis für diese Terminologie: „eng" und „weit" beziehen sich also auf die Extension der Bedeutung des Wortes, die sich reziprok zur Intension verhält.

Diese Termini sind nun gleichfalls ein Indiz dafür, daß — zumindest nach Adelungs Meinung — Polysemie des semantisch zu deskribierenden Wortes, diesmal i n n e r h a l b der Kategorien eigentliche und figürliche Bedeutung vorliegt.

Adelungs Terminologie innerhalb seiner semantischen Deskription läßt sich aufgrund der Deskription von *arm* folgendermaßen in ein graphisches Modell bringen:

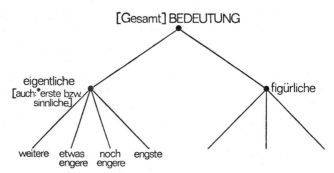

Skizze 22: Modell der Deskriptionstermini Adelungs am Beispiel *arm*

Die Gliederung seiner semantischen Deskription durch diese Terminologie, wobei Gesamt-Bedeutung in etwa der SUS und die untersten Knoten des Stemmas in etwa den SUKn entsprechen, wird unterstützt durch Auszeichnung der einzelnen Abschnitte mit Ziffern und Buchstaben; dadurch erhält der jeweilige Artikel eine zusätzliche Strukturierung, die jedoch z. T. insofern nicht zusätzlich ist, als Adelung diese Terminologie nicht in allen Fällen zur Differenzierung

---

[124] Adelung (1793) 429.
[125] Adelung (1789) 183.
[126] Die These der Reziprozität ist als a l l g e m e i n e s Gesetz nicht zu halten. Sie wurde von Bernard Bolzano widerlegt. Vgl. u. a. Menne (1966) 26 f.

adäquat erscheint. So weist die semantische Deskription von *Tag* folgende Gliederung mit folgender terminologischer Ausstattung auf[127]:

1.
2. (1) „Eigentlich".   (a) „Im engsten Verstande"
                      (b)
    (2) „Figürlich"   (a)
                      (b)
                      (c)

Auch die semantische Deskription von *arm*, die die Grundlage für Skizze 22 bildet, weist „terminologisch" einige Lücken auf, die allein durch Ziffern geschlossen werden[128]:

1. „eigentlich"
    1) „weitest"
    2) „etwas enger"
    3) „noch enger"
    4) „engste"
2. „figürlich"
    1)
    2)
    3)

Damit erweist sich, daß die durch Ziffern und ggf. Buchstaben vorgenommene Gliederung die eigentlichen Fixpunkte der semantischen Deskription sind, die — sofern das terminologische Gerüst nicht zureichend ist — die Polysemie eines Lemmas anzeigen und übersichtlich gliedern.

Ein Teil der semantischen Deskription dieser „Bedeutungen" erfolgt in der Form von sog. lexikographischen Definitionen, die hier den Terminus einer semantischen Explikation erhalten sollen[129]. Diese semantische Explikation lehnt sich u. a. an die Technik einer nominalen Definition an: Zu dem semantisch zu explizierenden Lemma werden Gattung und differentia specifica angegeben. So erscheint bei der Explikation von *Grummet* die (nächst höhere) Gattung, nämlich *Gras*; der Verweis auf eine andere Art dieser Gattung, nämlich *Heu*, soll implizit das spezifische Merkmal angeben, das *Grummet* von *Heu* unterscheidet[130]. Diese Beispiele lassen sich beliebig vermehren[131].

Für die folgende Argumentation wesentlich ist hier die Feststellung, daß durch diese Technik semantischer Explikation Bedeutungs-„Merkmahle", die

---

[127] Adelung (1801) 521—524.
[128] Adelung (1793) 429 f.
[129] S. dazu detailliert 4.1.3.
[130] Adelung (1793) 824.
[131] So sind bei der Explikation von *Baum* (1793) 760 *Pflanze* als Gattung und *Kräuter* und *Sträucher* (als koordinierte Arten) die wichtigsten Elemente der semantischen Explikation.

auch Adelung als konstitutiv für die Bedeutung eines Wortes erkannt hatte[132], eruiert werden. Diese (semantischen) Merkmale werden in der Form verbaler Explikation angegeben und erfahren in dieser Untersuchung eine tentative Interpretation.

3.3.6. „Beyspiele"

Nach Adelungs eigener Einsicht muß die Explikation der Bedeutung durch „Beyspiele" „anschaulich" gemacht werden[133]. Diese „Beyspiele" haben nach Adelungs Meinung zwei Funktionen: Sie sollen (1) die so explizierte Bedeutung durch die Aufzeigung des „Gebrauches", also der Verwendung im Diskurs, „erläutern"; (2) „die grammatische Verbindung, oder den Gebrauch jedes Wortes in Ansehung des Syntaxes" aufzeigen[134]. Nach der semantischen Explikation soll also durch die Anführung von Diskursen, in denen das explizierte Wort erscheint, die Möglichkeit aktueller Verwendung aufgrund der gegebenen Explikation vorgeführt, die Diskursadäquatheit der semantischen Explikation somit demonstriert werden. Diese Diskurse sind z. T. Zitate aus Werken von Schriftstellern. In ihren gelungenen Versionen demonstrieren diese „Beyspiele", daß mit spezifischen Kompatibilitäten auf der syntagmatischen Achse der Sprache, also der der Kombination, zu rechnen ist. Diese „Beyspiele" sind also auch Demonstrationen spezifischer realisierter signemischer Syntagmen[135].

Ein Diskurs wie: *„Der Baum ist klug" ist insofern nicht akzeptabel, als das Substantiv als Nominalphrase u. a. durch das semantische Merkmal ›pflanzlich‹ und das Adjektiv als Teil der Verbalphrase u. a. durch das semantische Merkmal ›in bezug auf Menschen und Tiere‹ beschrieben ist[136]. Das heißt: Diese semantischen Merkmale als Teil realisierter Signeme sind in einem solchen Diskurs inkompatibel, positiv gewendet: Es existieren Restriktionen, die höchstens in einem literatur- und poesiesprachlichen Diskurs durchbrochen werden können[137].

Nun geben aber die Lexikographen als „Beyspiele" keine inkompatiblen Diskurse, sondern solche, die die Diskursadäquatheit ihrer semantischen Explikation widerspiegeln sollen. Somit müssen u. a. auch jene spezifischen Typen signemischer Syntagmen in realisierter Form erscheinen, die Coseriu unter dem Terminus „lexikalische Solidaritäten" zusammengefaßt hat[138].

---

[132] S. dazu 3.3.5. Anm. 123.
[133] S. dazu 3.3.5. Anm. 111.
[134] Adelung (1783 a) IV; vgl. auch (1774) XV; (1793) VI f.; (1793) Auszug VI.
[135] S. dazu 1.5.
[136] Vgl. Wahrig (1968) 580 und 2059.
[137] S. dazu 2.2.
[138] Coseriu (1967) 296: „Eine lexikalische Solidarität kann [...] als inhaltliche Bestimmung eines Wortes durch eine Klasse, ein Archilexem oder ein Lexem definiert werden, und zwar in der Hinsicht, daß eine bestimmte Klasse, ein bestimmtes Archilexem oder ein bestimmtes Lexem im Inhalt des betreffenden Wortes als unterscheidender Zug [= Merkmal] funktioniert."

Entsprechend der unterschiedlichen Bestimmung (Determination) durch eine Klasse (1), ein Archilexem (2) und Lexem (3) hat Coseriu Untertypen der lexikalischen Solidarität erarbeitet, die er (1) Affinität, (2) Selektion und (3) Implikation nennt[139]. Adelungs „Beyspiele" „in Ansehung des Syntaxes" demonstrieren nun — in den gelungenen Versionen — nichts anderes als die lexikalischen Solidaritäten, die das semantisch deskribierte Wort impliziert.

So muß man, um bei dem oben herangezogenen Lexem *klug* zu bleiben, aus Adelungs „Beyspielen" folgern, daß er diesem nicht das Merkmal ›in bezug auf Menschen und Tiere‹ zuteilt, sondern lediglich das Merkmal ›in bezug auf Menschen‹, da alle „Beyspiele" diese „ A f f i n i t ä t " aufweisen: „Ein kluges Kind". „[...] kluge Frau [...]". „Ein kluger Meister [...]". „Ein kluger Kopf". „Ein kluger Regent". „Ein kluger Haushalter". „Ein kluges Herz [...]"[140].

Der Typus der S e l e k t i o n liegt nach Coseriu vor z. B. in der Relation des „Archilexems" *Fahrzeug* zu *fahren*. Das Archilexem funktioniert als „unterscheidender Zug" in dem determinierten Lexem *fahren*. An die Stelle des Archilexems können auch alle Lexeme treten, die dem „Wortfeld" *Fahrzeug* angehören (z. B. *Zug, Boot* etc.), dagegen nicht *Flugzeug*, das einem anderen „Wortfeld" angehört[141]. Unter *fahren* in der „gewöhnlichsten Bedeutung" gibt Adelung nun folgendes „Beyspiel", das diese „Selektion" deutlich macht: „Auf einem Schiffe, Kahne, Wagen, Schlitten fahren". Auch die semantische Explikation demonstriert exakt diese Selektion: „Den Ort auf einem Fahrzeuge und Fuhrwerke, d. i. auf einem Schiffe, Kahne, Wagen, Karren, Schlitten u. s. f. verändern"[142]. Das heißt also: Adelung nennt zuerst das determinierende Archilexem und dann die diesem entsprechenden Lexeme: Im Gegensatz zur Standardsprache des 20. Jahrhunderts ist in der Standardsprache des 18. Jahrhunderts nicht *Fahrzeug* das Archilexem dieses „Wortfeldes", sondern *Fahrzeug* u n d *Fuhrwerk* übernehmen diese Funktion gemeinsam: *Fahrzeug* ist „ein jedes Schiff oder Schiffsgefäß, in welchem man auf dem Wasser fahret", und *Fuhrwerk* ist „ein jedes Werkzeug zum Fahren auf dem festen Lande"[143].

Der Typus der lexikalischen I m p l i k a t i o n liegt dann vor, wenn „ein ganzes determinierendes Lexem als Inhaltsbestimmung eines determinierten (funktioniert)"[144]. Im Fall von *Pferd, Hund* und *Taube* determinieren diese die Verben *wiehern, bellen* und *gurren*, d. h. diese Verben „implizieren jeweils ›für Pferde, von Pferden gesagt‹" etc.[145]. Entsprechend finden sich bei Adelung unter *wiehern, bellen, girren* (statt *gurren*) folgende „Beyspiele": „Die *wiehern-*

---

[139] Coseriu (1967) 297 f.
[140] Adelung (1796) 1644.
[141] Vgl. Coseriu (1967) 299.
[142] Adelung (1796) 16; die die Stelle des Archilexems vertretenden Bezeichnungen *Fahrzeug* und *Fuhrwerk* sind somit die sprachlich bezeichneten Gattungsbegriffe.
[143] Adelung (1796) 22; (1796) 347.
[144] Coseriu (1967) 299.
[145] Coseriu (1967) 298.

den Rosse / Tragen ihn hoch auf Leichnamen her, Zach."; „Der Fuchs *bellt*";
„Ein Hund, der beißen will, *bellt* nicht"; „Wie *girrt* die zärtere Taube so sanft!
Utz"; „Die Taube lacht und *girret* [...]"[146]. Aufgrund dieser Beispiele müssen
die „Implikationen" des 18. Jahrhunderts folgendermaßen beschrieben wer-
den: *Taube* als Lexem funktioniert nicht in *gurren*, sondern in *girren* als deter-
minierendes Lexem; nicht *Hund* funktioniert in *bellen* als determinierendes
Lexem, sondern *Hund* u n d *Fuchs*, was Wahrig allerdings auch für die
Standardsprache des 20. Jahrhunderts annimmt[147] und wodurch die Relation
Hund und *Fuchs* einerseits und *bellen* andererseits dem Typus der Selektion
zuzurechnen ist.

So erweist sich unter dem Aspekt der lexikalischen Solidaritäten, die aus
Adelungs „Beyspielen" sich ergeben: Standardsprache des 18. Jahrhunderts ist
in ihrer semantischen Struktur nicht identisch mit der des 20. Jahrhunderts. Daß
ein *Wagen* kein *Fahrzeug*, wohl aber ein *Fuhrwerk* ist, mag — bei einem
Mißverständnis — unter literaturwissenschaftlichen Aspekten nicht immer
gravierend sein. Wohl aber sind „Beyspiele" denkbar, die — wiederum bei
einem Mißverständnis — die literaturwissenschaftlichen Interpretationen in
die Irre leiten.

3.3.7. Campes „Theorie" der Bedeutung

Die Anführungszeichen, die den Terminus Theorie in dieser Überschrift
schmücken, sollen andeuten, daß Campe sich mit den grundsätzlichen Fragen
der Bedeutungsanalyse des Wortschatzes nicht beschäftigt hat. Er übernimmt
die Termini, die Adelung und Eberhard bereitgestellt haben und basiert in
der Technik der semantischen Deskription innerhalb seines Wörterbuchs ganz
auf Adelung und seinem Deskriptionsschema.

Lediglich unter dem Aspekt des Sprachpurismus, der für ihn eines der zen-
tralen Themen seiner sprachwissenschaftlichen Arbeit ist, liefert er einen sekun-
dären Beitrag zum Problem der Bedeutung. Campe, für den „Volksaufklärung
und Volksveredelung der letzte und höchste Zweck des Ausbaus der Sprache
[...]" darstellt[148], fordert entsprechend, daß alle neu einzuführenden Wörter
der deutschen Standardsprache eine innersprachliche Motivierung haben müssen,
eine Bedingung, die die von ihm kritisierten „Fremdwörter" nicht erfüllen:
„Ein fremdartiges, nur für wenige Deutsche verständliches Wort [...] sey für
die Wenigen, die es verstehn, noch so zweckmäßig und ausdrucksvoll: es verdient nicht aufgenommen oder nicht beibehalten zu werden, sobald ein anders
da ist oder gefunden werden kann, das den nämlichen Begriff, wenn gleich nicht
ganz so schön und nicht ganz so wohlklingend, aber doch der Hauptsache nach

---

[146] Adelung (1801) 1539; (1793) 844; (1796) 691.
[147] Wahrig (1968) 625.
[148] Campe (1794) XXXXIV.

richtig, und zugleich auf eine für a l l e Deutsche verständliche Weise auszu-
drucken im Stande ist"[149].

Dabei differenziert Campe nicht zwischen fachsprachlicher und standardsprachlicher Lexik. Bei seinen Verdeutschungsversuchen fachsprachlicher Lexik
verkennt er, daß er die durch eine Definition erreichte monoseme Struktur
des Signifikats wieder zerstört und die Lehnübersetzung damit ein durchaus
untauglicher Ersatz ist, so wenn etwa *Interpolation* durch *Einschaltung* oder
Interregnum durch *Zwischenreich* ersetzt werden[150].

Bei den fremdsprachlichen Wörtern der standardsprachlichen Lexik ver-
mißt er jeweils eine innersprachliche Motivierung, die er durch seine Lehnübersetzungen zu erreichen hofft, so wenn er *Interpret* als *Ausleger* übersetzt[151]. Dabei verkennt Campe, daß ja z. B. alle Lexeme eines Sprachsystems
entweder unter panchronischen Aspekten als arbiträre oder unter synchronischen
Aspekten als ,conventionelle' Sprachzeichen zu gelten haben, daß also die sog.
Fremdwörter in dieser Hinsicht kein singuläres Phänomen sind. Zwar sind seine
Lehnübersetzungen jeweils innersprachlich motiviert, aber durchaus unsicher
motiviert, weil bei solchen sprachlichen Kombinationen aus der Retorte die
Katenationsregel, nach der die Selektion der semantischen Merkmale der Plereme erfolgt, noch nicht festgelegt weil nicht eingeübt ist. Der subjektiven
„Interpretation" wird zu viel Spielraum überlassen. Hingegen gilt für die
fremdsprachlichen Signeme, daß sie einen Prozeß der Einübung durchgemacht
haben, der sie zu tauglichen Mitteln sprachlicher Kommunikation macht[152].

In der semantischen Terminologie und deren Applizierung lehnt sich Campe
hingegen eng an Adelung an, was etwa aus den entsprechenden Artikeln seines
Wörterbuchs zu erschließen ist. Um die Abhängigkeit Campes von Adelung zu
erweisen, gebe ich in der Anmerkung Adelungs eigene Formulierung im Wörterbuch, auch, um über diese spezielle Abhängigkeit hinaus die großzügige Be-
nutzung seines Vorgängers durch Campe und seine Mitarbeiter aufzuzeigen[151a]:
Ein Z e i c h e n ist „in weiterer Bedeutung, ein sichtbares oder hörbares,
überhaupt sinnliches Ding, welches bestimmt ist, eine gewisse Vorstellung zu
erwecken [...]. So sind die gesprochenen Worte hörbare, die geschriebenen
sichtbare Zeichen unserer Gedanken"[153]. Entsprechend ist ein W o r t „das
hörbare oder sichtbare Zeichen einer Vorstellung, ein einzelner Bestandtheil

---

[149] Campe (1794) XXXIV f.
[150] Campe (1813) 383.
[151] Campe (1813) 383.
[151a] Damit erweist sich, daß innerhalb dieser Wörterbücher auch terminale Signeme
kodifiziert sind, in diesem Fall solche, die einer linguistischen Metasprache zuzurechnen sind.
[152] Vgl. Henne (1969) VII*—XII*.
[153] Campe (1811) 827; Adelung (1801) 1669: „Etwas sichtbares, und in weiterm
Verstande, etwas sinnliches überhaupt, so fern es bestimmt ist, eine Vorstellung zu
erwecken [...]. So sind die geschriebenen Worte Zeichen unserer Gedanken."

der Rede, welcher für sich allein schon einen Begriff enthält, und welcher mit
einem Mahle ohne Absatz ausgesprochen wird"[154]. Die B e d e u t u n g ist
dann „der Begriff, der durch ein Wort oder anderes Zeichen hervorgebracht
wird oder werden soll" [155]. Über die Identität der Definition dieser Termini hinaus übernimmt Campe auch die deskriptionsorientierten Termini, die die Gliederung der einzelnen Wortartikel bestimmen. Dazu gibt es einen kurzen Hinweis
Campes in der „Vorrede" zum ersten Band des Wörterbuchs[156], natürlich
ohne jeglichen Verweis auf Adelung. Dort spricht er von den „Bedeutungen
der Wörter und deren Verschattungen", die es aufzuzeigen gelte. Dazu müsse
man auf die „ursprüngliche erste Bedeutung der Wörter" rekurrieren und
aus dieser „die uneigentlichen und bildlichen Bedeutungen" entwickeln. Auch
die weitere Differenzierung der ursprünglichen und uneigentlichen Bedeutungen
erfolgt durch die in Adelungs Wörterbuch benutzten Termini „weit" (mit
weiteren Differenzierungen) und — analog dazu — „eng". Desgleichen übernimmt Campe Adelungs Technik, die semantischen Explikationen durch „Beyspiele" zu verifizieren.

So muß Campe unter diesem theoretischen Aspekt als der Schüler oder
Epigone Adelungs bezeichnet werden. Die Bedeutung Campes liegt nicht in
diesem Bereich, sondern in der unterschiedlichen m a t e r i a l e n Konzeption
seines Wörterbuchs, die auch eine unterschiedliche semantische Deskription
identischer lexikalischer Signeme zur Folge hat.

3.4. Adelungs und Campes lexikalische semasiologische Kodifikationen

3.4.1. P r o b l e m a t i k der semasiologischen Kodifikationen

Bei der Konzeption eines monolateralen Sprachzeichens liegt es nahe, auf
der Grundlage der Struktur dieses Sprachzeichens die Lexik eines Sprachsystems
zu kodifizieren. Innerhalb eines schriftlichen Wörterbuchs erfolgt dann die
Kodifikation nach den dieses schriftliche Sprachzeichen konstituierenden Elementen, also nach den „sichtbaren Zeichen" der „bloß hörbaren Laute", d. h.
nach den „Buchstaben", deren Repräsentation der Laute in einer „Orthographie"
geregelt ist[157].

---

[154] Campe (1811) 775; Adelung (1801) 1613: „Ein einzelner Bestandtheil der Rede,
der Ausdruck einer Vorstellung, welche ohne Absatz und auf Ein Mahl ausgesprochen wird [...]".
[155] Campe (1807) 406; Adelung (1793) 781: „Der Begriff, der durch ein Wort oder
Zeichen erreget werden soll."
[156] Campe (1807) X f.
[157] Vgl. Adelung (1782) 1. Bd., 122: „Von den Buchstaben und ihrem Laute"; vgl.
auch Adelung (1782 a): „Grundsätze der Deutschen Orthographie".

Die semantischen Relationen, die innerhalb der Lexik existieren, können jedoch bei einer solchen Konzeption nur insofern aufgezeigt werden, als sie jeweils an ein Wort gebunden sind. D. h. das Phänomen der Polysemie bzw. Homonymie wird beschrieben, nicht aber z. B. das der Synonymie, weil aufgrund des darstellungstechnischen Verfahrens nicht Relationen aufgezeigt werden können, die zwischen mehreren Sprachzeichen und ihren entsprechenden Bedeutungen existieren. Das Ungenügen, das der semasiologisch kodifizierende Lexikograph aufgrund seiner Darstellungstechnik hat, ist aus Verweisen auf Sprachzeichen zu ersehen, die eine besondere semantische Relation zu dem deskribierten Sprachzeichen haben. Der Verweis Adelungs unter dem Lemma *gesund* auf *krank* und umgekehrt (entsprechend bei Campe) ist ein solches Indiz[158].

Zudem besteht die Gefahr, daß alles kodifiziert wird, was irgendwie „buchstäblicher" Ordnung unterliegt: So beginnt Adelung mit der Deskription des Buchstabens *A*[159], verweist wenig später unter dem Pflanzennamen *Aalbeere* auf *Atlantbeere,* die dann dort beschrieben wird, und reiht unter diesem Buchstaben des Alphabets u. a. auch die Beschreibung des männlichen Vornamens *Adam* ein. Das heißt, bei einer Gliederung nach „buchstäblichen" Kriterien wird oft das diffus, was zur Lexik einer Sprache eigentlich rechnet, so daß Laute und deren schriftliche Repräsentation sowie Namen dazu gerechnet werden können. Bei einer Gliederung des Wörterbuchs nach onomasiologischen Kriterien würde es Adelung sicher schwerfallen, *A* oder *Adam* einzuordnen.

Daß bei einer Kodifikation, die nach der Ausdrucksseite des Signems erfolgt, auch Lexogrammeme kodifiziert werden, ist jahrhundertelanger Usus semasiologischer lexikalischer Kodifikationen. Auch Adelung folgt diesem Brauch und geht bei der Deskription z. B. der Lexogrammeme *der, die, das* so weit, „das vornehmste" aus seiner „Sprachlehre" „in ein Paar Anmerkungen zusammen (zufassen)"[160]. Dadurch wird u. a. demonstriert, daß die Grammeme aus dem Objektbereich der Lexikologie und somit einer lexikalischen Kodifikation herausfallen.

So kann man konstatieren, daß das semasiologische Wörterbuch aufgrund seines vom Signifikanten her konstituierten Anordnungsprinzips dazu verführt, einerseits Lemmata aufzunehmen, die, wie *A*, gar keine Signeme sind, und zum anderen Signeme (wie *Adam* und *der*) zu kodifizieren, die nicht zum Objektbereich der Lexikologie gehören.

---

[158] Adelung (1796) 640; (1796) 1750.
[159] Hierin folgt er der Tradition; so eröffnen auch Henisch (1616) und Stieler (1691) ihre Wörterbücher mit der Beschreibung von *A*; selbst die Verfasser der Neubearbeitung des Deutschen Wörterbuchs von J. und W. Grimm (1965) beugen sich noch dieser Tradition.
[160] Adelung (1793) 1454.

7*

3.4.2. Merkmalanalyse der Gesamtbedeutung bei Adelung

Die Vorzüge des semasiologischen Wörterbuchs liegen in der Konzentration auf die semantische Deskription des einzelnen Wortes und der Herausarbeitung von dessen unterschiedlichen Bedeutungen. Wie das praktisch von den konkurrierenden Lexikographen bewältigt wird, soll im folgenden an Einzelbeispielen erläutert werden.

Vorausgeschickt sei, daß Adelung nicht Lexeme bzw. Kompositeme und Derivateme kodifiziert, sondern Flekteme. Er setzt also z. B. nicht /Frucht/ als Lemma an, sondern /die Frucht/, plur. /die Früchte/, Dim. /das Früchtchen/, Oberd. /Früchtlein/. Bei solchen Substantiven, bei denen der Genitiv vom angesetzten Nominativ differiert, setzt er auch diesen noch an, so etwa: /Der Frosch/, /des -es/ etc. Auch bei anderen Wortklassen findet sich eine entsprechende grammatische Kennzeichnung. Das heißt: Adelung gibt ein verkürztes grammatisches Paradigma. Die Flekteme sollen die Einbettung des entsprechenden Lexems bzw. Derivatems oder Kompositems in das grammatische Paradigma aufzeigen. Im folgenden stehen jedoch jeweils nur Adelungs Lexembzw. Derivatem- und Kompositemdeskriptionen zur Debatte.

Da Adelung erkannt hat, daß „Merkmahle" die Gesamtbedeutung eines Wortes konstituieren, versuche ich, seine semantischen Explikationen nach „Merkmahlen" (= M) zu gliedern. Erforderlich zur Demonstration seiner Technik semantischer Explikation und deren Auflösung in „Merkmahle" ist ein solches Lemma, das „eigentliche" und „figürliche" sowie „enge" und „weite" Bedeutungen enthält. Diese Voraussetzungen erfüllt z. B. das Lemma /Frucht/[161]:

> *Die Frucht,* plur. die Früchte, Diminut. das Früchtchen, Oberd. Früchtlein.
>
> 1. Eigentlich.   1) In der weitesten Bedeutung, alles was die Erde zur Speise für Menschen und Thiere, besonders aber die erstern hervor bringet; da denn der Plural nur von mehrern Arten oder Quantitäten gebraucht wird.   Feldfrüchte, was von dieser Art auf dem Felde wächset; in der Deutschen Bibel Früchte des Feldes.   Baumfrüchte, was auf Bäumen wächset.   Gartenfrüchte, was in Gärten gebauet wird.   Hülsenfrüchte, welche in Hülsen, Schalfrüchte, welche in Schalen erzeugt werden u. s. f.   Säet und erntet, und pflanzet Weinberge, und esset ihre Früchte, 2 Kön. 19, 30.   In etwas anderm Verstande verstehet man unter diesem Ausdrucke zuweilen die Samen und Samenbehältnisse aller Pflanzen und Bäume, sie mögen nun dem Thierreiche, und besonders dem Menschen, zur Speise dienen oder nicht, mit Ausschließung der übrigen Theile der Pflanzen. 2) In engerer Bedeutung.   (a) Das Getreide, oder die Samen verschiedener Grasarten, welche zur Speise gebraucht werden;

---

[161] Adelung (1796) 325 f.

im Hoch- und Oberdeutschen. Die Sommerfrucht, das Som-
mergetreide. Die Winterfrucht, das Wintergetreide. Die
Frucht steht schön. Die Frucht einernten, einsammeln. Der
Plural ist auch hier nur von mehrern Arten und Quantitäten üb-
lich. In Niedersachsen sagt man statt Frucht in dieser Bedeu-
tung Korn, und in einigen Oberdeutschen Gegenden, im Plural
Körner. (b) Die Frucht einiger Bäume, Obst. Blumen und
Früchte mahlen, d. i. Blumen und Baumfrüchte. Wilde
Früchte, d. i. wildes Obst. Früchte einmachen, Nüsse, Dat-
teln, Pflaumen u. s. f. Wälsche Früchte, Früchte der Orange-
Bäume, Datteln u. s. f. Ein Kranz von Früchten.

2. Figürlich. 1) Was die Fruchtbarkeit in dem Pflanzenreiche
verursachet und befördert. Wenigstens wird es von den Landleuten
Meißens in diesem Verstande von der in der Erde befindlichen
Feuchtigkeit gebraucht. Es ist keine Frucht in der Erde,
keine Feuchtigkeit. S. Sommerfrucht, Winterfrucht. 2) In
einigen Fällen auch von den Producten des Thierreiches. (a) Junge, noch ungeborne oder vor kurzem erst geborne Kinder und
Thiere. Die erste Frucht eines Ochsen, oder Lammes, oder
Ziegen, 4 Mos. 18, 17. Gesegnet wird seyn die Frucht deines Leibes, und die Frucht deines Viehes, und die Früchte deiner Ochsen, und die Früchte deiner Schafe, 5 Mos. 25, 4; gesegnet wird deine Leibesfrucht — gesegnet deine Viehzucht,
dein Rind- dein Schaf- dein Ziegenvieh wird fruchtbar
seyn, nach Michael. Übersetz. In diesem Verstande wird es
in der anständigen Schreibart nur noch von Kindern, besonders von ungebornen Kindern gebraucht. Die Frucht im
Mutterleibe. Die Leibesfrucht. Die erste Leibesfrucht.
Eine unzeitige Frucht gebären. Sich die Frucht abtreiben. (b) Im gemeinen Leben und der vertraulichen Sprechart gebraucht man das Diminutivum von einem leichtfer-
tigen ungerathenen jungen Menschen. Er ist ein schönes
Früchtchen geworden, der Lelio, Less. So würde meine
Tochter ein feines Früchtchen werden, Weiße. Im Oberdeutschen Früchtlein. 3) Der Ertrag, die Einkünfte einer Sache,
am häufigsten im Oberdeutschen. Die Früchte eines Capitals,
die Zinsen. Die Früchte eines Landgutes, der Ertrag. 4) *Ein
jedes Werk, alles was hervor gebracht wird, so wohl im guten
als bösen Verstande; in welcher Bedeutung es doch im Hochdeutschen veraltet ist, ob es gleich in der Deutschen Bibel sehr häufig ist.
Viel Gutes kommt einem auch durch die Frucht des Mundes,
Sprichw. 12, 14. Ein Mann — wird gesättiget von der Frucht
seiner Lippen, Kap. 18, 20. Sie wird gerühmet werden von
den Früchten ihrer Hände, Kap. 31, 31. So auch die Frucht des
Thuns, der Gerechtigkeit, der Gottlosen, der Gerechten,
Früchte der Buße u. s. f. 5) Die Folgen einer Handlung oder
Gesinnung. (a) Die guten Folgen, der Nutzen. Frucht schaffen, Nutzen bringen. Frucht aus etwas schöpfen. Das ist
die Frucht seines Fleißes, seines Gehorsams. Der Hunger
ist eine Frucht der Mäßigkeit. (b) Ironisch auch von nach-
theiligen Folgen. Das ist die Frucht deiner Bosheit, deines
Ungehorsams.

Versuch einer Systematisierung der semantischen Deskription

Eigentlich	„In der weitesten Bedeutung"	1. $M_1 = $ [„Product"] ⎫ „alles was die Erde
		    $M_2 = $ [Pflanzenreich] ⎬ [...] hervor
		    ⎭ bringet"
		
		    $M_3 = $ „Speise für Menschen und Thiere"

Eigentlich	„In etwas anderm Verstande"	2. $M_1 = $ [„Product"]
		    $M_2 = $ [Pflanzenreich]
		    $M_4 = $ „die Samen und Samenbehältnisse aller Pflanzen und Bäume"

Eigentlich	„In engerer Bedeutung"	3. $M_1 = $ [„Product"]
		    $M_2 = $ [Pflanzenreich]
		    $M_3 = $ „Speise für Menschen und Thiere"
		    $M_5 = $ „das Getreide, oder die Samen verschiedener Grasarten"

Eigentlich	„In engerer Bedeutung"	4. $M_1 = $ [„Product"]
		    $M_2 = $ [pflanzenreich]
		    $M_3 = $ „Speise für Menschen und Thiere"
		    $M_6 = $ „die Frucht einiger Bäume"

Figürlich		5. $M_1 = $ „Product"
		    $M_7 = $ „Thierreich"
		    $M_8 = $ „Junge, noch ungeborne oder vor kurzem erst geborne Kinder und Thiere"

Figürlich		6. $M_1 = $ [Product] = „der Ertrag, die Einkünfte" $M_9 = $ „Sache"
Figürlich		* 7. $M_1 = $ [Product] = „was hervorgebracht wird" $M_{10} = $ „Werk [...] so wohl im guten als bösen Verstande"
Figürlich		8. $M_1 = $ [Product] „die Folgen" $M_{11} = $ „[gute] Handlung oder Gesinnung"
Figürlich		9. $M_1 = $ [Product] „die Folgen" $M_{12} = $ „[böse] Handlung oder Gesinnung"

In dem folgenden Kommentar spreche ich von Merkmal, Bedeutung und Gesamtbedeutung, benutze also zunächst, wie auch im Falle Eberhards, die Termini der Lexikographen.

Diese neun Bedeutungen von *Frucht* werden bis auf eine Ausnahme durch Ziffern oder Buchstaben als getrennte Bedeutungen ausgewiesen. Die Ausnahme ist die Bedeutung 2, die keine Auszeichnung in dieser Hinsicht erhält, dafür aber die Kennzeichnung: „in etwas anderm Verstande", wodurch sie von Bedeutung 1 deutlich abgesetzt wird. In der obigen Merkmalübersicht, geordnet nach Bedeutungen, wurden zwei Bedeutungen ausgelassen, die Adelung anführt: Die eine wird von Adelung „den Landleuten Meißens" zugerechnet, und die andere existiert nach seinen Angaben nur „im gemeinen Leben und der vertraulichen Sprechart" und ist in Wahrheit, wie er selbst erkennt, keine Bedeutung von *Frucht*, sondern eine solche des Derivatems *Früchtchen*.

Diese neun Bedeutungen unterteilt Adelung in die Klasse der eigentlichen und die der figürlichen Bedeutung. An diesem Beispiel ist nun exakt zu sehen, was figürlich bzw. übertragen bzw. uneigentlich meint: Wenn das Merkmal „Pflanzenreich" ersetzt wird durch das Merkmal „Tierreich" bzw. „Sache" oder „Werk", nimmt Adelung eine figürliche Bedeutung an. Voraussetzung für diese Charakterisierung ist also der Ersatz eines „sinnlichen" Merkmals durch ein „unsinnliches" oder doch „weniger sinnliches"[162], d. h. also der Übergang von konkreten Merkmalen zu mehr oder weniger abstrakten. Diese synchronische Argumentation wird von Adelung selbst durch eine diachronische unterstützt insofern, als die eigentliche Bedeutung und somit in diesem Fall das Merkmal „Pflanzenreich" auf jenen Anwendungsbereich verweist, dem das Wort seine Entstehung verdankt[163]. Daraus wird ersichtlich, daß eigentlich und figürlich Termini sind, die ihr Fundament in einer diachronischen Perspektive haben; denn „Product des Thierreiches" bzw. „Product eines Werkes" sind im Vergleich zu „Product des Pflanzenreiches" nur mit sehr großen Vorbehalten als „weniger sinnlich" zu bezeichnen. Auch die Grundlagen der Klassifizierung in enge und weite Bedeutung demonstriert die Merkmalanalyse. Adelung spricht — innerhalb seiner figürlichen Bedeutungen — von „weitester Bedeutung" (1 und 2) dort, wo nur drei Merkmale die Bedeutung, also den Inhalt oder, in logischer Terminologie, die Intension determinieren, wodurch die Extension oder die durch dieses Wort designierten Sachen bzw. Sachverhalte entsprechend größer ist. Dieses „größer" ist eine relative Größe, und zwar relativ im Vergleich zu den Bedeutungen (3 und 4), die er als „enger" klassifiziert, da sie im Vergleich zu 1 und 2 ein Merkmal mehr haben. Enger und weiter sind also semantische Termini, die die unterschiedliche Extension der unterschiedlichen Bedeutungen eines Wortes beschreiben sollen. Diese Termini

---

[162] S. dazu 3.3.5.
[163] S. dazu 3.3.5.

sind deshalb nur akzeptabel innerhalb der Bedeutungen eines polysemen Wortes.

Die verbale Umschreibung der zwölf Merkmale der Gesamtbedeutung von *Frucht* erfolgte auf der Grundlage von Adelungs Explikationen. Die eckige Klammer zeigt an, daß an einigen Stellen versucht wurde, Adelungs eigene Angaben zu präzisieren: So durch die Beschreibung von M_1 als „Product" und M_2 als „Pflanzenreich". Hier setzt Adelung ein, was hinter der geschweiften Klammer steht. Ungleich präziser hingegen definiert er unter der Bedeutung 5 M_1 als „Product" und M_7 als „Thierreich". Deshalb ergab sich die Berechtigung, M_1 durchgehend als „Product" zu umschreiben und analog zu M_7 M_2 als „Pflanzenreich" zu explizieren als präzisere Fassung seiner Explikation, daß die „Producte" der Bedeutungen 1, 2, 3, 4 durch die „Erde" hervorgebracht würden.

Die „Beyspiele" Adelungs sind nun ein Mittel zur Kontrolle der neun Bedeutungen von *Frucht*. Wäre z. B. innerhalb der Bedeutung 5 M_8 = „Junge" nicht noch durch einen erläuternden Zusatz präzisiert, so wäre zumindest aus den „Beyspielen" Adelungs ersichtlich, daß M_7 = „Thierreich" bei Adelung „Reich der lebendigen Geschöpfe" meint, wie die semantische Deskription von *Thier* ausweist[164]. Denn das „Beyspiel": „Die Frucht im Mutterleibe" verweist auf jene Bedeutung, die unter *Thier* angegeben ist. Auch die „Beyspiele" der Bedeutung 6 präzisieren M_9 = „Sache": Die „Beyspiele": „Die Früchte eines Capitals" und „die Früchte eines Landgutes, der Ertrag" erweisen, daß M_9 = „Sache" die Bedeutung „der Person entgegen gesetzt, [...] jedes Ding" hat[165], wodurch M_9 von M_{10} = „Werk" unterschieden wird. Schon die „Beyspiele" unter der Bedeutung 7: „die Frucht des Thuns, der Gerechtigkeit", „Früchte der Buße" zeigen an, daß „Werk" hier — da es sowohl im guten als bösen Verstande möglich ist — als spezifisch auf den Menschen bezogen ist[166]. Die „Beyspiele" sowie die Präzisierung von „Werk" beweisen aber damit, daß die Bedeutungen 8 und 9 unter die Bedeutung 7 zu subsumieren sind, denn eine „Handlung oder Gesinnung" ist nach der präzisierenden Interpretation von „Werk" gleichfalls als ein solches zu bezeichnen, und die Definition „die Folgen" ist lediglich eine variierende Umschreibung von M_1 = „Product". Daß zudem die Differenzierung in gut und böse überflüssig ist, ergibt sich aus Adelungs Explikation von „Werk": „Sowohl im guten als bösen Verstande". Diese Interpretation wird auch durch Adelungs „Beyspiele" unter 7 einerseits und unter 8 und 9 andererseits gestützt, denn die Bedeutung von „die Frucht der Gerechtigkeit" (unter 7) und die von „Frucht des Gehorsams" (unter 8) ist, was *Frucht* betrifft, identisch. Somit muß auch bei der Bedeutung 7 das Sternchen * gestrichen werden, das diese Bedeutung als „veraltet" ausweisen soll. Auf der Grundlage von Adelungs semantischer Deskription und deren Interpretation ergeben sich also s i e b e n Bedeutungen des Wortes *Frucht*, die folgende Merkmaldistribution innerhalb einer Matrix haben:

	M₁	M₂	M₃	M₄	M₅	M₆	M₇	M₈	M₉	M₁₀
Merkmale / Bedeutungen	Product	Pflanzenreich	Speisen	Samen	Getreide	Obst	Thierreich	Junge	Sache	Werk
Frucht₁	X	X	X							
Frucht₂	X	X		X						
Frucht₃	X	X	X		X					
Frucht₄	X	X	X			X				
Frucht₅	X						X	X		
Frucht₆	X								X	
Frucht₇	X									X

Skizze 23: Matrix der Merkmaldistribution von *Frucht*

Aus dieser Merkmaldistributionstabelle ist ersichtlich, daß die Merkmale eine unterschiedliche quantitative Distribution haben: Lediglich Merkmale, die im Sinne Adelungs die „sinnlichen" Bedeutungen konstituieren, haben eine über einmaliges Vorkommen hinausgehende Distribution, während alle Merkmale, die die „weniger sinnlichen" Bedeutungen konstituieren, nur einmal vorkommen.

Die R e l a t i o n von Gesamtbedeutung, Bedeutungen und Merkmalen kann gleichfalls in einem graphischen Modell fixiert werden:

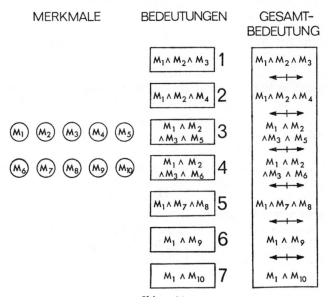

Skizze 24:
Die Relation von Merkmalen, Bedeutungen und Gesamtbedeutung am Beispiel *Frucht*

Dieses graphische Modell demonstriert, wie die zehn Merkmale zu sieben Bedeutungen kombiniert werden, also jeweils eine konjunktive Kombination (∧) der Merkmale darstellen. Die Gesamtbedeutung von *Frucht* kann dann als eine disjunktive Kombination (↔) dieser Bedeutungen beschrieben werden.

Die durch Skizze 24 explizierte unterschiedliche quantitative Distribution der Merkmale impliziert zugleich eine hierarchische Struktur der Merkmale, die durch folgendes Modell zu exemplifizieren ist:

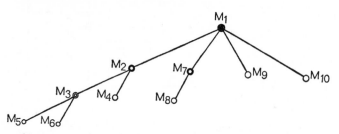

Skizze 25: Die hierarchische Struktur der Merkmale von *Frucht*

M_1 bis M_3 = Bedeutung 1
M_1 bis M_4 = Bedeutung 2
M_1 bis M_5 = Bedeutung 3
M_1 bis M_6 = Bedeutung 4
M_1 bis M_8 = Bedeutung 5
M_1 bis M_9 = Bedeutung 6
M_1 bis M_{10} = Bedeutung 7

Unter dem Aspekt der Hierarchie sind vier Klassen semantischer Merkmale zu konstatieren: (1) M_1; (2) M_2, M_7, M_9, M_{10}; (3) M_3, M_4, M_8; (4) M_5, M_6.

Die unterschiedliche graphische Repräsentation der Merkmale soll dokumentieren, daß es unter dem Aspekt der Konstituierung der sieben „Bedeutungen" von *Frucht* vier Klassen semantischer Merkmale gibt, die nicht mit den hierarchischen Klassen konvergieren: (1) M_1, das Merkmal aller Bedeutungen ist und von dem jeweils auszugehen ist beim Durchgang durch dieses Stemma; (2) M_2, M_3 und M_7, die „transitorische" sind insofern, als sie beim Durchlauf die Schaltstellen markieren; (3) M_3 erfüllt dabei eine Doppelfunktion: Es ist zugleich „transitorisches" Merkmal und Endmerkmal; (4) alle übrigen, also M_4, M_5, M_6, M_8, M_9, M_{10} sind Endmerkmale. Im Sinne der Ausführungen von 1.4. wäre die spezifische Struktur dieser Merkmale, d. h. also das Gesamt der Relationen, als Semem des Lexems *Frucht* zu interpretieren.

Diese Klassifizierung der Merkmale ist insofern relativ und damit nur für dieses Beispiel gültig, als z. B. die Endmerkmale dieses Beispiels innerhalb der

[164] Adelung (1801) 579.
[165] Adelung (1798) 1237.
[166] Vgl. auch Adelung (1801) 1503 s. v. *Werk*.

Bedeutung eines anderen Wortes ganz unterschiedliche Positionen einnehmen können. Darauf wird unten noch zurückzukommen sein. Der Zusammenhang zwischen Merkmaldistribution (Skizze 23) und hierarchischer Struktur der Merkmale (Skizze 25) wird in 4.2.4. diskutiert.

3.4.3. Merkmalanalyse der Gesamtbedeutung bei Campe: ein Vergleich

Die semantische Deskription des Lemmas *Frucht* bei Campe[167] gibt nun die Möglichkeit eines exakten Vergleichs an die Hand. Hierdurch kann zugleich die Abhängigkeit Campes von Adelung hinsichtlich der Technik und Methodik semantischer Deskription deutlich gemacht werden.

Die Frucht, Mz. die Früchte; Verkleinerungsw. Früchtchen, O. D. Früchtlein, Früchtel, des —s, d. Mz. w. d. Ez. überhaupt alles, was die Erde zur Speise für Menschen und Vieh, besonders für die ersten, hervorbringt.   Nach dem Orte, wo sie wachsen, sind sie entweder Ackerfrüchte oder Gartenfrüchte, Baumfrüchte etc.   Hülsenfrüchte, die in Hülsen wachsen; Kernfrüchte oder Steinfrüchte, welche Kerne oder Steine in sich enthalten etc.   „Säet und erntet und pflanzet Weinberge und esset ihre Früchte."   2 K ö n. 19, 30. In der Pflanzenlehre versteht man unter Frucht den Samen und die Samenbehältnisse aller Pflanzen, welche aus dem Fruchtknoten gebildet werden. Eine falsche Frucht (FRUCTUS SPURIUS) heißt eine eigne Art von Frucht, die das Ansehen einer Fruchthülle hat und es doch nicht ist; dergleichen der Zapfen, die falsche Kapsel, die falsche Nuß, die falsche Steinfrucht und die falsche Beere sind.   In engerer Bedeutung wird das Getreide Frucht genannt; im N. D. das Korn; im O. D. die Körner.   Die Frucht stehet, oder die Früchte stehen vortrefflich.   Die Frucht einernten, einsammeln.   Die Winterfrucht, das Wintergetreide.   Die Sommerfrucht, das Sommergetreide. Besonders aber, die eßbaren Samen und Samenbehältnisse mehrerer Bäume, Sträucher etc. Obst.   Blumen und Früchte mahlen.   Ein Kranz, eine Schnur von Früchten.   Früchte einmachen, Obst einmachen. Eingemachte Früchte. Wilde Früchte, wild wachsendes Obst. Wälsche Früchte, südliche Früchte, feinere Früchte, als Zitronen, Mandeln, Datteln, Feigen, Kastanien etc.   Uneigentlich.   1) Junge, noch ungeborne oder erst kürzlich geborne Kinder und Thiere.   „Gesegnet wird sein die Frucht deines Viehes und die Früchte deiner Ochsen und die Früchte deiner Schafe."   5 M o s. 25, 4.
    — denn der Helena gaben die Götter
    Keine Frucht — — — Voß.
Vorzüglich nennt man die neugebornen Kinder in Mutterleibe die Frucht.   Die Frucht im Mutterleibe, die Leibesfrucht.   Eine unzeitige Frucht gebären.   Die Frucht abtreiben.   2))(Das Früchtchen, O. D. Früchtlein, ein ungerathener, ungezogener junger Mensch. „Er ist ein schönes Früchtchen geworden, der Lelio." L e s - s i n g. „So würde meine Tochter ein feines Früchtchen werden."

---

[167] Campe (1808) 181.

W e i ß e.   3) † Der Ertrag, die Einkünfte von einer Sache.   Die
Früchte von einem Hauptgelde, die Zinsen.   Die Früchte eines Landgutes, der Ertrag desselben.   4) Die guten Folgen einer Sache.   Frucht
aus etwas schöpfen, gute Folgen davon haben.   Frucht schaffen,
Nutzen bringen.   Das sind die Früchte des Fleißes und eines guten
Betragens.   Zuweilen auch in engerer Bedeutung, die übeln Folgen
einer Sache.   Das sind die Früchte davon.   5) Überhaupt etwas, das
hervorgebracht wird, ein Werk, welche Bedeutung in der Bibel häufig
vorkömmt.   „Viel Gutes kömmt einem durch die Frucht des Mundes.“   S p r i c h w. 12, 14.   „Sie wird gerühmt werden von den
Früchten ihrer Hände.“   S p r i c h w. 31, 31.   6) ╪ Im Meißnischen, was die Fruchtbarkeit der Erde verursacht oder befördert, die
in der Erde befindliche Feuchtigkeit.   Es ist keine Frucht in der Erde.

(1) Campe kommt im Endergebnis gleichfalls zu sieben Bedeutungen von
Frucht. Diese sieben Bedeutungen sind aber nur unzulänglich durch Ziffern und
Buchstaben — im Gegensatz zu Adelung — voneinander abgesetzt. Auch die
diese Differenzierung stützende Klassifizierung von „eng“ und „weit“ und
„eigentlich“ und „figürlich“ bleibt sporadisch: Campe bezeichnet wie Adelung
die Bedeutungen 5 ff. als „uneigentlich“ (Adelung: „figürlich“), bei den vorhergehenden Bedeutungen fehlt aber die Kennzeichnung „eigentlich“. Auch die
Klassifizierung „in engerer Bedeutung“ wird nur einmal für Bedeutung 3
verwandt, während Adelung innerhalb der eigentlichen Bedeutungen durchgehend nach dieser Terminologie klassifiziert hatte.

(2) Campe übernimmt die Inkonsequenzen Adelungs. Wie dieser setzt er die
Bedeutungen 8 und 9 an als „die guten Folgen“ (Bedeutung 8) und „die übeln
Folgen“ (Bedeutung 9) „einer Sache“, die aber von Bedeutung 7 — wie oben
ausgeführt — nicht zu differenzieren sind.

(3) Zugleich aber ist eine Kontrolle Adelungs durch Campe dadurch gegeben, daß die von Adelung als veraltet * bezeichnete Bedeutung 7 von Campe
nicht mehr als solche eingestuft wird. Dafür klassifiziert Campe Bedeutung 6
als „landschaftlich“; doch werden nach Campes Legende nur solche Bedeutungen mit diesem Zeichen versehen, die „der Einführung in die Schriftsprache
werth zu sein scheinen“[168].

(4) Die semantische Explikation im einzelnen, aufgrund derer die Merkmale
der Bedeutungen eruiert werden können, basiert ganz auf Adelungs Vorarbeit.
In den Fällen, in denen Campe seinem Rivalen nicht folgt, läßt er einfach
einzelne Merkmalexplikationen aus oder aber seine Beschreibung wird vage
und damit potentiell falsch. Dazu im einzelnen:

(41) A b h ä n g i g k e i t. Adelung hatte M_1 und M_2 definiert als: „alles
was die Erde [...] hervor bringet.“ An anderer Stelle aber war M_1 präziser als
„Product“ beschrieben worden; durch die Beschreibung von M_7 als „Thierreich“
konnte zugleich M_2 genauer als „Pflanzenreich“ gefaßt werden. Campe nun

---

[168] Campe (1807) XXI.

übernimmt nur die vagere Fassung von M_1 und M_2: „alles was die Erde [...]
hervorbringt" und läßt die präziseren Fassungen Adelungs aus.

(42) V a g h e i t. Die Abhängigkeit Campes demonstriert also zugleich
eine gewisse Vagheit bei der semantischen Explikation. Bei der Beschreibung
von Bedeutung 5 gibt Campe nur M_8 an, nicht aber M_7, das zur Konstituierung dieser Bedeutung unbedingt notwendig ist. So wird auch bei der Beschreibung von Bedeutung 2 versäumt anzugeben, daß M_3 „zur Speise für
Menschen und Thiere" k e i n Merkmal dieser Bedeutung ist. Bei Campe hat
M_3 die Fassung „zur Speise für Menschen und Vieh". Diese Einengung („Vieh"
statt „Tiere") ist allerdings nur auf den ersten Blick eine solche, denn *Vieh*
im 18. Jahrhundert hat u. a. eine „weitere" Bedeutung, die mit „jedes unver-
nünftige Thier" zu umschreiben ist[169].

So ist aufgrund dieses Beispiels festzuhalten, daß Campe zwar eine Kontrolle Adelungs bei der Merkmalanalyse erlaubt, daß aber aufgrund seiner
komprimierten und zugleich vageren Form der semantischen Deskription die
Eruierung der Bedeutungen nach Merkmalen bei ihm auf größere Schwierigkeiten stößt.

Um nun zu demonstrieren, daß Campe auch in der Lage ist, zuweilen eine
präzisere oder doch über Adelung hinausgehende semantische Deskription zu
liefern, sei auf die semantische Deskription von *krank* zurückgegriffen. Da in
anderem Zusammenhang die Merkmale der semantischen Explikationen Adelungs und Campes schon aufgeführt wurden[170], kann die Merkmaldistribution
und die hierarchische Struktur der Merkmale sogleich in Skizzen dargestellt
werden (noch dazugehörige Skizze 27 s. S. 110).

(26b) CAMPE

(26a) ADELUNG

Merkmale / Bedeutungen	M_1	M_2	M_3	M_4
krank 1	X	X		
krank 2	X		X	
krank 3	X			X

Merkmale / Bedeutungen	M_1	M_2	M_3	M_4	M_5
krank 1	X	X			
krank 2	X		X		
krank 3	X				X
krank 4	X			X	

Skizze 26: Merkmaldistribution von *krank* bei Adelung und Campe in einer Matrix

Damit ist demonstriert, daß Campe in bezug auf spezifische Lemmata

(1) über Adelungs semantische Deskription hinausgeht. In diesem Fall
fügt er eine weitere Bedeutung (seine Bedeutung 3) hinzu;

(2) eine andere Interpretation spezifischer Bedeutungen gibt. Adelungs
Bedeutung 3 und Campes Bedeutung 4 sind zwar hinsichtlich der Merkmaldistribution identisch; aber Adelung hatte diese Bedeutung als nur „im Scherze"
üblich charakterisiert, während Campe zum Nachweis der Berechtigung des

---

[169] Adelung (1801) 1194; Campe (1811) 411.
[170] Vgl. 2.2.

Ansatzes einer solchen Bedeutung „seriöse" literatur- und poesiesprachliche
Diskurse zitiert[171].

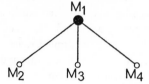

(27a) ADELUNG

M_1 bis M_2 = Bedeutung 1
M_1 bis M_3 = Bedeutung 2
M_1 bis M_4 = Bedeutung 3

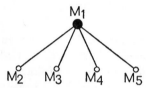

(27b) CAMPE

M_1 bis M_2 = Bedeutung 1
M_1 bis M_3 = Bedeutung 2
M_1 bis M_5 = Bedeutung 3
M_1 bis M_4 = Bedeutung 4

Skizze 27: Die hierarchische Struktur der Merkmale von *krank* bei Adelung und Campe

Doch Campe geht nicht nur in der semantischen Deskription von Wörtern,
die auch Adelung als Lemma ansetzt, über diesen hinaus; er setzt vor allem
auch Lemmata an, die bei Adelung fehlen — vor allem Kompositeme und
Derivateme. So ergibt ein Vergleich der von Adelung und Campe kodifizierten
Derivateme und Kompositeme, die als Bestandteil das Lexem *krank* haben:
Adelung: 13 Lemmata; Campe: 41 Lemmata.

Diese Zahlen spiegeln auch die von Campe hinsichtlich der Gesamtzahl der
Lemmata errechnete Relation von 1 : 3 wider. Unter den von Campe über
Adelung hinaus kodifizierten Derivatemen und Kompositemen sind solche
wichtigen wie *kranken* und *krankhaft* und solche literatursprachlichen wie
Krankengesicht und *Kränkling,* unter denen auf J. P. Richter verwiesen wird.

---

[171] Vgl. dazu auch die in 2.2. gegebene Interpretation.

4. Entwurf einer operationalen semantischen Deskription

4.0. In Kapitel 3 wurde eine im wesentlichen mit den Termini der Lexikographen operierende Darstellung deren sprachtheoretischer Positionen (3.1.; 3.3.) und der darauf basierenden semantischen Deskriptionen (3.2.; 3.4.) gegeben. Bevor nun im folgenden (4.2.) eine Metamethodik semantischer Deskription der von den Lexikographen kodifizierten standardsprachlichen Lexik entworfen wird, müssen zuvor auf der Basis und in Weiterentwicklung der in Kapitel 1 explizierten theoretischen Prämissen die sprachtheoretischen Positionen der Lexikographen und die daraus resultierende Praxis einer Kritik unterzogen werden (4.1.). Nur auf dieser kritischen Basis ist es möglich, die Deskriptionsmethodik und Termini der Lexikographen zu transformieren in semantische Operationstermini der 2. Ebene des Metabereichs, deren Grundlagen in Kapitel 1 gelegt wurden und die dementsprechend hier weiter zu entwickeln sind.

4.1. Kritik theoretischer Positionen der Lexikographen

4.1.1. „Hochdeutsche Mundart"
bzw. „Deutsche Sprache"
und die Sprachkompetenz der Lexikographen

Aufgrund der Differenzierungen in einen kollektiv-virtuellen, kollektiv-realisierten, individuell-virtuellen und individuell-realisierten Teilbereich der Sprache bezogen auf eine definierte Sprachgruppe, terminologisch gefaßt als Sprachsystem, Sprachnorm, Sprachkompetenz und Diskurs, dürfen die semantischen Deskriptionen der Lexikographen nunmehr gewertet werden als Semantik der Sprachkompetenz der Lexikographen, während die Zitate von Schriftstellern und die eigenen „Beyspiele" die Diskurssemantik widerspiegeln, also die Diskursadäquatheit der Explikation der Kompetenzsignifikate demonstrieren sollen. Dabei erheben die semantischen Deskriptionen aufgrund der Sprachkompetenz den Anspruch, die Semantik des Sprachsystems zu repräsentieren, während die Diskurse die Semantik der Sprachnorm repräsentieren sollen. Dieser Anspruch auf Repräsentation der kollektiven Teilbereiche darf jedoch lediglich als Hypothese gelten, die der Überprüfung und Kontrolle bedarf.

Die semantische Deskription des standardsprachlichen Systems erhält eine zusätzliche hypothetische Komponente dadurch, daß sowohl die Kriterien, nach denen die Integration der Standardsprache erfolgt, unterschiedlich angesetzt werden, als auch die die Diversität konstituierenden Subsysteme eine unterschiedliche Beurteilung durch die Lexikographen erfahren.

4.1.2. Transformation des monolateralen Sprachzeichens in ein bilaterales

Wie die Darstellung der „Theorie der Bedeutung" der Lexikographen in 3.1. und 3.3. erweist, konzipieren und arbeiten diese mit einem monolateralen Sprachzeichen. Auf dem Hintergrund der Ausführungen in 1.4. heißt das: Lediglich der Signifikant wird als sprachliches Zeichen angesehen, während die Inhaltsseite, das Signifikat, nicht zur Sprache gehört. Dieses wird im subjektiven und kollektiven Bewußtsein des/der Sprachbenutzer(s) einer Sprachgruppe, also mental, lokalisiert, ist aber nicht Teil der Sprache selbst. Die Termini „Empfindung, Vorstellung, Begriff", die unter dem Terminus „Bedeutung" zusammengefaßt werden, verweisen auf diese extralinguale Konstituierung. Um nun aber auf der Basis der in 1.4. explizierten Prämissen arbeiten zu können, ist die Konzeption eines monolateralen, lediglich die Ausdrucksseite des Signems umfassenden Sprachzeichens der Lexikographen zu transformieren in ein bilaterales Sprachzeichen, in dem die „Gesamtbedeutung", die „Bedeutungen" und die „Merkmale" Teile des Signems selbst sind[1]. Diese theoretische Korrektur impliziert weitere Konsequenzen: Dem Signifikat, das nunmehr die Gesamtbedeutung, die Bedeutungen und Merkmale umfaßt, ist ein Form- und Substanzbereich zuzuordnen. Aufgrund der quantitativen Konsubstantialität des Signems wird dann die Inhaltssubstanz, innerhalb derer nur qualitative Konsubstantialität herrscht, zur eigentlichen semantischen Deskriptions- und Operationsbasis[2]. D. h.: die Termini Inhaltssubstanzsumme (SUS), Inhaltssubstanzkollektion (SUK) und semantisches Merkmal treten im Rahmen der Theorie des sprachlichen Zeichens von 1.4. an die Stelle von Gesamtbedeutung, Bedeutung und Merkmal.

Das Lemma, das die Lexikographen ansetzen und dem die semantische Deskription gilt, ist nach dieser Transformation nunmehr neu zu interpretieren.

(1) Aus der Sicht des Lexikographen stellt das jeweilige Lemma den Signifikanten dar, dem in der semantischen Deskription das Signifikat zugeordnet wird.

---

[1] Ein bilaterales Signem wurde auch von Zeitgenossen der Lexikographen ins Auge gefaßt. Johann Werner Meiner (1781) 74 etwa unterscheidet an den „Wörtern" „zweyerley": „1) Ihre Materie, woraus sie bestehen [...] 2) Ihre Form, oder dasjenige, wodurch sie zu Wörtern werden, das ist ihr Begriff, den sie bezeichnen."

[2] S. dazu die detaillierten Ausführungen in 1.4. und Skizze 3.

(2) Für denjenigen Benutzer des Wörterbuchs, dessen Sprachkompetenz Teil des lexikalisch-semantisch deskribierten Sprachsystems ist, stellen diejenigen Lemmata, die Teil seiner Sprachkompetenz sind, eine Einheit von Signifikant und Signifikat dar, während für diejenigen Lemmata, die er nicht kennt, die oben skizzierte Hypothese des Lexikographen gilt.

(3) Die Lemmata aller Wörterbücher, die die Lexik von Sprachsystemen beschreiben, die nicht Teil der Sprachkompetenz des potentiellen Benutzers des Wörterbuchs sind, stellen für diesen lediglich den Signifikanten dar. Das gilt insbesondere auch für Wörterbücher, die die Lexik historischer Sprachsysteme beschreiben, also für die Werke Adelungs, Eberhards und Campes.

Die Transformation des monolateralen in ein bilaterales Sprachzeichen hat Folgen auch hinsichtlich bestimmter Termini der Lexikographen, wie z. B. „bezeichnen" und „bedeuten"; diese sind gleichfalls kritisch in die hier konzipierte Theorie des Sprachzeichens zu integrieren: Auf der Basis eines bilateralen Signems ist es nicht sinnvoll zu formulieren, daß die Ausdrucksseite die Inhaltsseite „be-zeichnet" und die Inhaltsseite die Ausdrucksseite „be-deutet", wie das Eberhard zu Recht für sein monolaterales Sprachzeichen formuliert[3]. Innerhalb eines bilateralen Signems ist dagegen nach der Relation von Ausdrucks- u n d Inhaltsseite zur außersprachlichen Wirklichkeit zu fragen. Diese Relation kann als Designation oder Denotation beschrieben werden, d. h. ein Signem designiert Designate und ein realisiertes Signem denotiert ein Denotat[4].

Auch die „Wort"-Definition z. B. Adelungs ist in diesem Zusammenhang zu präzisieren. Daß die „Einheit des Begriffes", also der Bedeutung, die „Einheit des Wortes" konstituiert, wie Adelung deduziert, ist natürlich nicht ausreichend[5]; denn nach diesen Kriterien wird nicht einsichtig, warum die auf $R_{1''}$ liegenden Minimaleinheiten Flexionsgrammem und Derivationsgrammem nicht gleichfalls als „Wort" zu gelten hätten. Zum anderen wäre zu fragen, ob z. B. *Bruder der Mutter* und *Bruder des Vaters* weniger „einheitliche" Bedeutungen haben als z. B. *Onkel*, obwohl dieses als Lexem auf $R_{1'}$ von Adelung sicher seiner Kategorie „Wort" zugezählt wird, während dies für die auf höheren Rängen liegenden Umschreibungen sicher nicht gälte. Von hier aus, d. h. von der Einheit des Begriffes (im Sinne Adelungs), also der Bedeutung, ist kein Anhaltspunkt für die Definition des „Wortes" zu gewinnen. Das, was in vielfach konkurrierender Weise als „Wort" definiert ist[6], kann nach den Präzisierungen der signifikativen Einheiten der Ränge R_1 und R_{1+n} nunmehr terminologisch — im Rahmen eines Rangstufensystems — korrekter benannt u n d d i f f e r e n z i e r t werden als Lexem (*Haus*), Lexogrammem (*das*), Flektem

---

[3] Vgl. 3.1.2.; vgl. Henne/Wiegand (1969) 137, Anm. 34, wo auf den kontroversen Gebrauch von „bezeichnen" in der neueren Semantik verwiesen wird.
[4] S. dazu 1.6. und Skizze 7 und 8.
[5] Vgl. 3.3.1.
[6] Vgl. u. a. Reichmann (1969) 2 ff.; Krámský (1969) passim.

(*Hauses*), Derivatem (*häuslich*) und Kompositem (*Haustür*). Damit wären zugleich die Klassen der signifikativen Einheiten erfaßt, die auch die Lexikographen als „Wort" gelten lassen, die aber — wie oben ausgeführt — nicht alle dem Objektbereich der Lexikologie zufallen.

4.1.3. Lexikalisch-semantische Explikation und semantische Merkmalanalyse

Nicht nur die historische, sondern auch die gegenwartsbezogene lexikalisch-semantische Analyse steht vor ungleich größeren Schwierigkeiten als diejenigen linguistischen Disziplinen, die die Ausdrucksseite des Signems analysieren: Denn die Inhaltsseite kann nicht in gleicher Weise wie die Ausdrucksseite — sofern sie realisiert ist — in materielle Einheiten analysiert werden. Die Schwierigkeiten der historischen Semantik potenzieren sich insofern, als hier keine direkten, unmittelbar der Kontrolle des Linguisten unterliegende Informanten erreichbar sind. Unter diesem Aspekt erhalten die semantischen Informationen der historischen Wörterbücher besonderes Gewicht.

In den vorangegangenen Ausführungen wurde die semantische Information, die sich insgesamt aus einem Wörterbuchartikel ergab, semantische D e s k r i p - t i o n genannt. Sie steht stellvertretend für die Inhaltsseite des Signems, nach den oben (1.4.) erläuterten Prämissen im besonderen für den Substanz- und Formbereich der Inhaltsseite. Ein Teil dieser semantischen Deskription wird nun traditionellerweise in eine Form gekleidet, die man konventionellerweise „semantische bzw. lexikographische D e f i n i t i o n " nennt[7]. Die Definition ist jedoch eine Technik der w i s s e n s c h a f t l i c h e n Begriffs- und der daran anschließenden Terminologiebildung[8], wobei nach bestimmten Kriterien verschiedene Sorten der Definition unterschieden werden[9]. Allen Definitionen sollte jedoch nach den Auffassungen der neueren Wissenschaftstheorie gemeinsam sein, daß das zu Definierende, also das Definiendum, das links vom definitorischen Gleichheitszeichen steht, als neuer Terminus mittels des Definierenden, also des Definiens, das rechts vom Gleichheitszeichen steht, eingeführt wird. Somit erfolgt eine explizite F e s t s e t z u n g . Damit ist die Definition den Bedingungen von richtig oder falsch nicht unterworfen, sondern lediglich den Kriterien der Brauchbarkeit. Gerade das aber sollte bei der lexikographischen „Definition" nicht der Fall sein; denn hier handelt es sich um eine empirische Analyse des Inhalts des Signems, die richtig oder falsch ist, der also ein Wahrheitswert zu-

---

[7] Vgl. u. a. Knudsen/Sommerfelt (1958) (Titel); Imbs (1960); Rey (1965) (Titel); Eksteen (1965) (Titel); Pottier (1965); Rey-Debove (1966) (Titel); Rey-Debove (1967) (Titel); Weinreich (1967) (Titel); Rey (1968) 55—63; Wahrig (1969) 262.

[8] Terminus und Begriff unterscheiden sich dadurch, daß beim Begriff von jedweder Realisierung in einer bestimmten Einzelsprache a b s t r a h i e r t wird.

[9] Vgl. u. a. Dubislav (1929) passim; Robinson (1950) passim; Bocheński (1965) 90—96.

geordnet werden kann[10]. Hierfür existiert nun auch innerhalb der Wissenschaftstheorie eine Operation, die als Explikation bekannt ist und die schon Kant ausdrücklich von der Definition getrennt wissen wollte[11]. Die Explikation dient zur Präzisierung und empirischen Analyse eines schon üblichen wissenschaftlichen Terminus, also des Explikandum; diese Präzisierung aufgrund einer empirischen Analyse erfolgt durch das rechts vom explikatorischen Gleichheitszeichen stehende Explikat, so daß eine exaktere Kenntnis des Explikandum nach der Explikation existiert[12].

Will man also die Technik des explizierenden Lexikographen hinsichtlich eines Teiles seiner semantischen Deskription mit den oben skizzierten allgemeinen wissenschaftlichen Techniken vergleichen, so sollte man die von ihm vorgenommene „lexikographische Definition" nunmehr als s e m a n t i s c h e E x p l i k a t i o n bezeichnen, wobei das Lemma das Explikandum ist, dem mittels des explikatorischen Gleichheitszeichens (= $_{ex}$) mit dem Explikat die Inhaltsseite zugeordnet wird [13]. So vielfältige Typen semantischer Explikation nun auch zu ermitteln sind[14], die wichtigsten Typen innerhalb der Lexikographie zeichnen sich dadurch aus, daß sie (1) semantische Merkmale explizieren, also als tentative semantische Merkmalanalyse zu interpretieren sind[15], und (2) diese Intention mittels basissprachlicher Signeme zu realisieren versuchen. Damit aber wird das Explikat in den Status der Metasprache erhoben, insofern es Aussagen ü b e r basissprachliche Signifikate darstellt.

Die weiteren Überlegungen zur semantischen Explikation innerhalb der semantischen Deskription eines Wörterbuchs gelten jenen Explikationen, die als metasprachliche Diskurse, speziell als metasprachliche Paraphrasen, zu interpretieren sind[16].

Diese metasprachlichen Paraphrasen als semantische Explikation können parallel zur Technik der nominalen Definition innerhalb der Logik gesehen werden. Zu diesen gehören also nicht ostensive oder apodeiktische Explikationen, die mittels zeichnerischer Darstellung als Abbild eines realen Gegenstandes u. a. die Inhaltssubstanz eines Signems zu explizieren versuchen.

---

[10] Vgl. Robinson (1950) 39 f.
[11] Hinweis bei Leinfellner (1967) 90.
[12] Leinfellner (1967) 86—88; Wohlgenannt (1969) 23—25.
[13] Robinson (1950) 19 ff. spricht in diesem Fall von „lexical definition", benutzt hierfür auch „explanation" (49) und konzediert, daß „definition" in diesem Fall in „weiterer" Bedeutung benutzt werde (19).
[14] Vgl. u. a. Rey-Debove (1967): „La définition lexicographique; base d'une typologie formelle" (Titel der Untersuchung) und Weinreich (1967) 40 f.
[15] Vgl. Rey (1965) 67; Baldinger (1969) 246: „Die Bedeutung in Seme [≈ semantische Merkmale] zu zerlegen [...] ist nichts anderes als der altbekannte Vorgang des Definierens"; vgl. auch Larochette (1967) 127, der in bezug auf diese Klasse von Definitionen von einer „opération métalinguistique de décodage" spricht; vgl. auch Hjelmslev (1959) 111.
[16] Vgl. u. a. Greimas (1966) 72 f.; Rey-Debove (1967) 142 f.

Für alle nominalen Explikationen, also für solche, die als metasprachliche Paraphrasen zu interpretieren sind, gilt, daß sie — mit den verschiedensten Mitteln — Identitäts- und Oppositionsrelationen zu konstituieren versuchen. Dabei geht der Lexikograph jeweils von der Hypothese aus, daß die metasprachlichen Signeme des Explikats als bekannt vorauszusetzen sind. Die Technik dieser s e m a n t i s c h e n Explikation kann also als i m p l i z i t beschrieben werden, weil sie auf andere Elemente (= Signeme) rekurriert; sie muß als a n a l y t i s c h gelten, weil sie lediglich expliziert, welches innerhalb einer Sprachgruppe durch Konvention gesetzte Explikat einem Explikandum zuzuordnen ist[17].

Zu konstatieren ist nun, daß in der Mehrzahl die semantischen Explikationen mittels metasprachlicher Paraphrasen dem Vorbild der innerhalb der nominalen Definition der Logik üblichen „Gattung — Art — differentia specifica" — Technik folgen[18], die durch folgende Regel umschrieben ist: „Definitio fit per genus proximum et differentiam specificam". Indem der Lexikograph diese Methode semantischer Explikation anwendet, ordnet er dem Explikandum im Explikat z. B. zwei semantische Merkmale, nämlich genus proximum und differentia specifica zu. Diese besondere Technik semantischer Explikation verweist den Verfasser sowohl eines semasiologischen als auch eines onomasiologischen Wörterbuchs darauf, daß innerhalb der Lexik Identitäts- und Oppositionsrelationen existieren, die im einen Fall als lexikalisches semasiologisches Paradigma und im anderen Fall als lexikalisches onomasiologisches Paradigma zu kennzeichnen sind: E i n polysemes Signem zeichnet sich dadurch aus, daß seine verschiedenen SUKn ein gemeinsames semantisches Gattungsmerkmal haben, die SUKn unter diesem Aspekt also identisch sind, während sie dadurch differieren, daß ihnen jeweils spezifische semantische Merkmale („differentiae specificae") zugesprochen werden müssen. Die partielle Synonymenreihe wiederum des onomasiologischen Wörterbuchs, also m e h r e r e Signeme, sind dadurch charakterisiert, daß spezifische SUKn dieser Signeme jeweils ein gemeinsames semantisches Gattungsmerkmal haben, während wiederum spezifische semantische Merkmale die Opposition der SUKn garantieren. Somit erfolgt durch die Technik dieser nominalen Explikation mittels Gattung, Art und spezifische Differenz als metasprachlicher Paraphrase eine Teilstrukturierung der Lexik, die oben unter den Begriff und Terminus eines lexikalischen Paradigmas subsumiert wurde[19]. Diese Interpretation der semantischen Explikation ist eine nachträgliche Rechtfertigung dafür, daß in 3.2. und 3.4. die semantischen Explikationen Eberhards, Adelungs und Campes jeweils in „Merkmale" aufgelöst wurden.

---

[17] Zu den Oppositionen analytisch (=erklärend) und synthetisch (= festsetzend) sowie explizit und implizit s. u. a. Menne (1966) 29; Bocheński (1965) 90 f.
[18] Vgl. z. B. Imbs (1960) 12 f.
[19] Vgl. dazu die Termini von Baldinger (1966 a) 219: „champs sémasiologique, champs onomasiologique".

Nach den Ausführungen in 1.1. sind die realisierten metasprachlichen Signeme einer solchen Paraphrase als eine spezifische Klasse ambiger Signeme zu beschreiben: Sie sind einerseits, als nominale Signeme, selbst Objekt der semantischen Explikation; zum anderen werden ihre SUKn als semantische Merkmale der SUS eines nominalen Signems zugeordnet. In der semantischen Explikation: /Schimmel/$=_{ex}$ ‚weißes Pferd' wird vorausgesetzt, daß [weiß] und [Pferd] als explizierte SUKn der Lexeme *weiß* und *Pferd* die SUS (Schimmel) als semantische Merkmale konstituieren, d. h. als semantisches Gattungs- [Pferd] und spezifisches Differenzmerkmal [weiß] eine SUK der SUS des Lexems *Schimmel* explizieren. Nur im Fall der Monosemie von *Schimmel*, also der Identität von SUS und SUK, wäre das Signifikat von *Schimmel* insgesamt expliziert. Nur unter der Voraussetzung also, daß die semantische Merkmalstruktur der SUKn [weiß] und [Pferd] expliziert ist, ist eine Explikation einer SUK des Lexems *Schimmel* geleistet. Unter dieser Voraussetzung verfällt aber die semantische Explikation der Zirkularität. Sie könnte ihr — nach einem Vorschlag Uriel Weinreichs[19a] — partiell entgehen, indem die lexikalischen Signeme des Sprachsystems einer definierten Sprachgruppe in verschiedene (Explikations-)Schichten aufgeteilt werden:

Schicht 0: Lexikalische Signeme, die lediglich ostensiv oder zirkulär expliziert werden;

Schicht 1: lexikalische Signeme, die durch die SUKn der lexikalischen Signeme von Schicht 0 und damit nichtzirkulär expliziert werden;

Schicht 2: lexikalische Signeme, die durch die SUKn der lexikalischen Signeme von Schicht 0 und 1 und damit nichtzirkulär expliziert werden;

Schicht n: lexikalische Signeme, die durch die SUKn der lexikalischen Signeme der Schichten 0, 1, 2, ... n-1 und damit nichtzirkulär expliziert werden.

Durch diese „schichtenspezifische" Explikation würden die metasprachlichen Signeme, die innerhalb einer semantischen Explikation eingesetzt werden, partiell „disambiguiert": In Schicht 1 ff. würden jeweils nur solche Signeme zur semantischen Paraphrase eingesetzt, deren semantische Explikation, wenn auch nur zirkulär und/oder ostensiv, geleistet ist.

Die semantische Explikation mittels einer solchen Paraphrase, die im folgenden unter dem Terminus einer d i r e k t e n Explikation gefaßt werden soll, wird allerdings im Wörterbuch, speziell im semasiologischen, nicht immer eingehalten. Der Grund dafür ist, daß sich die semantischen Merkmale der Lexeme, Derivateme und Kompositeme nicht immer nahtlos in die Typik dieser metasprachlichen Paraphrase einfangen lassen. Zudem ist — eine bei der großen Menge der zu explizierenden Signeme — verständliche Neigung zu

---

[19a] Weinreich (1967) 38.

beobachten, die Technik der implizierenden Explikation bei Derivatemen und Kompositemen dadurch zu intensivieren, daß auf die schon explizierten Elemente (= Lexeme) der Derivateme und Kompositeme verwiesen und lediglich versucht wird, die Katenationsregel zu explizieren, die die spezifische semantische Relation angibt, in der die katenierten Plereme zueinander stehen.

Schon innerhalb der semantischen Deskription des Lexems *Frucht* griff Adelung z. T. auf diese Technik der Explikation zurück, die nunmehr unter dem Terminus einer i n d i r e k t e n Explikation gefaßt werden soll. Da diese Form semantischer Explikation häufiger in bezug auf Derivateme und Kompositeme angewandt wird, zudem eine spezielle Form nur bei diesen (s. (4)) auftritt, sollen im folgenden mögliche Klassen der indirekten Explikation eruiert werden, die sich aus der Explikation derjenigen Derivateme und Kompositeme ergeben, in denen das Lexem *Frucht* ein Element der Kombination ist.

(1) Synonymenexplikation

> *Die Fruchtgülte,* plur. die — n, eine Gülte, welche in Frucht, d. i. Getreide, entrichtet wird, zum Unterschiede von den Geldgülten; die Fruchtzinse, Korngülte.
>
> *Fruchtlos,* — er, — este, adj. et adv. ohne Frucht, unfruchtbar. Ein fruchtloser Baum.   Noch mehr figürlich, ohne Nutzen, in der 5ten figürlichen Bedeutung des Hauptwortes, ohne heilsamen Erfolg.   Meine Bitte war fruchtlos.   Eine fruchtlose Bitte.   Fruchtlose Arbeit, unnütze, vergebliche Arbeit.   Die Friedenshandlungen sind fruchtlos abgebrochen worden.

Die beiden Wörterbuchartikel demonstrieren, daß die Synonymenexplikation sowohl in Kombination mit anderen Klassen semantischer Explikation als auch singulär auftritt. / Fruchtgülte / wird durch ‚Fruchtzinse‘ und ‚Korngülte‘, aber auch durch eine weiter unten zu beschreibende Klasse expliziert, während / fruchtlos / lediglich durch das Synonym ‚unfruchtbar‘ bzw. durch die synonymischen Umschreibungen ‚ohne Frucht‘, ‚ohne Nutzen‘ expliziert wird. Aus der Explikation von / fruchtlos / geht hervor, daß zu dieser Klasse von Explikationen auch die gerechnet werden sollen, die teilweise als „negative Definitionen" eingestuft werden, da sie gleichermaßen die Merkmale einer Synonymenexplikation erfüllen.

(2) Antonymenexplikation

> *Der Fruchtessig,* des —es, Mz. von mehrern Arten die — e, Essig, der aus Baum- und andern Früchten gewonnen wird, als Obstessig Himbeeressig etc. zum Unterschiede vom Weinessig, Bieressig etc.
>
> *Die Fruchtknospe,* Mz. die — n, an den Bäumen, diejenigen Knospen, welche die Blüte und künftige Frucht enthalten; das Fruchtauge, die Blütknospe, Tragekoospe, zum Unterschiede von den Blattknospen, Laubknospen.

Die oben für die Synonymenexplikation vorgenommene Differenzierung in eine mit anderen Klassen der Explikation kombinierte und in eine singuläre gilt auch für die anderen hier zu beschreibenden Klassen, obgleich die Beispiele dies nicht immer demonstrieren. / Fruchtessig / wird dem ‚Weinessig‘ und ‚Bieressig‘ konfrontiert, während die / Fruchtknospe / den ‚Blatt- und Laubknospen‘ gegenübergestellt wird.

(3) Umfangsexplikation

> *Der Fruchtstrauch,* des — es, Mz. die — sträuche, ein fruchttragender Strauch, z. B. der Johanns-, Himbeer-, Stachelbeerstrauch etc.

Schon die Explikation von / Fruchtessig / demonstrierte, daß der Lexikograph in bestimmten Fällen einen sprachlich bezeichneten Gattungsbegriff dadurch expliziert, daß er die gleichfalls sprachlich bezeichneten Arten angibt, also dessen Umfang demonstriert, im Fall von / Fruchtstrauch / also ‚Johannis-, Himbeer-, Stachelbeer-Strauch‘, die, mit dem ‚etc.‘ zusammengenommen, für das Synsignifikat von / Fruchtstrauch / stehen sollen.

(4) Bestandteilsexplikation

> *Der Fruchtkasten,* des — s, d. Mz. w. d. Ez. ein viereckiger oder runder mit Reifen versehener hölzerner Kasten, Zitronen-, Pomeranzen-, Feigen-, Mandel-, und andre zärtliche Bäume und Pflanzen darin zu halten und im Gewächshause zu überwintern.
>
> *Die Fruchtschnur,* plur. die — schnüre, in der Baukunst, ein Zierath, da Früchte, Blätter und Blumen in Gestalt eines Kranzes zusammen gebunden und an einem oder auch an beyden Enden aufgehänget werden; ein Fruchtgehänge, Fruchtband, Fruchtkranz, Laubschnur, Feston, aus dem Franz. Feston.

Diese Klasse der Explikation ist eine Variante von (3). Sie zeichnet sich dadurch aus, daß mögliche, aber nicht unbedingt notwendige Bestandteile des Synsignifikats aufgezählt werden, um es dadurch semantisch näher zu explizieren: Ein „Aufzählungsersatz“ für solche Synsignifikanten, die sich den anderen Klassen der Explikation sperren.

(5) Katenationsexplikation

> *Der Fruchtast,* des — es, plur. die — äste, derjenige Ast eines Obstbaumes, an welchem sich Früchte befinden; zum Unterschiede von den Holz- und Wasserästen.
>
> *Die Fruchtzinsen,* sing. inus. Zinsen, welche in Früchten, d. i. in Getreide, abgetragen werden, Kornzinsen, Getreidezinsen; zum Unterschiede von den Geldzinsen.

Bis auf wenige Ausnahmen wurden die oben aufgezählten vier Klassen der indirekten semantischen Explikation der Derivateme und Kompositeme kombiniert mit einer Explikation, in der das Synsignifikat der Pleremkombination dadurch expliziert werden soll, daß das der Katenationsregel zugrunde liegende satzsemantische Muster angegeben wird. Mit anderen Worten: Durch die syntaktische Transformation der Synplereme wird z. B. angezeigt, in welcher Relation die die Kompositeme konstituierenden Lexeme zueinander stehen. Damit wird e i n T e i l der Katenationsregel expliziert, die bestimmt, in welcher Reihenfolge die das Kompositem konstituierenden Lexeme erscheinen und ob eine determinative oder kopulative Relation vorliegt[20]. Daneben selektiert die Katenationsregel jeweils die semantischen Merkmale der das Kompositem konstituierenden Lexeme, die dem Kompositem zuzusprechen sind. Eine die Kompositeme und Derivateme beschreibende Lexikologie muß also neben der Deskription dieser Synplereme im „prozessuellen Sinne"[21] auch deren semantische Merkmalstruktur aufdecken; denn nur so kann die den Lexemen vergleichbare „Darstellungsfunktion" der Kompositeme und Derivateme beschrieben werden[22].

Die Katenationsexplikation der Lexikographen beschreibt das Synsignifikat der Kompositeme *Fruchtast* und *Fruchtzinsen* nur in jenem prozessuellen Sinne: Die kombinierten Lexeme sind jeweils Bestandteil der Explikation. Die Schwierigkeit, vor der eine solche Explikation steht, zeigt das Beispiel *Fruchtzinsen*: Die Monosemierung, die das Lexem *Frucht* in dem Kompositem *Fruchtzinsen* erfährt, fällt dann fort, wenn *Frucht* als Teil einer metasprachlichen Paraphrase, also als Teil einer Katenationsexplikation erscheint, so daß der Lexikograph innerhalb der metasprachlichen Paraphrase zu einer Synonymenexplikation („in Früchten, d. i. in Getreide") greift. Damit erfüllt Adelung andeutungsweise jene Forderung, die oben als Beschreibung der semantischen Merkmale der Kompositeme angegeben wurde. Das Ergebnis der Selektion ist normalerweise als „ U n t e r s u m m a t i v i t ä t "[23] des Synsignifikats, als „Ausscheiden gewisser Bedeutungseigenschaften" (der Lexeme)[24] zu beschreiben (vgl. z. B. *Fruchtzinsen*). Die von Bühler gleichfalls postulierte „Übersummativität" des Synsignifikats der Synplereme ist durch die Katenationsregel des jeweiligen Synplerems erklärt[25]. Diese gleichzeitige Über- und Untersummativität der Synplereme ist aber nicht in jedem Fall garantiert. Vielmehr ist

---

[20] Innerhalb der deutschen Standardsprache sind Determinativkompositeme (wie *Fruchtast, Fruchtzinsen*) ungleich häufiger als Kopulativkompositeme. Vgl. z. B. Fleischer (1969) 101 f.

[21] Vgl. Dokulil (1968) 205; Polenz (1968) 14 spricht von den syntaktischen Transformationsmustern als „heuristisches Bezugssystem zur Erkenntnis der heutigen Wortbildungsstruktur". Paul (1959) 4 ff. beschreibt unter diachronischen Aspekten die Kompositeme als „aus syntaktischen Gebilden entstanden".

[22] Vgl. dazu 4.1.4.

[23] Bühler (1965) 355; vgl. Heringer (1968 a) 51 f.

[24] Morciniec (1964) **137**.

[25] Vgl. Wunderlich **(1969)** 62.

auch in einigen Fällen, neben der durch die Katenationsregel garantierten Übersummativität eine Übersummativität in bezug auf die Selektion der semantischen Merkmale zu konstatieren. Sie ist evtl. bei solchen Kompositemen wie *Lorbeerkranz* und *Ölzweig* anzusetzen, deren Katenationsexplikation bei Campe lautet[26]: „ein Kranz von Lorbeer z w e i g e n oder Lorbeer b l ä t - t e r n "; „ein Zweig von einem Ö l b a u m e ". Den Kompositemen *Lorbeer-kranz* und *Ölzweig* müssen also jeweils semantische Merkmale zuerteilt wer-den, die sich aus den Elementen „Zweig" bzw. „Blätter" und „Baum" der Katenationsexplikationen ergeben, nicht aber aus den diese Kompositeme konstituierenden Lexemen. Sog. lexikalisierte bzw. demotivierte Kompositeme und Derivateme dürften sich gleichfalls durch eine Übersummativität der semantischen Merkmale auszeichnen.

An dieser Stelle sei ein Exkurs eingeflochten, der auch am Beispiel eines Derivatems die unterschiedliche Position der Lexikographen Adelung und Campe hinsichtlich der Beurteilung der Relation Literatursprache-Standard-sprache zum Ausdruck bringt. Für das Derivatem / fruchten / ‚Frucht bringen' verweist Adelung auf seine semantische Deskription von / Frucht / und läßt nur eine „ f i g ü r l i c h e " Bedeutung gelten[27].

Campe hingegen expliziert / fruchten / mit ‚Frucht tragen, Frucht bringen', und diese „Bedeutung" belegt er mit einem Zitat von Johann Heinrich Voss: „Denn nicht karg ist der Boden und fruchtete jeglicher Jahreszeit." Erst d a - n a c h kommt Campe auf die von Adelung explizierte „uneigentliche" (= „figürliche") Bedeutung zu sprechen, ohne etwa jene von Adelung nicht erwähnte eigentliche „Bedeutung" („der Boden fruchtet [...]") als nur in der Literatursprache existent ausgewiesen zu haben.

Innerhalb des onomasiologischen Wörterbuchs von Eberhard ist eine solche indirekte semantische Explikation deshalb nicht von gleicher Relevanz, weil Eberhard nur diejenigen lexikalischen Signeme selektiert und in sein Wörter-buch aufnimmt, die sich seiner in 3.2.4. dargestellten Technik semantischer Deskription fügen. Diese Technik aber muß als direkte Explikation klassifiziert werden, wobei allerdings im Einzelfall auch spezifische Klassen der hier be-schriebenen indirekten Explikation zu verzeichnen sind.

4.1.4. D a r s t e l l u n g s f u n k t i o n a l e und s y m p t o m - und s i g n a l f u n k t i o n a l e s e m a n t i s c h e M e r k m a l e

E i n Postulat strukturaler Sprachbeschreibung besteht darin, eine sprach-liche Struktur, in diesem Fall das (Syn)Signifikat eines lexikalischen Signems

---

[26] Campe (1809) 146; 560.
[27] Adelung spricht von der „5ten figürlichen Bedeutung des Wortes Frucht" und konzediert in einer Anmerkung auch die 3te figürliche Bedeutung für das „Ober-deutsche"; s. dazu oben 3.4.2.

möglichst weitgehend in distinktive Merkmale aufzulösen. Es erhebt sich nun
die Frage, ob das allein durch jene distinktiven Einheiten geleistet wird, die in
1.4. vorläufig den Terminus semantische Merkmale erhielten. Hinweise für die
Fragwürdigkeit einer solchen Annahme geben die Lexikographen selbst. So
wurde schon in dem Abschnitt 3.1.7., in dem die „Bedingungen für die Aufnahme in eine Wörterfamilie" expliziert sind, darauf verwiesen, daß Eberhard
zwischen „gleichbedeutend" und „gleichgültig" differenziert, was u. a. am
Beispiel von *Appetit* und *Eßlust* erläutert wurde, die zwar gleichbedeutend,
nicht aber gleichgültig seien. Am Beispiel der Wörterfamilie *Abendessen, Abend-*
mahlzeit, Abendmahl, Abendbrot wurde zugleich spezifiziert, was unter Merkmalen zu verstehen sei, die diese gleichbedeutenden Kompositeme als „dennoch
nicht gleichgültig" auswiesen. Eine Synopse der durch die drei Lexikographen
gegebenen semantischen Deskription dieser Kompositeme soll das verdeutlichen[28].

~~Wörterbücher~~ Bücher	EBERHARD	ADELUNG	CAMPE
Abendbrot	in Niedersachsen geringe Leute	in Niedersachsen geringe Personen	einfach
Abendessen	——	——	
Abendmahl	veraltet	veraltet	Überfluß u. Feierlichk. höhere Schriftsprache
Abendmahlzeit	feyerlich	vornehme Personen	(wie Abendmahl)

Skizze 28: „Gleichbedeutende" aber nicht „gleichgültige" Kompositeme in der
Deskription der Lexikographen in einer Matrix

Diese Matrix, die lediglich die „nicht gleichgültigen" Merkmale präsentiert,
demonstriert, daß Eberhard und Adelung in der Zuteilung von Merkmalen
dieser Klasse übereinstimmen. Alle drei hingegen sind sich einig darin, daß dem
Synsignifikat von / Abendessen / kein Merkmal dieser Klasse zuzuteilen,
dieses also als merkmallos einzustufen sei. Nicht nur darin war man also einer
Meinung, daß solche Merkmale existierten, sondern man stimmte auch in der
Zuteilung von „nicht gleichgültigen" Merkmalen zumindest zum Teil überein.
In theoretischer Hinsicht hat in bezug auf „gleich- (bzw. ungleich-)bedeutende"
Merkmale und „gleich-(bzw. ungleich-)gültige" Merkmale Eberhard die klarsten
Vorstellungen entwickelt: Gleichbedeutende Wörter konnten dennoch n i c h t
gleichgültig sein, wenn „gleichgültig" definiert wird als „das, was in Beziehung
auf Etwas keinen verschiedenen Werth hat"[29].

---

[28] Eberhard (1795) 4; Adelung (1793) 22 f.; Campe (1807) 11 f. — Adelung und
Campe verzeichnen weitere Mitglieder dieser Wörterfamilie wie *Abendkost, Abend-*
tisch, Nachtessen, Nachtmahl, Vesperbrot, die hier unberücksichtigt bleiben sollen.
Diese Kompositeme werden gleichfalls durch „nicht gleichgültige" Merkmale differenziert.

Diesen von den Lexikographen tentativ konstatierten unterschiedlichen Klassen von semantischen Merkmalen ist nun auf der Basis der hier konzipierten Theorie des Sprachzeichens eine theoretisch zureichende Definition zu geben. Dabei kann auf Bühlers „Organonmodell der Sprache" zurückgegriffen werden[30]; Einsichten hieraus können für die zur Debatte stehende Problematik nutzbar gemacht werden.

Doch zuvor müssen die Unterschiede der Konzeption Bühlers von der hier entwickelten kurz expliziert werden:

(1) Das Sprachzeichen Bühlers ist monolateral, zumindest nicht ausdrücklich bilateral konzipiert[31];

(2) Bühlers Modell steht für das Sprachzeichen im Diskurs, also für ein realisiertes Signem, für ein solches also in einem „Sprechereignis", in dem drei Elemente: Sender, Empfänger und die „Gegenstände und Sachverhalte" [= Denotate] zusammen vorkommen: „Einer — dem andern — über die Dinge"[32].

Dieses Sprachzeichen im Diskurs hat nun in der Definition Bühlers drei s e m a n t i s c h e Funktionen: „Es ist S y m b o l kraft seiner Zuordnung zu Gegenständen und Sachverhalten, S y m p t o m (Anzeichen, Indicium) kraft seiner Abhängigkeit vom Sender, dessen Innerlichkeit es ausdrückt, und S i g - n a l kraft seines Appels an den Hörer, dessen äußeres oder inneres es steuert wie andere Verkehrszeichen"[33]. Diese drei Funktionen sollen im folgenden die Termini: Darstellungsfunktion, Symptomfunktion und Signalfunktion erhalten. Bühler hat sie ausdrücklich als „semantische Begriffe" bezeichnet, wobei er, wie auch der Untertitel seiner Monographie: „Die Darstellungsfunktion der Sprache" ausweist, die „Dominanz der Darstellungsfunktion" hervorhob[34]. Darauf macht auch Kainz in seinem „Geleitwort" zur zweiten Auflage nachdrücklich aufmerksam, in dem er formuliert, daß „die Darstellung nicht als eine Funktion und Leistung neben den anderen [...]" anzusehen sei, „sondern als das Essentielle an der Sprache, als ihr zentrales Wesensmoment [...]", das die anderen Funktionen erst ermögliche[35].

Es ist also aus der Konzeption Bühlers klar ersichtlich, daß den drei Relaten im Diskurs drei semantische Funktionen entsprechen. Transformiert man nun Bühlers Konzeption eines monolateralen Sprachzeichens in ein bilaterales, so wird offensichtlich, daß diese drei semantischen Funktionen dem (Syn)Signifikat eines Signems zugeschrieben werden müssen. Transformiert man ferner Büh-

---

[29] Eberhard (1798) 297. Vgl. dazu den Versuch von Vollbeding (1798) III f.: „In dieser Hinsicht habe ich es versucht, eine Anzahl Wörter [...] neben einander zu stellen, wovon immer eines, mit + bezeichnet, den Begriff in einem stärkern, und eines, mit — bezeichnet, denselben in einem schwächern Grade ausdrückt".

[30] Bühler (1965) 28 ff.

[31] Vgl. u. a. Jongen (1969) 10 ff.

[32] Bühler (1965) 24; vgl. auch Wunderlich (1969) 54 ff.

[33] Bühler (1965) 28.

[34] Bühler (1965) 29, 30.

[35] Bühler (1965) XIV; vgl. auch Wunderlich (1969) 55 f.; Ungeheuer (1967) 2076 ff.

lers Konzeption eines realisierten Signems (Diskurs) in ein Signem auf der
Stufe der Sprachkompetenz und des Sprachsystems, so wird einsichtig, daß auf
dieser virtuellen Stufe der Sprache, die die Voraussetzungen sprachlicher Kommunikation im Diskurs bildet, die symptom- und signalfunktionalen semantischen Merkmale zusammengenommen werden müssen. In der Matrix in
Skizze 28 wird folgerichtig von den Lexikographen zwischen diesen nicht darstellungsfunktionalen Merkmalen nicht differenziert; sie sind also als symptom-
u n d signalfunktionale Merkmale einzustufen. Damit erhalten als diachronisch
(Abendmahl), diastratisch *(Abendmahlzeit)* und diatopisch *(Abendbrot)*[36] eingestufte lexikalische Signeme innerhalb ein und desselben Sprachsystems, hier
der deutschen Standardsprache des 18. Jahrhunderts, eine plausible und zureichende theoretische Erklärung. Diese diachronischen, diastratischen und diatopischen lexikalischen Signeme stehen in symptom- und signalfunktionaler
Opposition zueinander und auch in Opposition zu solchen Signemen *(Abendessen)*, die als symptom- und signalfunktional merkmallos eingestuft werden
müssen[36]. Somit wird unmittelbar verständlich, was Eberhard meint, wenn er
diese Signeme als „gleichbedeutend" aber nicht „gleichgültig" beschreibt. Es
soll heißen: Sie haben dieselben darstellungsfunktionalen Merkmale, stehen
aber symptom- und signalfunktional in Opposition. Die diachronischen, diastratischen und diatopischen Signeme i n n e r h a l b eines funktionierenden
Sprachsystems sind dann insgesamt als diaphasisch oppositiv zu bezeichnen[37].
Daß die Zuordnung diaphasischer Merkmale zu bestimmten Signemen von
Sprachkompetenz zu Sprachkompetenz mehr variiert als die Zuordnung dar-
stellungsfunktionaler Merkmale, kann dabei als Hypothese gesetzt werden;
denn diese semantischen Merkmale sind per definitionem als sender- und
empfängerspezifisch ausgewiesen.

Auf dem Hintergrund dieser Ausführungen wird einsichtig, daß es sich bei
den in 3.2. und 3.4. eruierten semantischen Merkmalen lediglich um darstellungsfunktionale Merkmale handelt. Bei einer semantischen Analyse auf der
Stufe der Kompetenz und des Systems muß aber potentiell immer mit diesen
z w e i Klassen von semantischen Merkmalen gerechnet werden, die auf der
Basis und Interpretation von Bühlers Organonmodell der Sprache näher spezifiziert werden konnten[38].

---

[36] S. dazu Skizze 28.
[37] Die Differenzierung in diachronisch, diatopisch und diastratisch wurde von Leiv
Flydal eingeführt. S. dazu Coseriu (1966) 198—200; diaphasisch ist ein Terminus
von Coseriu (1966) 199, der hier aber eine Umdeutung erfährt. Anregungen dazu
bei Heger (1969) 151.
[38] Hinweise dazu bei Baldinger (1968) 49—53. Inwiefern in bezug auf die Ausdrucksseite von lexikalischen Signemen und realisierten lexikalischen Signemen in Diskursen verschiedene „Sphären" bzw. „Ebenen" zu differenzieren sind, die unterschiedliche semantische Informationen vermitteln, wird u. a. bei Heike (1969) 9—25;
Hammarström (1966) 7—14 diskutiert; diese differenzieren z. B. „Expressem" und
„Konturem", die somit eine durch spezifische Artikulation konstituierte Subklasse
diaphasischer Merkmale wären.

4.2. Semantische Operationsmodelle

4.2.1. Semantische Deskription auf der ersten und zweiten (operationalen) Ebene des Metabereichs

In 1.1. wurde argumentiert, daß innerhalb des Metabereichs mit mehreren Ebenen der Deskription zu rechnen sei. Entsprechend kann man zunächst auf der ersten Ebene des Metabereichs geometrische Modelle entwerfen, die versuchen, basissprachliche Zusammenhänge auf der Basis theoretischer Sätze graphisch zu visualisieren[39]. Demgemäß sind die geometrischen Modelle der Intentionalität bzw. Abbildfunktion eines Plerems auf der Stufe der Sprachkompetenz und eines realisierten Plerems auf der Stufe des Diskurses (Skizze 8 und 9) zur ersten Ebene des Metabereichs zu rechnen. Aber auch die geometrischen Modelle der Skizzen 11, 12, 20 und 21, die den Bedeutungsbegriff der Lexikographen Eberhard und Adelung geometrisch repräsentieren sollen, liegen auf der ersten Ebene des Metabereichs insofern, als sie versuchen, die Vorstellung der Lexikographen hinsichtlich der Relation von „Wort", „Bedeutung" und außersprachlicher Wirklichkeit wiederzugeben.

In diesem Zusammenhang ist zugleich nochmals darauf zu verweisen, daß die semantische Deskriptionstechnik der Lexikographen insgesamt auf der ersten Ebene des Metabereichs zu plazieren ist: Die semantischen Deskriptionen der Lexikographen sind nicht auf einer operationalen Basis gewonnen.

Nun wurde allerdings in 3.2. und 3.4. versucht, die metasprachlichen semantischen Explikationen der Lexikographen in eine semantische Merkmalanalyse der Signeme aufzulösen. Die Berechtigung dazu wurde in 4.1.3. diskutiert, wo die spezielle Technik nominaler Explikation und die einer tentativen semantischen Merkmalanalyse parallelisiert wurden. Damit wurde die Möglichkeit angedeutet, die semantischen Deskriptionen der Lexikographen auf die zweite Ebene des Metabereichs zu heben, indem auf der Basis ihrer Ergebnisse auf der ersten Ebene des Metabereichs spezifische semantisch orientierte Operationen auf der zweiten Ebene des Metabereichs vorgenommen werden, die es erlauben, die semantischen Deskriptionstermini der Lexikographen in eine theoretisch reflektierte Deskriptionsterminologie der zweiten Ebene des Metabereichs zu überführen.

Da in 3.2. und 3.4. ferner dargelegt wurde, daß mit Eberhards Wörterbuch ein onomasiologischer und mit Adelungs und Campes Wörterbüchern ein semasiologischer Kodifikationsversuch vorliegen, ist es naheliegend, auf der Basis der Modelle der ersten Ebene des Metabereichs onomasiologische und semasiologische Operationsmodelle zu entwerfen, die sowohl die einzelnen Operationsschritte geometrisch repräsentieren als auch den Stellenwert einer differenzierten und theoretisch reflektierten Operationsterminologie anzeigen.

---

[39] Vgl. Heger (1964) 487 f.; 493 f.

Auf dem Hintergrund dieser onomasiologischen und semasiologischen Operationsmodelle zur semantischen Analyse der Lexik auf der Stufe der Sprachkompetenz und — annäherungsweise — des Sprachsystems soll dann der Versuch unternommen werden, auf der Basis der semantischen Deskription der Lexikographen entsprechend modifizierte Operationsmodelle für die Lexikographen zu konstruieren, die es erlauben, deren Ergebnisse auf die zweite Ebene metabereichlicher Deskription zu überführen. Damit wäre dann die Basis gewonnen, auf der eine vergleichende semantische Analyse der kodifizierten Lexik vorgenommen werden kann.

4.2.2. Onomasiologische und semasiologische Operationsmodelle

Vorausgeschickt sei, daß die Modelle der Skizzen 30, 31 und 32 zunächst nur Termini und entsprechende Operationsanweisungen enthalten, die sich auf darstellungsfunktionale semantische Merkmale der Signeme beziehen. Die Problematik der Analyse symptom- und signalfunktionaler Merkmale, also diaphasischer Merkmale, und deren terminologische und operationelle Einordnung in den Rahmen der Operationsmodelle wird daran anschließend diskutiert (Skizze 33).

Die in 1.4. beschriebene interne Struktur eines Sprachzeichens kann nun folgendermaßen in ein Modell gefaßt werden, das als B a s i s semantischer Operationen dienen soll, also auf der ersten Ebene des Metabereichs liegt:

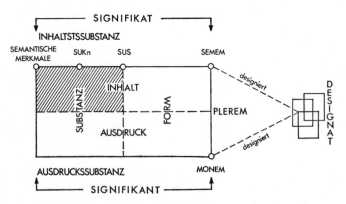

Skizze 29: Modell eines Plerems als Basis semantischer Operationen

Nach den Ausführungen in 1.4. ist einsichtig, daß die Inhaltssubstanzsumme, innerhalb derer quantitative Divergenzen existieren, die semantische Operationsbasis darstellt. Die quantitativ unterschiedlichen Größen der Inhaltssubstanz sind durch die Termini semantisches Merkmal, Inhaltssubstanzkollektion

(SUK) und Inhaltssubstanzsumme (SUS) benannt. Deren mögliche Relationen zueinander wurden in 1.4. sowohl unter mengenalgebraischen als auch unter logischen Aspekten definiert.

Von entscheidender Bedeutung ist nun der Begriff und Terminus eines lexikalischen Paradigmas, dessen Status in 1.5. expliziert wurde und wo verschiedene Klassen lexikalischer Paradigmen konstituiert wurden. In 1.5. wurde zugleich darauf verwiesen, daß es spezifische Operationen gebe, nach denen lexikalische Paradigmen zu konstituieren seien. Dieser Anspruch basiert auf folgenden begründeten Annahmen:

(1) Die Lexik innerhalb eines individuellen (Sprachkompetenz) oder kollektiven Sprachsystems ist unter synchronischen Aspekten als offenes lexikalisches System zu definieren.

(2) Dieses offene lexikalische System ist in gleichfalls offene Subsysteme auflösbar, die unter synchronisch-funktionellem Aspekt als offene Paradigmen zu definieren sind.

(3) Diese lexikalischen Paradigmen können operational konstituiert werden und gelten unter operationalen Aspekten als geschlossen[39a].

Hierauf basierend kann die Hypothese aufgestellt werden, daß die inhaltliche Struktur der lexikalischen Signeme dieser Paradigmen dadurch ausgezeichnet ist, daß sie identische u n d oppositive semantische Merkmale beinhaltet. Da also die Lexik insgesamt ein offenes System darstellt, erscheint es — zumindest beim jetzigen Stande semantischer Forschung — sinnvoll, jeweils die semantischen Merkmale eines operational konstituierten und als solches geschlossenen lexikalischen Paradigmas zu eruieren und somit einen exhaustiven Katalog semantischer Merkmale dieses lexikalischen Paradigmas aufzustellen. Damit wird einerseits den Parallelen innerhalb der internen Struktur des Signems Rechnung getragen: wie die Phoneme der Ausdrucksseite eines Signems durch distinktive Merkmale („distinctive features") beschrieben werden können, so wird die Inhaltsseite durch semantische Merkmale beschrieben; andererseits wird die Asymmetrie der internen Struktur des Signems berücksichtigt: Im Gegensatz zu dem prinzipiell geschlossenen System der die Ausdrucksseite konstituierenden Phoneme und ihrer distinktiven Merkmale ist auf der Inhaltsseite ein exhaustiver Katalog semantischer Merkmale vorerst nur innerhalb lexikalischer Paradigmen feststellbar.

Damit ist aber die eingangs gestellte Frage wiederholt, wie solche lexikalischen Paradigmen operational zu konstituieren seien. Die Antwort lautet: durch spezielle onomasiologische und semasiologische Operationen, die nunmehr im einzelnen durch die Konstruktion spezifischer Operationsmodelle zu erläutern sind und die ihrerseits auf dem in Skizze 29 entworfenen graphischen Modell eines Plerems auf der ersten Ebene des Metabereichs basieren.

[39a] S. dazu detailliert 1.5.

Ein onomasiologisches graphisches Modell der zweiten Ebene des Metabereichs, das präzise operationale Anweisungen und dementsprechend eine
theoretisch reflektierte Terminologie enthält, könnte nun folgendermaßen
konzipiert werden:

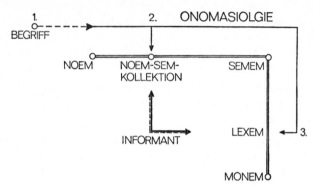

Skizze 30: Modell einer onomasiologischen Operation

Die Zahlen und Pfeile innerhalb dieses Teilmodells repräsentieren bestimmte Operationsschritte. Sie geben gleichzeitig die Reihenfolge an, in der
dieses Operationsmodell expliziert werden soll.

(1) Auszugehen ist von einem Begriff, der als „außereinzelsprachlich" bzw.
„übereinzelsprachlich" zu klassifizieren ist[40]. Das meint, daß zwar eine natürliche Sprache zur Definition dieses Begriffes benutzt werden muß, daß aber
dieser Begriff dadurch an die besondere Struktur dieser „Definitionssprache"
nicht gebunden ist[41]. Diese Definition des übereinzelsprachlichen Begriffs kann
z. B. dadurch erfolgen, daß er innerhalb einer partiellen Begriffspyramidik
fixiert und intensional definiert wird nach dem Grundsatz: Definitio fit per
genus proximum et differentiam specificam. Die Definition eines übereinzelsprachlichen Begriffes, der unabhängig von den je besonderen Gegebenheiten
einer Einzelsprache ist, ist ein unabdingbares Postulat als Ausgangspunkt für
eine onomasiologische Operation. Denn nur so kann erwiesen werden, daß die
Onomasiologie nicht lediglich eine Umkehrung der Semasiologie und insofern
tautologisch ist[42].

(2) (3) In einem zweiten und dritten Operationsschritt wird nunmehr
gefragt, welchen Lexemen eines Sprachsystems dieser Begriff zuzuordnen sei,

---

[40] Vgl. Heger (1967) 533—536; Henne/Wiegand (1969) 150; Heger (1969) 209;
Baldinger (1969) 247.

[41] Vgl. dazu den Begriff: «Bruder der Mutter», der als Begriff mit den Mitteln der
deutschen Standardsprache formulierbar ist, obgleich diesem Begriff kein Lexem,
Derivatem oder Kompositem, also kein lexikalisches Signem der deutschen Standardsprache entspricht.

[42] Vgl. Heger (1964) 495.

der dadurch den Status eines Noems erhält[43]. Diese beiden Operationsschritte sind aufgrund der basissprachlichen Struktur, d. h. der Bilateralität aller Signeme, nicht scharf zu trennen. Der Informant hat mehrere Rückkoppelungen durchzuführen, d. h. seine Entscheidung zu prüfen, ob ein bestimmter Begriff einer Noem-Sem-Kollektion[44] und damit einem bestimmten Lexem zuzuordnen ist. Der zweite Operationsschritt (2) besteht also in der Zuordnung des Begriffs zu einer Noem-Sem-Kollektion[45] und der dritte Operationsschritt (3) in der Identifikation des Lexems. Damit ist zugleich das entsprechende Noem innerhalb der Noem-Sem-Kollektion identifiziert. Können zumindest zwei Lexeme eines Sprachsystems identifiziert werden, deren Substanzkollektionen dieses Noem beinhalten, so ist aufgrund dieser onomasiologischen Operation ein onomasiologisches lexikalisches Paradigma konstituiert worden, d. h. also eine lexikalische Teilstruktur, die die Bedingungen der Definition eines signemischen Paradigmas der Klasse (11) erfüllt[46]. Allerdings sind, um von einem Paradigma sprechen zu können, spezifische Restriktionen hinsichtlich der Relation des Begriffs zu den einzelsprachlich gewonnenen Lexemen zu beachten, die in 5.5.5. erläutert werden.

Ein Noem ist also die einzelsprachlich gebundene Entsprechung zu einem übereinzelsprachlichen Begriff. Abgesehen davon, daß jeder Begriff, weil selbst wieder aus Teilbegriffen konstituiert, komplex ist, kann der einzelsprachlich gebundene Begriff als Noem auch nach den Bedingungen dieser Operation keine minimale Distinktivität i n n e r h a l b des Paradigmas beanspruchen, da er qua definitione allen Lexemen dieses Paradigmas gemeinsam ist.

Hieraus geht auch hervor, daß das Noem ein operationaler Terminus ist, daß also die je besondere Struktur eines Noems den Bedingungen der Begriffsdefinition unterliegt und das Noem eine semantische Größe ist, die jeweils nur innerhalb eines onomasiologischen lexikalischen Paradigmas gilt.

Eine onomasiologische Operation ist demnach abgeschlossen, wenn ein definierter Begriff als Noem der Noem-Sem-Kollektion (NSK) eines Lexems oder mehrerer Lexeme eines definierten Sprachsystems zugewiesen wird. Dennoch kann deduziert werden, daß besondere minimal-distinktive Substanzmerkmale existieren, die innerhalb eines onomasiologischen Paradigmas die Substanzkollektionen differenzieren. Diese zu eruieren ist nur im Rahmen einer daran anschließenden semasiologischen Operation möglich.

---

[43] Vgl. dazu Heger (1969) 167, der aber nicht wie hier zwischen übereinzelsprachlichem Begriff und einzelsprachlich gebundenem Noem *terminologisch* differenziert.

[44] Noem- S e m -Kollektion hier in Vorgriff auf die komplementär-semasiologische Operation; eigentlich müßte an dieser Stelle der Operation Noem-Substanzkollektion stehen.

[45] Dies in Korrektur des Modells von Henne/Wiegand (1969) 158, in dem der Begriff der Substanzsumme zugeordnet wird.

[46] S. dazu 1.5. (11); diese onomasiologischen lexikalischen Paradigmen können Synonymenparadigmen und partielle Synonymenparadigmen sein; s. dazu 5.5.4. und 5.5.5.

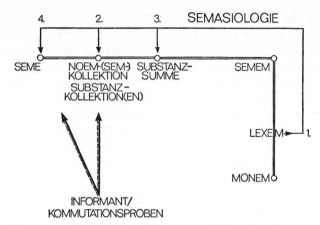

Skizze 31: Modell einer komplementär-semasiologischen Operation

(1) Der erste Operationsschritt besteht darin, jeweils Lexeme des konstituierten onomasiologischen Paradigmas auszuwählen als Partner von Kommutationsproben[47].

(2) Im zweiten Operationsschritt werden die ausgewählten Lexeme in Kommutationsproben konfrontiert. Innerhalb dieser Kommutationsproben kann festgestellt werden, ob das Lexem neben der schon onomasiologisch eruierten Noem-Sem-Kollektion weitere Substanzkollektionen hat, ob es also polysem bzw. homonym oder monosem ist[48].

(3) Damit können in einem dritten Operationsschritt Aussagen über die Substanzsumme (SUS) gemacht werden: Diese kann bei Monosemie entweder als identisch mit der Noem-Sem-Kollektion ausgewiesen werden, oder sie kann, bei Polysemie bzw. Homonymie, als eine disjunktive Kombination der paradigmaimmanenten Noem-Sem-Kollektion einerseits und weiterer innerhalb dieses Paradigmas nicht näher zu spezifizierenden Substanzkollektionen bestimmt werden.

(4) In weiteren Kommutationsproben, deren Rahmen durch die Operationsschritte (2) und (3) festgelegt ist und die allein den paradigmainternen Noem-Sem-Kollektionen gelten, müssen sodann die die Noem-Sem-Kollektionen differenzierenden semantischen Merkmale eruiert werden, für die der Terminus Sem eingeführt wird.

Ein Sem ist also ein minimal-distinktives semantisches Merkmal i n n e r h a l b eines lexikalischen Paradigmas, das somit zumindest einem Lexem dieses onomasiologischen Paradigmas nicht zukommen darf. Ein Sem ist innerhalb dieses Paradigmas nicht weiter teilbar. Wie die semantische Größe Noem wird also auch die semantische Größe Sem operational definiert, d. h. als minimaldistinktiv innerhalb einer lexikalischen Teilstruktur, also innerhalb eines Para-

---

[47] Zur Relevanz semantischer Kommutationsproben s. 4.2.3.
[48] Zur Differenzierung von Homonymie und Polysemie s. 4.2.5.

digmas. Dadurch erhält das Sem eine präzisierende Definition im Vergleich zu Definitionen des Sems durch Pottier und Heger. Pottier definiert: „Le sème est le trait distinctif sémantique minimum"[49], und hierin folgt ihm Heger, wenn er das Sem als die „kleinste distinktive mentale Einheit" definiert[50]. Offen bleibt in diesen Definitionen von Pottier und Heger die Frage, was „kleinste" bzw. „minimum" meint, d. h. in Beziehung wozu es die „kleinste" Einheit ist. Denn aus Pottiers *siège*-Paradigma ergibt sich z. B., daß die Seme s^2 = sur pied und s^4 = pour's asseoir a l l e n Lexemen dieses Paradigmas zukommen[51] und somit für sie die minimale Distinktivität innerhalb eines Paradigmas nicht zutrifft.

Hinsichtlich der Noem-Sem-Kollektionen eines onomasiologischen Paradigmas ist noch eine weitere Bemerkung notwendig: Ein Lexem dieses Paradigmas kann sich dadurch auszeichnen, daß es die einzelsprachliche Realisierung des definierten übereinzelsprachlichen Begriffes ist, daß also dieser paradigmainternen Substanzkollektion nur ein Noem zuzusprechen ist, so daß hierfür der Terminus Noemkollektion (NK) einzuführen ist. Innerhalb des Modells ist der Terminus Noem-Sem-Kollektion dann dahingehend zu interpretieren, daß in diesem Fall Sem = O ist. Diesem Lexem als einzelsprachlicher Bezeichnung eines Begriffes, das in einem Paradigma mit anderen, durch spezifische Merkmale unterschiedenen Lexemen steht, ist in der Literatur u. a. der Terminus eines Archilexems zugewiesen worden[52].

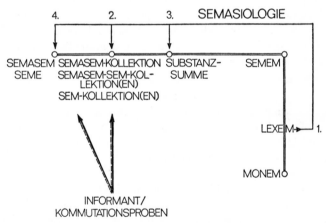

Skizze 32: Modell einer autonom-semasiologischen Operation

[49] Pottier (1964) 124.
[50] Heger (1969) 167.
[51] Vgl. Heger (1964) 503; Pottier (1964) 122: „Les sèmes s^1 et s^2 se retrouvent dans tous les sémèmes [. . .]".
[52] Vgl. Coseriu (1967) 294; Henne/Wiegand (1969) 167: „Archiplerem"; Pottier (1964) 122 spricht, nur die Inhaltsseite betrachtend, von einem „archisémème", dem auf der Ausdrucksseite das „archimonème" entspricht. — Konsequenterweise könnte auch von einer „Archisubstanzkollektion" gesprochen werden.

Im Gegensatz zu einer komplementär-semasiologischen Operation, die an eine onomasiologische anschließt und die „semische" Struktur der Lexeme des onomasiologisch konstituierten Paradigmas zu eruieren sucht, geht die autonom-semasiologische Operation von e i n e m Lexem aus.

(1) Ein beliebiges Lexem eines definierten Sprachsystems wird ausgewählt, um mittels Kommutationsproben seine semantische Struktur, d. h. die seiner Inhaltssubstanz und -form, zu beschreiben.

(2) Die im zweiten Operationsschritt vorzunehmenden Kommutationsproben unterscheiden sich von denen innerhalb der komplementär-semasiologischen Operation dadurch, daß in diesem Fall nicht das Lexem kommutiert (ausgetauscht) wird und der Kontext jeweils konstant bleibt, sondern daß das Lexem konstant bleibt, während der Kontext kommutiert wird[53]. Aufgrund dieser besonderen Klasse von Kommutationsproben kann nun ausgesagt werden, ob eine oder mehrere Substanzkollektionen vorliegen, d. h. ob das Lexem monosem oder polysem bzw. homonym ist. Erweist sich das Lexem als monosem, so sollte von einer weiteren Analyse innerhalb der autonom-semasiologischen Operation abgesehen werden, da eine Voraussetzung der hier skizzierten operationalen Semantik fehlt: daß nämlich jeweils innerhalb eines Paradigmas gearbeitet wird, das es erlaubt, Identitäten und minimal-distinktive Oppositionen zu eruieren.

(3) Liegen mehrere Substanz-Kollektionen vor, so kann die Substanz-Summe beschrieben werden als eine disjunktive Kombination der eruierten Substanz-Kollektionen. Im Falle eines monosemen Lexems ist die Substanz-Kollektion und die Substanz-Summe identisch, d. h. die Substanzkollektion ist eine Teilmenge der Substanzsumme.

(4) In weiteren Kommutationsproben muß nun die semantische Merkmalstruktur der Substanzkollektionen eruiert werden. Diese kann für solche Substanzkollektionen erarbeitet werden, die identische und/oder oppositive Strukturen aufweisen. Für dasjenige semantische Merkmal, das mindestens zwei Substanzkollektionen gemeinsam ist, wird nunmehr der Terminus Semasem eingeführt, da es — unter operationalen Aspekten — im Gegensatz zum Noem nicht die einzelsprachliche Realisierung eines übereinzelsprachlichen Begriffs und im Gegensatz zu den gleichfalls zu eruierenden Semen dieser Semasem-Sem-Kollektionen (SeSKn) nicht minimal distinktiv ist. Diejenige Substanzkollektion, die lediglich das Semasem beinhaltet, erhält den Terminus Semasem-Kollektion (SeK). Für diejenigen Substanzkollektionen, die kein gemeinsames semantisches Merkmal, also kein Semasem haben, wird der Terminus Sem-kollektion (SK) eingeführt.

In das komplementär-semasiologische (Skizze 31) und das autonom-semasiologische Operationsmodell (Skizze 32) können nun jene semantischen Merkmale integriert werden, die in 4.1.4. als symptom- und signalfunktionale Merkmale

---

[53] S. dazu 4.2.3.

den darstellungsfunktionalen Merkmalen konfrontiert wurden. Jene diaphasischen Merkmale konstituieren die diaphasisch merkmalhaltigen lexikalischen Signeme (wie *Abendmahlzeit*) der Lexik eines Sprachsystems. Innerhalb der hier skizzierten semasiologischen Operation wird ihnen, als minimal-distinktive symptom- und signalfunktionale Einheiten, der Terminus eines Stilems gegeben. Nachdem die Operationsschritte der Modelle in Skizze 31 und 32 ausgeführt und die entsprechenden darstellungsfunktionalen Merkmale eruiert sind, können für die p a r a d i g m a i n t e r n e n Lexeme einer onomasiologisch konstituierten lexikalischen Teilstruktur und die Substanzkollektionen eines semasiologischen Paradigmas die entsprechenden Operationsschritte mit entsprechend variierten Kommutationsproben wiederholt werden, um evtl. Stileme zu eruieren. Diese an eine komplementär-semasiologische o d e r an eine autonomsemasiologische Operation a n s c h l i e ß e n d e semasiologische Operation kann folgendermaßen konzipiert werden:

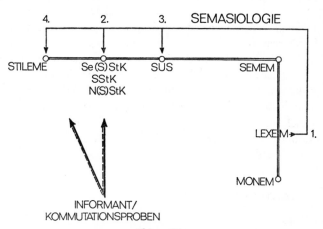

Skizze 33:
Modell einer anschließenden semasiologischen Operation zur Eruierung von Stilemen

(1) Die in dieser Operation zu beschreibenden Lexeme sind durch die vorhergehenden Operationen vorgegeben.

(2) Die Semasem-Sem-Kollektionen bzw. die Noem-Sem-Kollektionen z. B. müssen nun in Kommutationsproben konfrontiert werden. Dabei kann festgestellt werden, ob sich die eruierten Semasem-Sem-Kollektionen (bzw. die Noem-Sem-Kollektionen) durch weitere Stileme zusätzlich unterscheiden, so daß im positiven Fall von einer Semasem-Sem-Stilem-Kollektion bzw. Noem-Sem-Stilem-Kollektion gesprochen werden kann.

(3) Dabei ist in diesem positiven Fall zugleich eine weitere Aussage über die jeweilige Substanzsumme dergestalt möglich, daß diese nunmehr, sofern sie nicht identisch mit den jeweiligen Substanzkollektionen ist, als eine disjunktive Kombination aus einer Semasem-Sem-Stilem-Kollektion (SeSStK)

bzw. einer Noem-Sem-Stilem-Kollektion (NSStK) und anderen nicht näher zu spezifizierenden Substanzkollektionen beschrieben werden kann.

(4) Das Ergebnis weiterer Kommutationsproben muß dann die Beschreibung derjenigen Stileme sein, die einer bestimmten Semasem-Sem-Kollektion bzw. Noem-Sem-Kollektion zuzuordnen sind. Im einzelnen werden die jeweiligen Stileme als diachronische, diastratische und diatopische Merkmale innerhalb eines Sprachsystems zu klassifizieren sein.

In Ergänzung der in 1. 4. gegebenen diakritischen Symbole soll nunmehr gelten: Begriff « », z. B. «Bruder des Vaters»; differentia specifica: » «, z. B. »klein«; Noem bzw. Semasem: ‹ ›, z. B. ‹Gestell zum Sitzen›; Sem: › ‹, z. B. ›lang‹; Stilem: , ‘, z. B. ‚feierlich’.

Die in Skizze 30 bis 33 entworfenen Operationsmodelle wurden jeweils für ein Lexem konzipiert, also für ein lexikalisches Signem auf $R_{1'}$; diese Operationsmodelle gelten jedoch in gleicher Weise für Derivateme und Kompositeme auf $R_{1+n'}$. Denn in bezug auf die Derivateme und Kompositeme ist unter dem Aspekt der hier skizzierten onomasiologischen und semasiologischen Operationen das Derivatem bzw. Kompositem jeweils vorgegeben, und somit die Reihenfolge der Plereme, die durch die Katenationsregel festgelegt wird; zum anderen ist die Katenationsregel in diese Modelle auch insofern integriert, als es Aufgabe der semantischen Operationen ist, die Selektion der semantischen Merkmale innerhalb der Derivateme und Kompositeme anzugeben.

Am Beispiel eines die onomasiologische und die komplementär-semasiologische Operation (Modell Skizze 30 und 31) integrierenden Modells soll das deutlich gemacht werden:

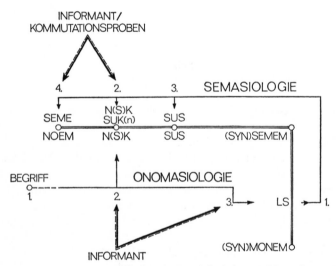

Skizze 34: Integriertes Modell einer onomasiologischen und komplementär-semasiologischen Operation

Den hier skizzierten semantischen Operationen waren zwei Klassen von semantischen Merkmalen, nämlich ein symptom- und signalfunktionales (= Stilem) einerseits und darstellungsfunktionale andererseits vorgegeben. Diese letzteren konnten aufgrund unterschiedlicher semantischer Operationen in drei operational unterschiedliche Klassen, nämlich Noem, Semasem und Sem differenziert werden. Dadurch konnten die quantifizierbaren semantischen Größen innerhalb des (Inhalts-)Substanzbereichs aufgrund unterschiedlicher Operationen unterschiedlich strukturiert werden.

Auf dieser operationalen Basis konnten zehn Subklassen der SUK hinsichtlich ihrer Spezifik semantischer Merkmale konstituiert werden: (1) die Noem-Kollektion (NK); (2) die Noem-Sem-Kollektion (NSK); (3) die Noem-Stilem-Kollektion (NStK); (4) die Noem-Sem-Stilem-Kollektion (NSStK); (5) die Semasem-Kollektion (SeK); (6) die Semasem-Sem-Kollektion (SeSK); (7) die Semasem-Stilem-Kollektion (SeStK); (8) die Semasem-Sem-Stilem-Kollektion (SeSStK); (9) die Sem-Kollektion (SK); (10) die Sem-Stilem-Kollektion (SStK). Durch die Angabe der spezifischen Relationen der SUKn innerhalb eines Signems wird dann die Inhaltsform, also das Semem, näher definiert.

Der hier entworfene Ansatz zur semantischen Deskription lexikalischer Signeme zeichnet sich dadurch aus, daß semantische Merkmale operational und nur innerhalb eines lexikalischen Paradigmas erarbeitet werden. Diesen onomasiologisch und semasiologisch konstituierten lexikalischen Paradigmen werden dann die identischen und oppositiven semantischen Merkmale zugeschrieben. Dieser paradigmainternen semantischen Deskription liegt die Hypothese zugrunde, daß dadurch die für das jeweilige lexikalische Signem konstitutiven semantischen Merkmale zu eruieren seien[54].

4.2.3. Exkurs: Zur Relevanz semantischer Kommutationsproben

In einem Aufsatz von 1964, der die methodologischen Voraussetzungen von Onomasiologie und Semasiologie klären möchte[55], spricht Heger hinsichtlich der semasiologischen Operationen von „geeigneten Kommunitationsproben" zum Zwecke der Inhaltsbeschreibung von Signemen[56]. In anderem Zusammenhang wurde dazu schon ausgeführt, daß Heger nicht darlegt, zwischen welchen Signemen diese Kommutationsproben auszuführen seien[57]. Aus den Operationsmodellen in 4.2.2. hat sich ergeben, daß diese Kommutationsproben jeweils zwischen vergleichbaren Signemen auszuführen sind, also z. B. zwischen Lexe-

---

[54] Welchen Schwierigkeiten eine paradigmaexterne semantische Deskription lexikalischer Signeme gegenübersteht, demonstriert Bolinger (1965) 558 ff. — Martinet (1968) 163 hält die „Abschätzung der semantischen Monembelastung" für „ein weithin subjektives Verfahren [...]".

[55] Heger (1964) 486—516.

[56] Heger (1964) 512.

[57] Henne/Wiegand (1969) 162.

men eines onomasiologisch konstituierten lexikalischen P a r a d i g m a s , die jeweils ein gemeinsames Noem haben. Dadurch wird allerdings lediglich expliziert, unter welchen Voraussetzungen semantische Kommutationsproben überhaupt sinnvoll sind.

Der theoretische Status der Kommutationsprobe, d. h. im besonderen ihr Stellenwert und ihre Beweiskraft innerhalb der semantischen Analyse, wird dadurch jedoch nicht erläutert.

Die Kommutation („commutation") und die Kommutationsprobe („commutationen des in einer „Relation" stehenden Inhaltsparadigmas nach sich und theorie der Glossematik. Voraussetzung der K o m m u t a t i o n ist die Bilateralität aller sprachlichen Zeichen und die daraus resultierende „Solidarität" von Ausdrucks- und Inhaltsebene[58]. Auf dem Hintergrund dieser Prämisse definiert Hjelmslev: „Commutation is then a mutation between members of a paradigm"[59]. D. h.: Kommutationen eines Ausdrucksparadigmas ziehen Kommutation test") haben einen theoretisch fixierten Ort innerhalb der Sprachvice versa.

Durch Kommutationsproben („commutation tests") können nun die „Paradigmen" bzw. deren Mitglieder („members"), die Invarianten genannt werden, erarbeitet werden[60]. Aufgrund von Kommutationsproben auf der Ausdrucksebene und durch Beobachtung der daraus resultierenden Veränderungen auf der Inhaltsebene können die „Paradigmen" der Ausdrucksebene bzw. deren Mitglieder, die Hjelmslev „figurae" nennt, also z. B. das Phonem- und Grapheminventar einer Sprache, bestimmt werden. In gleicher Weise fordert Hjelmslev nun, die „figurae" des „content plane" zu erarbeiten, eine Aufgabe, die noch nicht in Angriff genommen sei: „But the method of procedure will be exactly the same as for the expression plane."[61] Zwar wird bei Hjelmslev nur sehr vage definiert, wie „paradigms of content" konstituiert sind[62]. Da aber in 4.2.2.

---

[58] Hjelmslev (1961) 48; Itkonen (1968) 464; „Ausdrucks- und Inhaltsebene" ist eine Übersetzung von „expression plane and content plane"; vgl. Hjelmslev (1961) 59: „As common names for expression line and expression side, on the one hand, and for content line and content side, on the other, we have used respectively the designations expression plane and content plane [...]".

[59] Hjelmslev (1961) 74; „paradigms" sind „classes within a linguistic system", die durch die „either-or function" oder „Disjunktion" der Sprache konstituiert werden. I n n e r h a l b eines Paradigmas existieren „correlations", während die Beziehung der Ausdrucks- und Inhaltsparadigmen zueinander als „relation" charakterisiert wird. Vgl. Hjelmslev (1961) 38; 65.

[60] Die Differenzierung von „commutation" und „commutation test" ist bei Hjelmslev nicht immer widerspruchsfrei; vgl. Siertsema (1954) 176. Eindeutig ist diese Definition Hjelmslevs (1961) 74: „The number of invariants within each category [= paradigm] is established by the commutation tests".

[61] Hjelmslev (1961) 67.

[62] Hjelmslev (1961) 52: „A paradigm of content in one language and a corresponding paradigm in another language can be said to cover one and the same zone of purport, which, abstracted from those languages, is an unanalyzed amorphous continuum, on which boundaries are laid by the formative action of the languages".

operationale Anweisungen gegeben wurden, wie z. B. ein onomasiologisches l e x i k a l i s c h e s Paradigma zu konstituieren sei, bleibt die entscheidende Frage, wie Kommutationsproben auszusehen haben, aufgrund derer die „Inhaltsfiguren" — in meiner Terminologie: die semantischen Merkmale — dieser lexikalischen Paradigmen zu erarbeiten sind. Diese Frage bleibt bei Hjelmslev unbeantwortet.

Die Kommutationsprobe, wie sie etwa zur Beschreibung der Phoneme eines Sprachsystems angewandt wird, kann für die Beschreibung der semantischen Merkmale nicht einfach umgekehrt werden, wie es Hjelmslev suggeriert.

Vorausgesetzt sei, daß die Substanzkollektionen [Bank] und [Sessel] Mitglieder eines onomasiologisch konstituierten lexikalischen Paradigmas sind. Um nun die diese Substanzkollektionen d i f f e r e n z i e r e n d e n semantischen Merkmale zu erarbeiten, ist es nicht möglich, in gleicher Weise wie für die Erarbeitung der „Ausdrucksfiguren" e x p e r i m e n t e l l Kommunitationsproben dergestalt vorzunehmen, daß semantische Merkmale („Inhaltsfiguren") des „content plane" kommutiert werden und aus der Beobachtung der daraus resultierenden Veränderungen des „expression plane" das diesem Paradigma zukommende Inventar semantischer Merkmale aufgestellt wird. Denn anders als die „Ausdrucksfiguren" sind auch bei im Diskurs realisierten Lexemen die semantischen Merkmale diesen nicht m a t e r i e l l mitgegeben und deshalb nicht in gleicher Weise e x p e r i m e n t e l l verfügbar. Die semantischen Merkmale sind vielmehr auf der ersten und zweiten Ebene des Metabereichs als (meta)mentale Einheiten zu klassifizieren, die Entsprechungen auf der basissprachlichen Ebene in der Sprachkompetenz des einzelnen Sprachteilhabers haben. Durch diese unterschiedliche s u b s t a n t i e l l e Struktur der Inhaltsseite von Signemen ist eine einfache Umkehrung der Kommutationsprobe zur e x p e r i m e n t e l l e n Deskription semantischer Merkmale nicht möglich[63]. Damit steht die semantische Kommutationsprobe, wie es L. Seiffert formuliert, vor einer „petitio principii"[64]: Sie muß sich ihre Beweise erschleichen.

Diese „Erschleichung" der Beweise kann nur darin bestehen, daß durch Kommutationsproben

(1) das auf der Sprachkompetenz des Informanten basierende Wissen präzisiert und damit systematisiert und

(2) dadurch intersubjektiv und nachprüfbar wird.

Das heißt aber, daß die Kommutationsprobe, anders als bei Hjelmslev, zu Diskursen der zweiten Ebene des Metabereichs (also der operationalen Ebene)

---

[63] Aus anderer Sicht formuliert Itkonen (1968) 465 diesen Sachverhalt so: „Ferner ist es eigentlich nicht möglich, Inhalte gegeneinander auszutauschen und zu beobachten, welches ihre Ausdrücke sind, weil man die Inhalte überhaupt erst durch die entsprechenden Ausdrücke besitzt."

[64] L. Seiffert (1968) 59.

erweitert werden muß[65]. Da innerhalb der NSKn von [Bank] und [Sessel] d i r e k t keine Kommutationsproben vorgenommen werden können (es sei denn, man kennte schon die spezifischen semantischen Merkmale, die aber erst durch Kommutationsproben zu eruieren wären), müssen die semantisch zu deskribierenden Lexeme in D i s k u r s e n kommutiert („ausgetauscht") werden, die sich dann als kompatibel bzw. inkompatibel erweisen und so Aussagen über die spezifischen semantischen Merkmale der Lexeme erlauben.

So könnten etwa die Lexeme *Bank* und *Sessel* als Mitglieder eines onomasiologisch konstituierten lexikalischen Paradigmas, die also durch ein gemeinsames Noem verbunden sind, in folgenden Diskursen kommutiert werden:

(1) lange Bank

(2) * langer Sessel

Das Sternchen soll anzeigen, daß Diskurs (2) nicht akzeptabel ist, weil *lang* und *Sessel* inkompatibel sind. Aus dieser Inkompatibilität folgt die Vermutung, daß evtl. für das Lexem *Sessel* ein Sem anzusetzen ist, das mit ›für eine Person‹ umschrieben werden kann. Um diese Annahme zu erhärten, können weitere Kommutationsproben in Form von Diskursen angeschlossen werden:

(3) ·X bat die Herren, auf der gelben Bank Platz zu nehmen.

(4) * X bat die Herren, in dem gelben Sessel Platz zu nehmen.

Der nicht akzeptable Diskurs (4) beweist die Richtigkeit der Annahme und rechtfertigt die Zuteilung des Sems ›für eine Person‹.

Für Kommutationsproben zur semantischen Deskription onomasiologisch konstituierter lexikalischer Paradigmen gilt also, daß entsprechende, das Wissen des Informanten präzisierende und systematisierende Diskurse der 2. Ebene des Metabereichs konstruiert werden müssen, innerhalb derer die Lexeme kommutiert werden. Die Interpretation der inkompatiblen und kompatiblen Diskurse erlaubt sodann eine metasprachliche Formulierung der semantischen Merkmale.

Einer anderen Technik müssen diejenigen Kommutationsproben folgen, die zur Präzisierung und Systematisierung der auf der Sprachkompetenz des Informanten basierenden Erarbeitung semantischer Merkmale von semasiologisch konstituierten lexikalischen Paradigmen beitragen. Da ein gemeinsames semantisches Merkmal durch eine onomasiologische Operation in diesem Fall nicht vorgegeben ist, müssen mit Hilfe der Kommutationsprobe z. B. sowohl das den verschiedenen Substanzkollektionen gemeinsame semantische Merkmal (Semasem) als auch die die Substanzkollektionen differenzierenden semantischen Merkmale (Seme) bestimmt werden. Da aber ein semasiologisch konstituiertes lexikalisches Paradigma dadurch definiert ist, daß einem lexikalischen Signem

---

[65] Die Kennzeichnung dieser Kommutationsdiskurse als operational soll anzeigen, daß es sich (1) nicht um Diskurse der Basissprache handelt, sondern um Operationen, die (2) innerhalb der in 4.2.2. entworfenen Operationsmodelle einen ganz bestimmten Stellenwert haben.

mehrere Substanzkollektionen zuzuweisen sind, kann die Technik der Kommutationsprobe in diesem Falle nur darin bestehen, jeweils den Kontext (= Diskurs minus semantisch zu analysierendes lexikalisches Signem) zu kommutieren.

Zum Beispiel: Adelung gibt für das Lexem *Buch* drei Substanzkollektionen an[66]. Aus der Interpretation seiner lexikographischen Explikation sind folgende semantischen Merkmale zu eruieren:

SeK (1) [Buch]
Semasem: ‹mehrere zu einem Ganzen verbundene bedruckte oder beschriebene Blätter Papier oder Pergament›

SeSK (2) [Buch]
Semasem: ‹wie bei SeK 1›
Sem$_1$: ›dessen Inhalt‹

SeSK (3) [Buch]
Semasem: ‹wie bei SeK 1›
Sem$_2$: ›eine Abtheilung des Inhalts‹

Die Herausarbeitung von drei „Bedeutungen", also von drei SUKn im Sinne der Operationsschritte 2 und 3 des Modells in Skizze 32, könnte aufgrund folgender Kommutationsproben systematisiert werden:

(1) Ein Buch drucken und binden lassen.
(2) Ein von der Kritik negativ aufgenommenes Buch.
(3) * Ein von der Kritik negativ aufgenommenes Buch drucken und binden lassen.

Aus diesen Kommutationsproben ergibt sich, daß mit zwei Substanzkollektionen zu rechnen ist:
SeK (1) ↔ SeSK (2)
(4) Er konzipierte seinen einbändigen Roman als Werk in fünf Büchern.
(5) * Er konzipierte seinen einbändigen Roman als Werk in fünf Büchern und ließ sie drucken und binden.
(6) * Er konzipierte seinen einbändigen Roman als Werk in fünf von der Kritik negativ aufgenommenen Büchern.

Hieraus ergibt sich, daß mit einer weiteren Substanzkollektion zu rechnen ist, also SeSK (3) ↔ SeK (1) ↔ SeSK (2). Ob die hier vorgenommenen Kommutationsproben ausreichen, auch im Sinne des Operationsschrittes 4 die spezifischen semantischen Merkmale zu bestimmen, oder ob dazu weitere Kommutationsproben vorgenommen werden müssen, kann hier unentschieden bleiben.

Somit können auch zur Deskription eines semasiologisch konstituierten lexikalischen Paradigmas Diskurse der zweiten Ebene des Metabereichs eingesetzt werden, d. h. in diesem besonderen Fall muß der Kontext des zu analy-

---

[66] Adelung (1793) 1235.

sierenden Signems kommutiert werden. Auch dadurch wird eine Präzisierung und Systematisierung des auf der Sprachkompetenz des Informanten basierenden Wissens erreicht.

Damit aber hat sich erwiesen, daß die onomasiologisch und semasiologisch orientierten „Kommutationsproben" in der hier explizierten Form keine „discovery procedures" im strengen Sinne sind, sondern eher „hypothesis-testing procedures"[67].

4.2.4. Entwurf von Operationsmodellen auf der Basis der semantischen Deskription der Lexikographen

Die in 4.2.2. konzipierten Operationsmodelle sollen eine Folie abgeben, auf deren Hintergrund die Operationsmodelle der Lexikographen zu konzipieren sind. Diese Konstruktion stützt sich auf deren semantische Deskription. Die Transformation der semantischen Deskription der Lexikographen auf eine operationale Ebene, also die zweite des Metabereichs, ist Voraussetzung dafür, daß die jeweiligen semantischen Ergebnisse der Lexikographen in der hier konzipierten theoretisch reflektierten semantischen Terminologie dargeboten werden können.

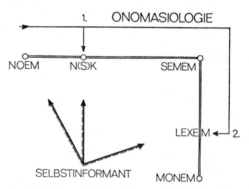

Skizze 35: Modell von Eberhards onomasiologischer Operation

(1) Im Gegensatz zu der im Modell der Skizze 30 dargestellten Operation leitet Eberhard seine onomasiologische Analyse nicht mit der Formulierung eines übereinzelsprachlichen Begriffes ein, nach dessen einzelsprachlicher Realisierung er fragt. Vielmehr gibt Eberhard als ersten Operationsschritt sofort das Noem an, das

(2) einer Noem-Sem-Kollektion (NSK) oder einer Noem-Kollektion (NK) zuzuordnen sei, wobei er sein eigener Informant ist.

---

[67] Vgl. Leech (1970) 350.

So formuliert er z. B. das Noem ‹Werkzeuge zum Sitzen›, das den Lexemen *Bank, Schemel, Sitz, Stuhl, Sessel* zukomme[68]. Aufgrund dieser Technik konstituiert Eberhard also onomasiologische lexikalische Paradigmen, die jeweils durch das von ihm definierte Noem verbunden sind. Der Terminus Lexem in Skizze 35 ist zwar für das hier als Beispiel gegebene onomasiologisch konstituierte lexikalische Paradigma zutreffend; doch gelegentlich nimmt Eberhard, wie in 3.1.7. ausgeführt, auch Derivateme und Kompositeme in seine Paradigmen auf, so daß in diesen Fällen analog zu dem in Skizze 34 skizzierten Modell Lexem, Monem und Semem durch lexikalisches Signem, Synmonem und Synsemem zu ersetzen ist. Analoge Transformationen gelten auch für alle weiteren Modelle der Lexikographen.

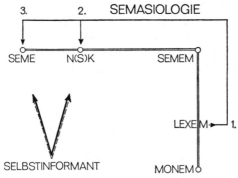

Skizze 36: Modell von Eberhards komplementär-semasiologischer Operation

(1) Das semasiologisch zu deskribierende Lexem ist durch die vorhergehende onomasiologische Operation vorgegeben.

(2) Der zweite Operationsschritt besteht darin, daß Eberhard ausdrücklich jeweils nur die paradigmainterne NK oder NSK zur weiteren semantischen Deskription herausgreift, somit also auch keine Aussagen über die SUS des Lexems machen kann. Gelegentlich jedoch fällt er aus seiner selbst gesetzten Beschränkung heraus: So gibt er z. B. für *Sitz* neben der paradigmainternen NK auch eine SUK an, die er verbal mit „der horizontale Theil, worauf der ganze Körper ruht, im Gegensatz der Rückenlehne" umschreibt. Allerdings ist mit der NK und dieser SUK nicht die SUS (Sitz) angegeben, die noch weitere SUKn enthält.

(3) Der dritte Operationsschritt Eberhards besteht nun darin, die die einzelnen NSKn seines lexikalischen Paradigmas differenzierenden Seme anzugeben. Diese Angabe der Seme erfolgt aufgrund von semantischen Explikationen in der Form metasprachlicher Paraphrasen[69]: „Die Bank ist ein langer Sitz, auf welchem mehrere neben einander sich niedersetzen können [...]"[70]. Aus dieser

---

[68] Eberhard (1795) 242.

Paraphrase ist das der NSK [Bank] zukommende Sem ›lang‹ bzw. ›für mehrere Personen‹ zu entnehmen, das als minimal-distinktives semantisches Merkmal die NSK [Bank] von den anderen NSKn des Paradigmas unterscheidet. Die semantische Explikation der Seme basiert nun aber nicht auf Kommutationsproben; vielmehr setzt Eberhard als sein eigener Informant zur unmittelbaren semantischen Explikation in der Form von Paraphrasen an. Zwar erscheinen auch innerhalb seiner semantischen Deskription Diskurse in der Form literarischer Zitate; aber diese Diskurse sind basissprachlich und zumeist kompatibel. Sie haben die Aufgabe, die Diskursadäquatheit und darüber hinausgehend die evtl. Normadäquatheit seiner semantischen Deskription, die ja für die Systembedeutung stehen soll, zu belegen.

Nunmehr können die Beispiele Eberhards, die in 3.2.4. zur Demonstration seiner Technik semantischer Deskription gegeben wurden, mit der jetzt entworfenen operationalen Terminologie neu gefaßt werden. Das lexikalische Paradigma *Acker, Feld, Land*[71] ist also wie folgt zu deskribieren:

(1) NK [Land] = Noem ‹ein Theil der Oberfläche der Erde›
(2) NSK [Acker] = Noem ‹wie (1)›, Sem$_1$ ›bestellt‹
(3) NSK [Feld] = Noem ‹wie (1)›, Sem$_2$ ›bestellbar‹

Merkmale \ Substanzkollektionen	NOEM ‹Ein Theil der Oberfläche der Erde›	SEM$_1$ ›bestellt‹	SEM$_2$ ›bestellbar‹
[Land]	X		
[Acker]	X	X	
[Feld]	X		X

Skizze 37: Merkmalmatrix des onomasiologischen lexikalischen Paradigmas [Land], [Feld], [Acker]

Diese operationale Neufassung der semantischen Ergebnisse Eberhards sei zusätzlich an einem onomasiologischen lexikalischen Paradigma erprobt, das in der neueren Linguistik einige Berühmtheit erlangt hat[72], nämlich an einem

---

[69] Vgl. dazu 4.1.3.
[70] Eberhard (1795) 243.
[71] Vgl. 3.2.4. und Eberhard (1795) 37.
[72] Pottier (1963 a) 11—18; Pottier (1964) 122—125; Heger (1964) 503 f.; Heringer (1968) 227. Pottier arbeitet mit den lexikalischen Signemen *chaise, fauteuil, tabouret, canapé, pouf*; Heringer mit den Lexemen *Stuhl, Sessel, Hocker, Bank, Sofa.* Weder von Pottier noch von Heringer wird eine operationale Anweisung gegeben, wie dieses Paradigma zu konstituieren ist. Heringer schreibt: „Zu untersuchen sind die Plereme [...]". Vgl. dazu auch die Bemerkung Hegers (1964) 504, daß Pottier „von einigen Arten [=Lexemen] als dem Gegebenen [!] ausgeht [...]" Vgl. dazu auch Gipper (1959) 271—292.

Paradigma, das bei Eberhard folgende Lexeme beinhaltet: *Bank, Schemel, Sitz, Stuhl, Sessel*[73]:

(1) NK [Sitz] = Noem ‹Werkzeug zum Sitzen›

(2) NSK [Bank] = Noem ‹wie (1)›; Sem$_1$ ›für mehrere Personen‹; Sem$_2$ ›beweglich und unbeweglich‹

(3) NSK [Schemel] = Noem ‹wie (1)›; Sem$_3$ ›für eine Person‹[74]; Sem$_4$ ›beweglich‹; Sem$_5$ ›Brett mit vier Stäben‹

(4) NSK [Stuhl] = Noem ‹wie (1)›; Sem$_3$ ›für eine Person‹; Sem$_4$ ›beweglich‹; Sem$_6$ ›Sitz gepolstert oder geflochten und zierliche Füße‹

(5) NSK [Sessel] = Noem ‹wie (1)›; Sem$_3$ ›für eine Person‹; Sem$_4$ ›beweglich‹; Sem$_6$ ›Sitz gepolstert oder geflochten und zierliche Füße‹; Sem$_7$ ›durch irgend etwas von Stuhl verschieden‹[75]

Merkmale \ Substanzkollektionen	NOEM ‹Werkzeug zum Sitzen›	SEM$_1$ ›für mehrere Personen‹	SEM$_2$ ›beweglich und unbeweglich‹	SEM$_3$ ›für eine Person‹	SEM$_4$ ›beweglich‹	SEM$_5$ ›Brett mit vier Stäben‹	SEM$_6$ ›Sitz gepolstert oder geflochten +zierliche Füße‹	SEM$_7$ ›durch irgend etwas von Stuhl verschieden‹
[Sitz]	X							
[Bank]	X	X	X					
[Schemel]	X			X	X	X		
[Stuhl]	X			X	X		X	
[Sessel]	X			X	X		X	X

Skizze 38: Merkmalmatrix des onomasiologischen lexikalischen Paradigmas [Sitz], [Bank], [Schemel], [Stuhl], [Sessel]

Im Vergleich dazu sei Heringers Beschreibung dieses Paradigmas für die deutsche Standardsprache der Gegenwart geboten. Heringers Fassung ist eine ins Deutsche übertragene Beschreibung des „siège"-Paradigmas von Pottier „in entsprechender Abwandlung", die aber nicht weiter detailliert begründet wird[76]:

---

[73] Eberhard (1795) 242 f.

[74] Dieses semantische Merkmal läßt Eberhard (1795) 242 f. aus; es steht aber in seinem „Synomischen Handwörterbuch" (1821) 121.

[75] Eberhard (1795) 243 expliziert zwar: „von den gewöhnlichen Stühlen und Schemeln durch irgend etwas verschieden"; aber sein Beispiel für *Sessel*: „da man dann den Stuhl, der bloß einen Sitz und keine Rückenlehne hat, oder das Tabouret, an einigen Orten Sessel [...] nennt" nimmt eindeutig auf *Stuhl* Bezug.

[76] Heringer (1968) 227; die „Abwandlungen" der Merkmalmatrix von Pottier stehen hier nicht zur Debatte.

Merkmale \ Lexeme	SEM$_1$ >mit Rückenlehne<	SEM$_2$ >mit Armlehne<	SEM$_3$ >für eine Person<	SEM$_4$ >Möbel zum Sitzen<	SEM$_5$ >mit Polsterung<	
Stuhl	+	−	+	+		=SEMEM$_1$
Sessel	+	+	+	+	+	=SEMEM$_2$
Hocker	−	−	+	+		=SEMEM$_3$
Bank			−	+		=SEMEM$_4$
Sofa	+	+	−	+	+	=SEMEM$_5$

Skizze 39: Das lexikalische Paradigma *Stuhl, Sessel, Hocker, Bank, Sofa* für die deutsche Standardsprache der Gegenwart nach Heringer

Die Unterschiede in der Merkmaldistribution bei Eberhard und Heringer gehen (1) sowohl auf Unterschiede der Sachkultur der Sitzgelegenheiten im 18. und 20. Jahrhundert zurück als auch (2) auf eine unterschiedliche Methodik. In diesem Zusammenhang interessieren nur die Differenzen, die auf (2) basieren.

(21) In Übereinstimmung mit Eberhard arbeitet Heringer mit Leerstellen innerhalb dieser Matrix, aber im Gegensatz zu Eberhard auch mit „negativen" Semen, d. h. mit der ausdrücklichen Bestimmung, daß bestimmte Seme einem „Semem" nicht zukommen. Heringer differenziert also zwischen der „Irrelevanz" und der „Negation" eines Sems[77]. Irrelevant meint, daß bestimmte Merkmale, die innerhalb eines lexikalischen Paradigmas nur einer hierarchisch tiefer stehenden SUK zugeschrieben werden, für eine hierarchisch höher stehende SUK weder positiv noch negativ, folglich irrelevant sind[78]. Negativ hingegen meint, daß bestimmte Merkmale, die einer bestimmten SUK zugeschrieben werden, für eine andere, hierarchisch auf der gleichen Position stehende SUK negativ sein müssen. Zugleich sind diejenigen semantischen Merkmale für die SUKn auf hierarchisch niederen Positionen als negativ zu übernehmen, die bereits auf einer direkten hierarchisch höheren Position als negativ ausgewiesen wurden.

Um nun zu demonstrieren, wie Eberhards „Leerstellen" innerhalb der Matrix zu interpretieren sind, muß das lexikalische Paradigma Eberhards in die Form eines Stemmas gebracht werden. Dieses Stemma soll aufzeigen, in welcher besonderen Relation die nebengeordneten Arten [=NSKn] eines onomasiologischen Paradigmas aufgrund ihrer semantischen Merkmalstruktur zueinander stehen.

---

[77] Heringer (1968) 227 Anm. 38.
[78] Vgl. dazu Coseriu (1970) 188.

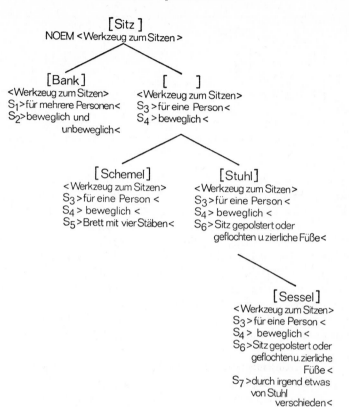

Skizze 40: Das onomasiologische lexikalische Paradigma [Sitz] etc. in der Form eines Stemmas

Aus Skizze 40 wird ersichtlich, daß Eberhard die negativen Seme, also die Opposition für SUKn in der hierarchisch vergleichbaren Position, jeweils selbst formuliert. Die Opposition zu [Bank] ist auf dem Rang eines Lexems einzelsprachlich nicht bezeichnet. Darauf soll die leere Klammer verweisen. Deren semantische Merkmale existieren nur insofern, als sie SUKn auf einer hierarchisch niederen Position zuzuordnen sind, die zudem zusätzliche semantische Merkmale aufweisen. Nach der obigen Definition der irrelevanten und negativen Seme sind nunmehr die Leerstellen innerhalb der Merkmalmatrix der Skizze 38 folgendermaßen zu füllen (s. Skizze 41, S. 146).

In dieser Matrix bezeichnen + die von Eberhard zuerteilten Seme, — die negativen Seme und 0 die irrelevanten Seme.

(22) Eine andere Differenz zwischen Eberhard und Heringer besteht darin, daß Eberhard bei der Konstituierung seines Paradigmas von onomasiologischen Überlegungen ausgeht, während Heringers Paradigma semasiologisch vorgegeben ist. Dabei erscheint das Noem innerhalb Eberhards Paradigma als Sem$_4$

Merkmale Substanz- kollektionen	NOEM	SEM$_1$	SEM$_2$	SEM$_3$	SEM$_4$	SEM$_5$	SEM$_6$	SEM$_7$
[Sitz]	+	O	O	O	O	O	O	O
[Bank]	+	+	+	—	—	O	O	O
[Schemei]	+	—	—	+	+	+	—	O
[Stuhl]	+	—	—	+	+	—	+	O
[Sessel]	+	—	—	+	+	—	+	+

Skizze 41: Vollständige Merkmalmatrix des onomasiologischen lexikalischen Paradigmas [Sitz] etc.

innerhalb Heringers Paradigma[79]. Somit gilt auch für die Seme Heringers, daß sie generell nicht als minimal-distinktive Merkmale innerhalb eines Paradigmas angesehen werden können. Innerhalb des Pottier'schen Paradigmas existieren zwei Seme, nämlich Sem$_2$ = ›sur pied‹ und Sem$_4$ = ›pour s'asseoir‹[80], die bei Heringer zu einem, nämlich Sem$_4$ ›Möbel zum Sitzen‹ zusammengenommen werden. Bei Pottier sind das diejenigen Seme, die den SUKn [chaise], [fauteuil], [tabouret], [canapé] und [pouf] gemeinsam sind, die er also durch „intersection de sememès" erhält und dem „archisememè" siège zugesprochen werden müssen[81]. Heringer hingegen setzt kein Archisemem [Sitz] an, was überraschend ist insofern, als *Sitz* innerhalb der Lexik der deutschen Standardsprache der Gegenwart in der von Eberhard deskribierten Form durchaus existiert[82]. Heringer spricht im Konjunktiv von einem „Archisemen": „Das AS [= Archisemem] der fünf oben gegebenen Sememe wäre S$_4$ [...]", meint aber, daß es dafür kein Lexem gäbe. Und noch deutlicher: „Bei der Kombination der Seme kann man auch AS [= Archisememe] erhalten, die in der betreffenden Sprache nicht bezeichnet sind"[83]. Unter den hier explizierten Voraussetzungen ist diese Konstruktuion nicht akzeptabel insofern, als — unter dem Aspekt der quantitativen Konsubstantialität des Signems — natürlich von einem „Semem" und entsprechend von einem „Archisemem" nur gesprochen werden kann, wenn diesem spezifischen Semem auf der Ausdrucksseite auch eine Einheit entspricht, wenn also — in der hier verwendeten Terminologie — diese spezifische SUK Teil eines Signifikats ist, das per definitionem nur zusammen mit einem Signifikanten existiert und vice versa.

---

[79] Die metasprachliche Umschreibung des Noems als ‹Werkzeug zum Sitzen› bei Eberhard (vgl. Adelung (1801) 1506: „Das Werkzeug [...] 1. ein körperliches Ding, womit etwas verfertiget, oder auch nur eine körperliche Arbeit erleichtert wird", Adelung (1801) 113 umschreibt *Sitz* selbst mit „ein jedes Werkzeug, worauf oder wo man sitzet") erscheint angemessener als Heringers Umschreibung von Sem$_4$ ›Möbel zum Sitzen‹, da nach Wahrig (1968) 2458 „Möbel [...] beweglicher Einrichtungsgegenstand" ist, was auf eine von einem Verschönerungsverein im Wald errichtete *Bank* nicht unbedingt zutrifft.

[80] Vgl. Heger (1964) 503.

[81] Pottier (1963) 15; Heger (1964) 503.

[82] Vgl. Wahrig (1968) 3301: „Sitz, [...] Platz, auf den man sich setzen kann".

[83] Heringer (1968) 227.

(1) Adelungs erster Operationsschritt besteht darin, ein semantisch zu deskribierendes Lexem als Lemma anzusetzen[84]. Er geht dabei offensichtlich von

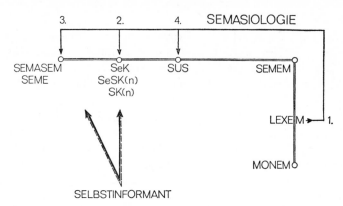

Skizze 42: Modell von Adelungs autonom-semasiologischer Operation

der Annahme aus, daß die unterschiedlichen SUKn eines Lemmas jeweils durch ein gemeinsames semantisches Merkmal, also durch ein Semasem, verbunden sind. Andernfalls setzt er vielfach — aber nicht durchgehend — zwei Lemmata an[85].

(2) Im zweiten Operationsschritt differenziert er jeweils die Semasem-Kollektion (SeK) bzw. die Semasem-Sem-Kollektion(en) (SeSK(n)) bzw. die Sem-Kollektion(en) (SK(n)) durch sein kombiniertes System von Ziffern und Buchstaben, das z. B. durch verbale Explikationen („eigentlich", „figürlich", „weit", „eng" etc.) gestützt wird.

(3) Sodann gibt er in der Form metasprachlicher Explikationen das Semasem an sowie die jeder Se(S)K spezifischen Seme bzw. — sofern es sich um SKn handelt, — deren Seme. Hierbei ist Adelung wie Eberhard sein eigener Informant.

Daß jeweils nur durch eine subtile Interpretation die einzelnen semantischen Merkmale aufgrund der semantischen Deskription zu gewinnen sind — insbesondere das oft in variierender verbaler Explikation deskribierte Semasem —, markiert den Unterschied zwischen semantischer Deskription der ersten Ebene des Metabereichs und semantischer Deskription auf der Basis von Operationsmodellen. Die Diskurse, die nicht mit operationalen Kommutationsproben zu verwechseln sind und die Adelung jeweils nach der Explikation einer SUK zitiert, sollen — wie bei Eberhard — jeweils die Diskursadäquatheit seiner semantischen Deskription auf der Stufe der Sprachkompetenz bestätigen.

---

[84] In 3.4.2. wurde darauf verwiesen, daß Adelung jeweils ein Flektem als Lemma ansetzt; die Implikationen dieses Faktums werden in 4.2.5. diskutiert.

[85] S. dazu detaillierter 4.2.5.

(4) Nach der Eruierung der SeK bzw. SeSKn bzw. der SKn und der Bestimmung der semantischen Merkmale ist eine Aussage über die Substanzsumme des deskribierten Lexems möglich, die als disjunktive Kombination der SUKn beschrieben werden kann.

Die Beispiele, die in 3.4.2. zur Demonstration von Adelungs semantischer Deskription angeführt wurden, können nun gleichfalls präziser beschrieben werden. Zugleich können die Modelle der Skizzen 23, 24, 25, 26 und 27 neu interpretiert werden. Das soll hier am Beispiel der Skizzen 23, 24 und 25 erfolgen.

Das Modell der Skizze 23 versucht, die Inhaltssubstanz des Lexems *Frucht* graphisch zu repräsentieren. Die „Merkmale" können nunmehr als Substanzmerkmale identifiziert werden, wobei „Merkmal"$_1$ = ‹Product› das Semasem ist, während die „Merkmale" 2 bis 10 Seme darstellen. Die „Bedeutungen" dieser Skizze sind demnach SeSKn, während die „Gesamtbedeutung" die SUS darstellt, die eine disjunktive Kombination der SeSKn ist. Aufgrund der in Skizze 25 entworfenen hierarchischen Struktur der Substanzmerkmale des Lexems *Frucht,* die zugleich dessen Semem definieren, kann folgende Struktur der SeSKn von *Frucht* konzipiert werden:

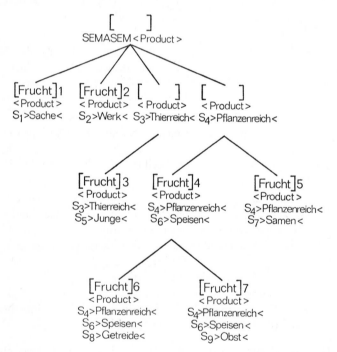

Skizze 43: Das semasiologische lexikalische Paradigma *Frucht* in der Form eines Stemmas

Die numerische Reihenfolge der „Merkmale", die sich in den Skizzen 23 bis 25 aus dem Aufbau von Adelungs semantischer Explikation ergab, mußte in diesem Stemma entsprechend der hierarchischen Struktur abgeändert werden. Entsprechend ist auch die Reihenfolge der Semasem-Sem-Kollektionen von 1 bis 7 verändert worden. Nochmals sei darauf verwiesen, daß die nicht ausgefüllten eckigen Klammern nur Konstrukte innerhalb dieser hierarchischen Struktur sind, deren semantische Merkmale nur insofern existent sind, als sie Merkmale der hierarchisch tiefer stehenden SeSKn sind, die zudem zusätzliche semantische Merkmale aufweisen. Darauf wird auch dadurch verwiesen, daß lediglich die Semasem-Sem-Kollektionen von 1 bis 7 gezählt wurden.

Die oben für das onomasiologische lexikalische Paradigma gegebene Definition der irrelevanten und negativen semantischen Merkmale gilt auch für dieses semasiologische lexikalische Paradigma. Danach kann aufgrund des Stemmas in Skizze 43 folgende vollständige Merkmalmatrix skizziert werden:

Merkmale / Substanzkollektionen	SEMA SEM ›Product‹	SEM$_1$ ›Sache‹	SEM$_2$ ›Werk‹	SEM$_3$ ›Thierreich‹	SEM$_4$ ›Pflanzenreich‹	SEM$_5$ ›Junge‹	SEM$_6$ ›Speisen‹	SEM$_7$ ›Samen‹	SEM$_8$ ›Getreide‹	SEM$_9$ ›Obst‹
[Frucht] 1	+	+	−	−	−	O	O	O	O	O
[Frucht] 2	+	−	+	−	−	O	O	O	O	O
[Frucht] 3	+	−	−	+	−	+	−	−	O	O
[Frucht] 4	+	−	−	−	+	−	+	−	O	O
[Frucht] 5	+	−	−	−	+	−	−	+	O	O
[Frucht] 6	+	−	−	−	+	−	+	−	+	−
[Frucht] 7	+	−	−	−	+	−	+	−	−	+

Skizze 44: Merkmalmatrix des semasiologischen lexikalischen Paradigmas *Frucht*

Frucht 1: „Die Früchte eines Capitals"
Frucht 2: „Das ist die Frucht seines Fleißes"
Frucht 3: „Eine unzeitige Frucht gebären"
Frucht 4: „Säet und erntet, und pflanzet Weinberge, und esset ihre Früchte"
Frucht 5: kein „Beyspiel"
Frucht 6: „Die Frucht steht schön"
Frucht 7: „Früchte einmachen"

Um die Diskursadäquatheit der SeSKn von *Frucht* in der Beschreibung durch die Merkmalmatrix zu demonstrieren und dadurch zugleich die Differenzierung der Substanzsumme von (Frucht) in die SUKn [Frucht] 1 bis [Frucht] 7 „plastischer" zu machen, wurden unter der Matrix Diskurse angeführt, die Adelung zur Illustration seiner unterschiedlichen „Bedeutungen" von *Frucht* gibt.

Zum Abschluß der Explizierung von Adelungs Operationsschritten an praktischen Beispielen sei das Lexem *Sitz* herausgegriffen, das bei Eberhard in einem onomasiologischen Paradigma steht, von dem dort aber nur eine ganz bestimmte

Substanzkollektion, eben die NK [Sitz] beschrieben wird. Damit erfolgt ein Vorgriff auf die kontrastive semantische Analyse in Kapitel 6.

Dabei greife ich nur die SUKn heraus, die ein gemeinsames Semasem haben, also als SeSKn zu klassifizieren sind[86]:

SeSK [Sitz]$_1$ = S$_1$ ›Fläche‹; Semasem ‹zum Sitzen› „Beyspiel": „Der Sitz eines Stuhles"

SeSK [Sitz]$_2$ = S$_2$ ›Werkzeug‹; Semasem ‹zum Sitzen› „Beyspiel": „In der Allee sind hin und wieder Sitze angebracht".

Die Merkmaldistribution dieser SeSKn demonstriert, daß die Definition semantischer Merkmale in der hier vorliegenden Form jeweils paradigmagebunden ist. Denn das Noem Eberhards ‹Werkzeug zum Sitzen› wird innerhalb dieser SeSKn differenziert in eine Komponente ›Werkzeug‹ und in eine andere Komponente ‹zum Sitzen›, die paradigmaintern als Sem und Semasem zu klassifizieren sind. Damit kann nur eine dieser Komponenten minimale Distinktivität innerhalb dieses Paradigmas für sich beanspruchen, während der anderen paradigmaintern dieser Status nicht zugesprochen werden kann.

In diesem Zusammenhang kann davon abgesehen werden, auch für Campe Operationsmodelle auf der Basis seiner lexikographischen Deskription zu entwerfen. Die für Adelung entworfenen Modelle stehen auch für Campes lexikographische Praxis. Schon oben wurde darauf verwiesen, daß Campe in erster Linie materialmäßig über Adelung hinausweist.

Die hierarchische Struktur semantischer Merkmale innerhalb eines semasiologischen und onomasiologischen lexikalischen Paradigmas ist aufgrund der operationalen Deskription der Beispiele der Lexikographen deutlich geworden: Die semantischen Merkmale eines Lexems wie *Frucht* stellen jeweils eine spezifische, einzelsprachlich gebundene Merkmalpyramide aus Semasem und Semen dar. Dabei ist die jeweilige SUK eine Kombination semantischer Merkmale unterschiedlicher hierarchischer Struktur.

In gleicher Weise sind die SUKn eines onomasiologischen lexikalischen Paradigmas Kombinationen semantischer Merkmale unterschiedlicher hierarchischer Struktur, nur daß hier die SUKn nicht an einen Signifikanten, sondern an mehrere gebunden sind und das allen SUKn gemeinsame Noem die einzelsprachliche Entsprechung eines außereinzelsprachlichen Begriffs ist. Dasjenige semantische Merkmal, das innerhalb eines Paradigmas allen SUKn gemeinsam ist, stellt also das hierarchisch am höchsten stehende Merkmal dar.

Unter diesen Aspekten ist Uriel Weinreichs Differenzierung zwischen einer „configuration" semantischer Merkmale als „ordered set" und einem „cluster"

---

[86] Adelung (1801) 113; die Substanzsumme (Sitz) enthält zwei weitere Substanzkollektionen, für die Adelung folgende „Beyspiele" gibt: (1) „Seinen Sitz an einem Orte haben." (2) „Sitz und Stimme in einem Collegio haben." — Hingewiesen sei darauf, daß Adelung (1801) 113 *Sitz* als Derivatem einstuft: „von dem Zeitworte sitzen" und folglich die inhaltlichen Substanzmerkmalkombinationen von *Sitz* eine Selektion aus *Sitz* und $\emptyset$ (= Nullgrammem) darstellen.

als „unordered set" in Frage zu stellen[87]. Die semantischen Merkmale von *daughter*, die Weinreich mit ‚female‘ und ‚offspring‘ paraphrasiert und die er als Beispiel für einen „cluster" („Häufung") anführt, sind in gleicher Weise „geordnet", also hierarchisch strukturiert, wie die semantischen Merkmale von *chair*, die er mit ‚furniture‘ und ‚to be sat on‘ paraphrasiert und als Beispiel für eine „configuration" anführt. Die mehr oder weniger gelungene metasprachliche Paraphrasierung semantischer Merkmale, die in beliebigen Einzelsprachen vorgenommen werden kann, ist kein Indiz für „cluster" oder „configuration", wie Weinreich anzunehmen geneigt scheint, wenn er formuliert: „Anyone who is a daughter is both female and an offspring [...]" Jedoch: „Whatever is a chair is ‚furniture‘, but it is not ‚sitting‘: it is ‚to be sat on‘".[88] Der Unterschied dieser semantischen Paraphrase ist allein der: Im einen Fall wird die hierarchische Struktur semantischer Merkmale durch eine Attribut — Nomen — Konstruktion (‚female offspring‘) und im anderen durch eine Nomen — Infinitiv — Konstruktion (‚furniture to be sat on‘) paraphrasiert. Beide metasprachlichen Konstruktionen implizieren jedoch eine hierarchische Struktur semantischer Merkmale, nämlich ‚offspring‘ und ‚furniture‘ als genus proximum-Merkmal und ‚female‘ und ‚to be sat on‘ als differentia specifica-Merkmal.

Da die operationale Deskription semantischer Merkmale der Deskription der Lexikographen folgt, dürfen an das hier vorgeführte Merkmalinventar nicht weitergehende Fragen wie Ökonomie und Kohärenz metasprachlicher Paraphrasierung gestellt werden. Einsichtig aber wird, daß die semantischen Merkmale innerhalb der SUKn einzelsprachlich gebundene Begriffskombinationen darstellen, die die Selektionsrestriktionen für die Kombination der lexikalischen Signeme zu Sätzen und Texten angeben. Die Kombinationen semantischer Merkmale innerhalb der SUKn sind die einzelsprachlichen mentalen Äquivalente der außersprachlichen Sachen, Sachverhalte und Relationen. Da die semantischen Merkmale einzelsprachlich fixierte begriffliche Kategorien abbilden, können sie im Sinne der formalen Logik auch als ein- oder mehrstellige Prädikate interpretiert werden[89]. Von hier aus wäre die Struktur, d. h. also die spezifischen Relationen der nunmehr als ein- oder mehrstellige Prädikate interpretierten semantischen Merkmale innerhalb einer SUK und darüber hinaus innerhalb eines lexikalischen Paradigmas nach den Regeln der Prädikatenlogik präziser und möglicherweise adäquater zu beschreiben als gemäß der hier vorgeführten Technik metasprachlicher Paraphrasierung.

---

[87] Weinreich (1966) 419.
[88] Weinreich (1966) 419; Weinreich läßt in der ersten Paraphrase die diakritische Symbolisierung aus.
[89] Vgl. Bierwisch (1969) 71 f.

5. Paradigmatische semantische Strukturen lexikalischer Signeme

5.0. In 1.5. wurden fünf Klassen semantischer lexikalischer Paradigmen konstituiert. Diese semantischen lexikalischen Paradigmen unterscheiden sich u. a. dadurch, daß jeweils entweder Lexeme oder Derivateme und/oder Kompositeme die Klassen konstituieren. Setzt man für diese Signeme insgesamt den Terminus lexikalisches Signem (LS) ein, so reduzieren sich die fünf Klassen auf zwei: Auf ein aufgrund einer onomasiologischen Operation konstituiertes lexikalisches Paradigma (1) und auf ein aufgrund einer semasiologischen Operation konstituiertes lexikalisches Paradigma (2). Diese zwei Klassen semantischer l e x i k a l i s c h e r Paradigmen können u. a. folgendermaßen beschrieben werden:

(1) LS_1 (mit NS_1K) $\leftrightarrow$ LS_2 (mit NS_2K) $\leftrightarrow$ ... $\leftrightarrow$ LS_n (mit NS_nK)

(2) LS_1 (mit SeS_1K) $\leftrightarrow$ LS_1 (mit SeS_2K) $\leftrightarrow$ ... $\leftrightarrow$ LS_n (mit SeS_nK)

Dabei ist darauf zu verweisen, daß die in (1) und (2) gegebene Beschreibung eines onomasiologischen und eines semasiologischen lexikalischen Paradigmas nur zwei der m ö g l i c h e n   s e m a n t i s c h e n   S t r u k t u r e n angibt, die i n n e r h a l b dieser lexikalischen Paradigmen existieren. Diese paradigmatischen semantischen Strukturen lexikalischer Signeme stehen im folgenden zur Debatte.

5.1. Semantische lexikalische Paradigmen in den Wörterbüchern

Bei der Konstituierung von onomasiologischen und semasiologischen lexikalischen Paradigmen wurden die Lexikographen zwangsläufig auf das Problem hingewiesen, daß innerhalb eines Sprachsystems einerseits semantisch orientierte paradigmatische Strukturen innerhalb eines lexikalischen Signems und andererseits semantisch orientierte paradigmatische Strukturen zwischen mehreren lexikalischen Signemen existieren: daß also einerseits das Faktum der Polysemie und Homonymie und andererseits das Faktum der Synonymie und partiellen Synonymie in irgendeiner Weise zu explizieren ist. Da ein semasiologisches lexikalisches Paradigma dadurch definiert ist, daß e i n e m (Syn)-Signifikanten mehrere SUKn innerhalb eines (Syn)Signifikats zugeordnet sind, werden für den Verfasser eines semasiologischen Wörterbuchs die paradigmatischen semantischen Strukturen besonders relevant, die i n n e r h a l b eines lexikalischen Signems existieren. Da hingegen ein onomasiologisches lexika-

lisches Paradigma dadurch definiert ist, daß m e h r e r e n Signemen ein Noem
zugeordnet ist, werden für den Verfasser eines onomasiologischen Wörterbuchs
diejenigen paradigmatischen semantischen Strukturen relevant, die z w i s c h e n
mehreren Signemen existieren. Mit anderen Worten: Dieser muß eine Erklärung
des Faktums der (partiellen) Synonymie geben und jener eine des Faktums
der Polysemie bzw. Homonymie. Da sich die Lexikographen zudem nicht
konsequent darauf beschränken, die Lexik des von ihnen im Titel des Wörterbuchs benannten Sprachsystems zu kodifizieren, sind darüber hinaus auch
semantische Strukturen lexikalischer Signeme z w e i e r Sprachsysteme zu
konstatieren, die jedoch nicht als paradigmatisch einzuordnen sind.

Adelungs Versuche, „eigentliche" und „figürliche" und innerhalb dieser
„enge" und „weite" „Bedeutungen" eines „Wortes" zu differenzieren, d. h.
also die „Schattierungen in den Bedeutungen" aufzuzeigen, zeugen von seinen
intensiven lexikographischen Bemühungen, dem Faktum der Polysemie bzw.
Homonymie gerecht zu werden. Eberhards „Versuch einer Theorie der Synonymik der deutschen Sprache" und seine darin gegebenen Definitionen von „gleichbedeutenden" (aber nicht „gleichgültigen") „Wörtern", also Synonymen einerseits und „sinnverwandten" Wörtern, also partiellen Synonymen andererseits (die, sofern sie einen „nächst höhern Begriff" gemeinsam haben, eine
„Wörterfamilie" bilden) zeugen von Eberhards intensiven Bemühungen, das
Faktum der partiellen Synonymie und der Synonymie zu definieren. Dabei
muß konstatiert werden, daß weder Adelung noch Campe noch Eberhard die
weiter unten zu explizierende Differenzierung zwischen Polysemie und Homonymie explizit vornehmen; diese Differenzierungen sind aber insofern von
besonderem Interesse, als sie Kriterien liefern vor allem für die Beurteilung
der Frage, wie Adelung bzw. Campe und Eberhard in ihren Wörterbüchern
lemmatisieren, d. h. nach welchen Gesichtspunkten sie ihre Lemmata ansetzen.

5.2. Zur Terminologie
paradigmatischer semantischer Strukturen lexikalischer Signeme:
Lexikalische Mikro- und Teilstrukturen

Die innerhalb eines Sprachsystems existierenden paradigmatischen semantischen Strukturen lexikalischer Signeme wurden von Baldinger als lexikalische
„Mikrostrukturen" bezeichnet, wobei Baldinger differenzierend im Falle der
Polysemie oder Homonymie vom „Bedeutungsfeld" und im Falle der (partiellen) Synonymie vom „Bezeichnungsfeld" spricht[1]. Filipec hingegen differenziert zwischen der „Mikrostruktur" als der Struktur e i n e s lexikalischen
Signems (Filipec: „lexikalische Einheit"), die, sofern sie zu anderen lexikalischen Signemen in Beziehung tritt, „Teilstrukturen", z. B. „Synonymengrup-

---

[1] Baldinger (1960) 524; 528.

pen" stiften kann[2]. Demnach würde Filipec lediglich ein „Bedeutungsfeld" im Sinne Baldingers als lexikalische Mikrostruktur bezeichnen, während ein „Bezeichnungsfeld" im Sinne Baldingers als lexikalische Teilstruktur zu gelten hätte. Diese terminologische Differenzierung erscheint insofern sinnvoller, als dadurch zum Ausdruck kommt, daß zum einen paradigmatische semantische Strukturen innerhalb eines lexikalischen Signems (Polysemie bzw. Homonymie) und zum anderen paradigmatische semantische Strukturen zwischen mehreren lexikalischen Signemen (z. B. (partielle) Synonymie) existieren. Deshalb wurde von mir als Oberbegriff für diese lexikalischen Strukturen insgesamt „paradigmatische semantische Strukturen lexikalischer Signeme" gewählt, wobei dann über die in 5.0. beschriebenen Klassen (1) und (2) hinaus weitere spezifische semantische Strukturen zu differenzieren sind[3].

„Struktur" ist also die Gesamtheit der semantischen Relationen innerhalb dieser lexikalischen Subsysteme, die als Paradigmen näher definiert wurden. Das Gesamt semantischer lexikalischer paradigmatischer Relationen ist dann unter dem Terminus „Makrostruktur"[4] der Lexik zu fassen; die Termini lexikalische Mikrostruktur und lexikalische Teilstruktur innerhalb der lexikalischen Makrostruktur (der Sprache einer definierten Sprachgruppe) können dann jeweils zur besonderen Charakterisierung der semasiologischen und onomasiologischen paradigmatischen semantischen Strukturen lexikalischer Signeme herangezogen werden, wobei spezifische semantische Strukturen auch unter dem Terminus Relation gefaßt werden.

5.3. Theoretische Prämissen
paradigmatischer semantischer Strukturen lexikalischer Signeme

Bevor nun eine Definition spezifischer paradigmatischer semantischer Strukturen lexikalischer Signeme auf der Basis der in den vorstehenden Kapiteln erarbeiteten theoretischen Prämissen gegeben wird, soll zunächst eine für diese Definition relevante Prämisse rekapituliert und zudem in Auseinandersetzung mit konkurrierenden Definitionen diskutiert werden. Dabei kann natürlich nicht beabsichtigt sein, etwa einen Forschungsbericht dieses „weiten Feldes" zu geben; es soll vielmehr lediglich durch Kontrastierung mit konkurrierenden Definitionen die Basis der eigenen theoretischen Prämissen schärfer herausgehoben werden.

Die in diesem Zusammenhang relevante Prämisse ist über die in 4.2.2. genannten hinaus die These von der quantitativen Konsubstantialität u. a. des lexikalischen Signems, die in 1.4. expliziert und definiert wurde.

Akzeptiert man die Prämisse, daß ein „signifiant" eines definierten Sprachsystems quantitativ konsubstantiell mit einem „signifié" ist (Termini im Sinne Saussures) und daß dadurch das bilaterale sprachliche Zeichen definiert ist, so

---

[2] Filipec (1968) 192.

läßt sich die vor allem in Wörterbüchern konstatierte Erscheinung der „Mehr-deutigkeit", d. h. also Polysemie oder Homonymie sprachlicher Zeichen nicht erklären; vielmehr wird geradezu der Nachweis geführt, daß es so etwas wie Polysemie nicht gibt: Eine konsequente Anwendung der Saussure'schen Zeichen-definition führt zum Dogma der Monosemie, d. h. zur Postulierung von sieben unterschiedlichen „signifiants" / Frucht /$_1$, / Frucht /$_2$ etc. bei sieben unter-schiedlichen „signifiés" ‚Frucht'$_1$, ‚Frucht'$_2$ etc.[5]. Durch die Annahme hin-gegen, daß sowohl dem Signifikanten als auch dem Signifikat, also der Aus-drucksseite und Inhaltsseite eines lexikalischen Signems, jeweils ein Substanz- und Formbereich zuzuordnen ist, läßt sich die These von der quantitativen Konsubstantialität eines Signems mit der Tatsache vereinen, daß eben dasselbe lexikalische Signem mehrere SUKn haben kann[6].

In seinem Bericht „Über Entwicklung und Aufgaben der Lexikologie der deutschen Sprache" betont Fleischer, daß speziell für die Erstellung des „Wör-terbuchs der deutschen Gegenwartssprache" „eine grundsätzliche theoretische Klärung" der (von mir so genannten) paradigmatischen semantischen Struktu-ren lexikalischer Signeme fehle[7]. Es fallen u. a. die Stichwörter Synonymie, Polysemie und Homonymie. In der gleichen Zeitschrift wiederholt Kempcke in einem Beitrag über „Probleme des Synonymenwörterbuchs" diese Feststellung und betont, daß es „zur Zeit in der deutschen Fachliteratur keine größeren Arbeiten auf dem Gebiet der Synonymtheorie (gebe)"[8]. Speziell in bezug auf die Definition von Synonymen läßt sich nun nachweisen, daß jeweils unter-schiedliche theoretische Prämissen hinsichtlich der internen Struktur des lexika-lischen Signems zu unterschiedlichen Definitionen führen, die im Sinne der hier explizierten These von der quantitativen Konsubstantialität des lexikalischen Signems nicht akzeptabel sind.

Wenn ein Signifikat$_1$ quantitativ konsubstantiell an einen Signifikanten$_1$ gebunden ist, so kann es kein weiteres Signifikat$_1$ geben, das an einen Signifi-kanten$_2$ quantitativ konsubstantiell gebunden ist. Dieses nach der These von der quantitativen Konsubstantialität nicht existente Faktum wird aber z. B. von Ullmann gefordert, wenn er „reine Synonymie" definiert: „Sie [die Synonyme] sind kongruent, haben den gleichen Mitteilungs- und Gefühlswert und können daher gegeneinander ausgetauscht werden"[9]. In gleicher Weise verfährt Bell-

---

[3] Wiegand (1970) 309 ff. verwendet in Anlehnung an Baldinger den Terminus „lexi-kalisch-semantische Mikrostrukturen" für diese paradigmatischen semantischen Strukturen lexikalischer Signeme insgesamt, was nach dem oben Ausgeführten keine glückliche terminologische Lösung darstellt.

[4] Baldinger (1960) 524.

[5] S. dazu Heger (1967) 521 ff.

[6] S. dazu im einzelnen 1.4.

[7] Fleischer (1968) 167.

[8] Kempcke (1968) 229; Baldinger (1968) 41 charakterisiert folgendermaßen: „Le problème de la synonymie est une des pièces de résistance de la sémantique."

[9] Ullmann (1967) 102.

mann, der auch die Terminologie (Signifikant und Signifikat) von Saussure übernimmt, ohne die von diesem postulierte Konsubstantialitätsthese (Blattmetapher) zu berücksichtigen: Bellmann beschreibt die Relation zweier lexikalischer Signeme, indem er jeweils Graphen (a, b) für die beiden Signifikanten und einen Graph (A) für das identische Signifikat setzt: „(aA) : (bA), d. h. Identität der Signifikate bei Nicht-Identität der Signifikanten würde für ideale Synonyme zutreffen"[10]. Solche Definitionen der Synonymität, die unter der Voraussetzung der quantitativen Konsubstantialität nicht akzeptabel sind, finden sich z. B. auch bei S. J. Schmidt, Gauger, Reichmann, Filipec, Goossens[11]. Auch etwa eine Homonymiedefinition wie die von Koch: „Verschiedene signifiés mit gleichem signifiant"[12] sind — sofern signifiant und signifié hier im Saussure'schen Sinne stehen — nicht akzeptabel.

5.4. Ein oder zwei lexikalische Signeme bei divergierender phonemischer und graphemischer Struktur?

Bevor nun die eigenen Definitionen spezifischer paradigmatischer semantischer Strukturen lexikalischer Signeme geboten werden, die in Auseinandersetzung mit Begriffsdefinitionen der „lexikalischen Mikro- und Teilstrukturen" von Baldinger[13] und Heger[14] erfolgen, ist ein weiteres nicht unwesentliches Problem zu klären: Die Frage nämlich, wann von einem Lexem bzw. Derivatem bzw. Kompositem und wann von zweien gesprochen werden muß.

Entsprechend der Stelle, die das lexikalische Signem im Modell von Skizze 29 einnimmt, liegt jeweils e i n Signem vor, wenn ein (Syn)Signifikant an ein (Syn)Signifikat quantitativ konsubstantiell gebunden ist. Die Entscheidung, ob eine signifikative Minimaleinheit, also z. B. ein Lexem, oder ob signifikative Einheiten auf dem Rang$_{1+n}$, also z. B. Derivateme oder Kompositeme vorliegen, erfolgt nach den in 1.4. gegebenen Kriterien. Danach liegt z. B. ein Lexem,

---

[10] Bellmann (1968) 222.
[11] S. J. Schmidt (1969) 144: „Synonymie erklärt sich daraus, daß gleiche Semkombinationen verschiedene lautliche Manifestationen aufweisen." Gauger (1970) 82: „Im zweiten Fall — zwei oder mehrere Wörter: ein Inhalt — spricht man von Synonymie." Reichmann (1969) 13: „Der Ausdruck eines Begriffs durch mehrere Bezeichnungen [...] bildet [...] die Regel. [...] unter der Voraussetzung völliger begrifflicher Deckung (entsteht) sog. Synonymie." Filipec (1968 a) 109 beschreibt „Synonymik", sofern er darunter „semantische Gleichheit" versteht, folgendermaßen: „A = B, d. h. Signifikat A = Signifikat B." Goossens (1969) 86 definiert: „Synonymie ist aber die Erscheinung, daß im gleichen sprachlichen System gleichbedeutende Wörter vorkommen." Verwiesen sei in diesem Zusammenhang auf die Problemdarstellung „Synonymie und Bedeutungsgleichheit" von Söll (1966), dessen Ausführungen in die hier avisierte Richtung weisen.
[12] Koch (1963) 86.
[13] Baldinger (1968) 41—61; vgl. dazu auch Baldinger (1967) 132—139.
[14] Heger (1969) 177—182; 197—198.

bestehend aus Signifikant und Signifikat, vor, wenn dieses Signem n i c h t als eine Kombination aus signifikativen Einheiten eines nächstniederen Ranges zu beschreiben ist.

Da jedoch in Einzelsprachen mit zusätzlicher schriftlicher Fixierung lexikalischer Signeme durch die Orthographie sowohl eine phonische als auch eine „graphische" Realisierungsform vorliegt — die auf der Stufe der Sprachkompetenz und des Sprachsystems als virtuelle phonemische und graphemische Struktur des lexikalischen Signems zu beschreiben ist —, erhebt sich die Frage, ob z. B. ein lexikalisches Signem vorliegt, wenn phonische und (ortho-)graphische Realisierungsform nicht konvergent sind. Diese phonische und (ortho-)graphische Divergenz liegt z. B. vor, wenn die lautliche Realisierungsform [ˈʃtaːr] von Adelung[15] durch ⟨Staar⟩, ⟨Stahr⟩ und ⟨Star⟩ wiedergegeben wird[16], wobei für ⟨Staar⟩ die SUK [Krankheit des Auges], für ⟨Stahr⟩ [Sangvogel] und für ⟨Star⟩ [Maß, Gewicht] angeführt wird. Dieser Fall von phonischer und (ortho-)graphischer Divergenz, daß also eine phonische Realisierungsform und zwei oder mehr (ortho-)graphische Realisierungsformen vorliegen, denen jeweils unterschiedliche SUKn entsprechen, soll im folgenden den Terminus Homophonie erhalten[17]: Differenzierungen der Graphemsprache in Allographe haben innerhalb der Phonemsprache keine Entsprechung[18].

Umgekehrt kann diese phonische und (ortho-)graphische Divergenz dann vorliegen, wenn phonisch divergierende Realisierungsformen (ortho-)graphisch nicht differenziert werden: So ist das standardsprachliche ⟨Tenor⟩ in API-Umschrift folgendermaßen zu differenzieren: [teˈnoːr] und [ˈteːnɔr], wobei Wahrig für das Erste u. a. als Teil des Signifikats ‚hohe Stimmlage der Männer' und für das Zweite u. a. ‚Inhalt, Wortlaut' angibt[19]. Dieser Fall von phonischer und (ortho-)graphischer Divergenz, daß also nur eine (ortho-)graphische Realisierungsform für zwei oder mehr phonische Realisierungsformen vorliegt, denen jeweils unterschiedliche Signifikate entsprechen, soll im folgenden den Terminus Homographie erhalten[20]: Differenzierungen der Phonemsprache, d. h. unterschiedliche phonemische Strukturen, haben in der Graphemsprache keine Entsprechung.

Die oben gestellte Frage, ob bei diesen (ortho-)graphischen und phonischen Divergenzen, also bei Homophonie und Homographie, mit einem oder zwei lexikalischen Signemen zu rechnen sei, ist zumindest für den Fall der Homographie eindeutig zu beantworten: Da die Orthographien der europäischen

---

[15] Adelung (1801) 257; 275; 298.
[16] In Erweiterung der in 1.4. und 4.2.2. festgesetzten Schreibkonventionen bedeutet: [...] phonetische Transkription des Signifikanten nach der Umschrift der „Association Phonétique Internationale" (API) (in der Version des Siebs (1969)), während ⟨ ... ⟩ die orthographische Schreibweise der Lexikographen wiedergibt.
[17] Vgl. Heger (1963) 471—475.
[18] Zu diesem Terminus s. 2.2.
[19] Wahrig (1968) 3548.
[20] Vgl. Heger (1963) 471—475.

Sprachen lediglich V e r s u c h e darstellen, eine graphemische Transkription der phonemischen Struktur eines Signems zu liefern[21], ist beim Vorliegen von Homographie bei entsprechender Differenzierung der Signifikate unbedingt von z w e i lexikalischen Signemen auszugehen. Die Tatsache, daß die meisten Orthographien lediglich unvollkommene Versuche graphemischer Transkription darstellen, umschreibt Adelung so: „Die Absicht der Schrift ist, die Töne des Mundes dem Auge sichtbar darzustellen [...]". Kein Volk, folglich auch das deutsche nicht, habe aber solche, die mit den „Tönen des Mundes in dem genauesten und vollkommensten Verhältnisse stehen". So könne ['hɛksə] in folgenden Varianten geschrieben werden: „Hexe, Häxe, Hekse, Häkse, Hechse und Hächse"[22]. Das heißt also: Sofern eine inhaltliche Differenzierung der Signifikate der beiden unterschiedlichen phonischen Realisierungsformen und somit eine unterschiedliche phonemische Struktur der lexikalischen Signeme vorliegt, dagegen nur eine (ortho-)graphische Realisierungsform, also im Fall von Homographie, sind lediglich Defekte der konventionellen Orthographien angezeigt. Es liegen z w e i lexikalische Signeme vor.

Schwieriger dagegen ist dieselbe Frage für den Fall der Homophonie zu beantworten. Hier ist jeweils zu entscheiden, welche Rolle die Graphemsprache, und das heißt präziser: der Versuch graphemischer Transkription der phonischen Realisierungsform durch die Orthographie in der jeweiligen Sprachgruppe spielt, dessen Sprachsystem zur Beurteilung ansteht. Für die deutsche Standardsprache des späten 18. Jahrhunderts, also den Zeitraum, den die hier zu untersuchenden Wörterbücher repräsentieren, muß die Entscheidung dahin gehen, daß im Fall der Homophonie jeweils ein lexikalisches Signem vorliegt. Denn die Orthographie des 18. Jahrhunderts ist noch nicht in der Weise genormt, wie das für die deutsche Standardsprache des 20. Jahrhunderts gilt. Für die „schriftkundigen" Sprecher der deutschen Standardsprache des 20. Jahrhunderts werden ['lɛrçə] in den (ortho-)graphischen Realisierungsformen ⟨Lerche⟩ und ⟨Lärche⟩ zwei lexikalische Signeme darstellen mit zwei Signifikaten. Doch in dem Fall, daß die Orthographie — wie im 18. Jahrhundert — schwankt, muß jeweils mit einem Signem gerechnet werden, abgesehen davon, daß der Prozentsatz derjenigen, die als standardsprachliche Sprecher des 18. Jahrhunderts die Orthographie überhaupt beherrschten, wesentlich geringer ist[23]. Die Entscheidung also, bei Homophonie im 18. Jahrhundert jeweils ein Signem anzusetzen, bedarf nun noch des stützenden Nachweises eben der Unsicherheit und Unregelmäßigkeit der Orthographie in dieser Zeit. Diesen Nachweis liefert Adelung selbst; er kann zudem durch einen Vergleich mit Campe gestützt werden.

---

[21] Vgl. dazu Pilch (1968) 95.

[22] Adelung (1783) 60; 62; („Grundgesetz der Deutschen Orthographie"); Pottier (1969) 29 differenziert entsprechend das „signifiant" in „audible" und „visible".

[23] Vgl. dazu Heger (1963) 474: „Die Antwort auf diese Frage dürfte von dem Bildungsstand der betreffenden Sprachgemeinschaft, das heißt von der Höhe des Prozentsatzes derjenigen abhängen, die richtig lesen und schreiben können."

Die drei Lemmata von [ˈʃtaːr], die Adelung als ⟨Staar⟩, ⟨Stahr⟩ und ⟨Star⟩ ansetzt, haben drei zusätzliche Verweis-Lemmata: „Der Staar, ein Vogel. S. Stahr"; „Der Stahr, ein Fehler der Augen, S. Staar"; „Der Star, S. Staar und Stahr". Eine Interpretation dieser Verweis-Lemmata ergibt, daß sowohl [Krankheit des Auges] als auch [Sangvogel] als auch [Maß, Gewicht] j e w e i l s potentiell entweder ⟨Staar⟩ oder ⟨Stahr⟩ oder ⟨Star⟩ geschrieben werden können. Diese durch Adelung selbst dokumentierte Unsicherheit und Unregelmäßigkeit der Orthographie bestätigt Campe dahingehend, daß er zwar drei Lemmata ansetzt, diese aber jeweils in der orthographischen Realisierungsform ⟨Star⟩ erscheinen[24]. Auch das Beispiel, das oben dafür angeführt wurde, daß bei Homophonie innerhalb der Standardsprache des 20. Jahrhunderts mit zwei lexikalischen Signemen zu rechnen sei, untermauert für das 18. Jahrhundert die These von einem Signem: Für [ˈlɛrçə] setzt Adelung das Verweisspiel fort: Unter ⟨Lärche⟩ gibt er das Signifikat ‚eine Art Fichten' an und verweist unter einem neuen Lemma auf: „Die Lärche, ein Sangvogel, S. Lerche" — und umgekehrt[25]. Campe hingegen hält in diesem Fall die Mitte: Er deskribiert zwar [eine Gattung Bäume] und [Vögelgeschlecht] jeweils unter den zwei Lemmata ⟨Lerche⟩, gibt aber immerhin unter „Lärche oder der Lärchenbaum" einen Verweis auf ⟨Lerche⟩[26].

Nach diesen Definitionen ist geklärt, wann bei Divergenz der phonischen und (ortho-)graphischen Realisierungsformen ein bzw. zwei lexikalische Signeme vorliegen und wann demzufolge von paradigmatischen semantischen Strukturen innerhalb eines lexikalischen Signems und wann von paradigmatischen semantischen Strukturen zwischen mehreren lexikalischen Signemen — jeweils innerhalb eines Sprachsystems, hier: der Standardsprache des späten 18. Jahrhunderts — gesprochen werden kann.

5.5. *Definition paradigmatischer semantischer Strukturen lexikalischer Signeme*

5.5.1. P o l y s e m i e

Diese ist dadurch definiert, daß das (Syn)Signifikat eines (Syn)Signifikanten aus zumindest zwei disjunktiven SUKn besteht, deren Relation zueinander dadurch definiert ist, daß sie zumindest ein gemeinsames semantisches Merkmal haben. Unter den in 4.2.2. erarbeiteten operationalen Gesichtspunkten ist die Polysemie eines lexikalischen Signems aufgrund einer autonom-semasiologischen Operation zu erarbeiten. Polysemie liegt demnach vor, wenn die SUS eines (Syn)Signifikats aus zumindest zwei disjunktiven SeSKn besteht[27]. Die

---

[24] Campe (1810) 594.
[25] Adelung (1796) 1908; 2030.
[26] Campe (1809) 33, 103.
[27] Beispiele für die semantischen Strukturen lexikalischer Signeme werden in 5.7. und Kap. 6 nach dem Material der Wörterbücher gegeben.

Struktur des Semems bei Polysemie ist gekennzeichnet durch einen gemeinsamen Semasemknoten mit, entsprechend der spezifischen Struktur des Semems des jeweiligen lexikalischen Signems, hierarchisch tiefer stehenden Semknoten.

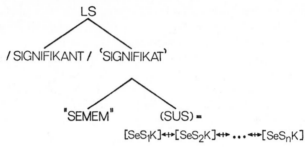

$$[SeS_1K] \leftrightarrow [SeS_2K] \leftrightarrow \ldots \leftrightarrow [SeS_nK]$$

Skizze 45: Modell der Polysemie

Heger definiert die Polysemie dahingehend, daß die „Sememe" [=SUKn] eines „Signifikats" [= SUS] „untereinander mindestens ein gemeinsames Sem aufweisen, wenn also für alle möglichen Paare aus ihnen gilt, daß $S_i \cap S_k \geqslant$ 1 Sem"[28]. Entsprechend der in 4.2.4. vorgebrachten Kritik, daß nämlich der Terminus Sem in der Definition Pottiers, Heringers und — entsprechend der obigen Definition — auch Hegers sowohl ein minimal-distinktives als auch ein den jeweiligen SUKn gemeinsames semantisches Merkmal innerhalb eines lexikalischen Paradigmas darstellt, ist diese mengenalgebraische Definition Hegers folgendermaßen neu zu fassen:

$S_i \cap S_k = 1$ Semasem.

Der Hinweis Hegers auf ein gemeinsames Sem, d. h. also Semasem, muß dahingehend gewertet werden, daß auch Heger zumindest implizit eine semasiologische Operation zur Eruierung der Polysemie für notwendig erachtet, was entsprechend auch für Hegers Definition der Homonymie (s. u.) gilt.

5.5.2. Homonymie

Diese ist dadurch definiert, daß das (Syn)Signifikat eines (Syn)Signifikanten aus zumindets zwei disjunktiven SUKn besteht, deren Relation zueinander dadurch definiert ist, daß sie kein gemeinsames semantisches Merkmal haben. Auch die Homonymie kann aufgrund einer autonom-semasiologischen Operation eruiert werden. Homonymie liegt demnach vor, wenn die SUS eines (Syn)Signifikats aus zumindest zwei disjunktiven SUKn besteht, die kein gemeinsames Semasem haben. Die Struktur des Semems bei Homonymie ist gekennzeichnet durch das Fehlen eines gemeinsamen oberen Merkmalknotens; vielmehr sind jeweils zwei Semknoten mit, entsprechend der spezifischen Struk-

---

[28] Heger (1969) 177.

tur des Semems des lexikalischen Signems, hierarchisch tieferstehenden Semknoten anzusetzen.

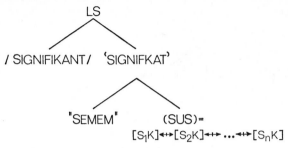

Skizze 46: Modell der Homonymie

Hegers mengenalgebraische Definition der Homonymie: $S_i \cap K_k = 0$ Seme[29]
ist gleichfalls entsprechend zu korrigieren:

$S_i \cap S_k = 0$ Semasem

Homonymie ist also u. a. dadurch definiert, daß innerhalb dieses semasiologischen lexikalischen Paradigmas keine partielle Identität der semantischen
Merkmalstruktur existiert. Daß hier dennoch von einem lexikalischen „Paradigma" gesprochen wird, findet seine Berechtigung darin, daß zumindest eine
Identität des Signifikanten der SKn vorliegt (s. dazu 1.5.), die eine mit den
Mitteln der paradigmainternen semantischen Merkmalanalyse nicht zu explizierende Identität der SKn garantiert. Heger hat deshalb von der Vorläufigkeit
aller Homonymiebestimmungen gesprochen[30]. Somit erscheint es sinnvoll, auch
im Fall der Homonymie eine Disjunktion der SKn anzusetzen.

5.5.3. Multisemie

Bei dem Vorliegen von mindestens drei SUKn einer SUS eines (Syn)Sig-
nifikats kann mit der Existenz von Strukturen gerechnet werden, die einerseits als Polysemie und andererseits als Homonymie definiert sind[31]. Diese
„hybriden" semantischen Strukturen sind gegeben, wenn zwei SUKn einer SUS
als polysem definiert sind und die dritte in Relation zu diesen als homonym
gilt. Auch diese Multisemie — als Terminus dafür, wenn diese Strukturen innerhalb eines lexikalischen Signems i n s g e s a m t benannt werden sollen — kann
aufgrund einer autonom-semasiologischen Operation eruiert werden. Multisemie
liegt demnach vor, wenn die SUS eines (Syn)Signifikats aus zumindest drei
disjunktiven SUKn besteht, wovon nur zweien ein Semasem zuzuschreiben ist.

---

[29] Heger (1969) 177.
[30] Heger (1969) 178.
[31] Hierauf macht Heger (1969) 177 f. aufmerksam, führt aber für diese „dritte
Kategorie", die er als „hybrid" bezeichnet, keinen spezifischen Terminus ein (wohl
aber ein Beispiel nach Larochette (1967)).

Die Struktur des Semems bei Multisemie ist dementsprechend eine Kombination der Struktur des Semems bei Polysemie und der Struktur des Semems bei Homonymie.

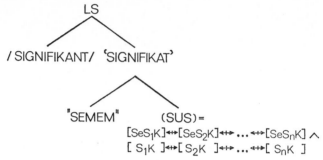

Skizze 47: Modell der Multisemie

5.5.4. Synonymie

Heger definiert folgendermaßen: „Synonymie liegt vor, wenn zwei oder mehr Signeme ein und dasselbe Noem (bzw. ein und dieselbe konjunktive Noemkombination) bezeichnen und untereinander symbolfunktional in freier Distribution und somit symptom- und/oder signalfunktional in Opposition stehen"[32]. Heger nimmt dabei ausdrücklich Bezug auf Baldingers Untersuchung: „La synonymie — problèmes sémantiques et stilistiques"[33], in der die Grundlagen für diese Definition erarbeitet wurden. In bezug auf Onomasiologie und Semasiologie konstatiert Baldinger: „La synonymie absolue n'existe que sur le plan d'analyse onomasiologique"[34]. Diese Meinung spiegelt Hegers Definition insofern wider, als dort auf „Noeme" Bezug genommen wird. Allerdings verweist der Terminus „freie Distribution" bei Heger darauf, daß auch eine semasiologische Operation bei der Eruierung der Synonymie im Spiele ist.

Im folgenden soll nun gezeigt werden, daß — wie schon bei der Definiton paradigmatischer semantischer Strukturen innerhalb e i n e s lexikalischen Signems — unter operationalen Aspekten die Definition Hegers zu präzisieren ist.

Zunächst muß davon ausgegangen werden, daß durch Noemidentität noch nicht das Faktum der Synonymie definiert ist. Wenn z. B. der Begriff «größere Fläche mit dichtem Baumbewuchs» als Noem in den Lexemen *Wald, Forst, Schonung* etc.[35] enthalten ist, so sind sie deshalb noch nicht synonym. Dieses

---

[32] Heger (1969) 197.

[33] Baldinger (1968) 41—61; vgl. auch Baldinger (1967) 132—139.

[34] Baldinger (1968) 58.

[35] Vgl. Henne/Wiegand (1969) 167. Das Noem erscheint dort als „S_1". Vgl. 155: „Ob eine weitere Differenzierung zwischen onomasiologisch und semasiologisch eruiertem Sem vorzunehmen ist, muß weiteren Überlegungen vorbehalten bleiben." „Weitere Überlegungen" haben inzwischen dazu geführt, das „onomasiologisch eruierte Sem" als Noem einzuführen und entsprechend vom „semasiologisch eruierten Sem" bzw. Semasem zu differenzieren. Vgl. 4.2.2.

Faktum berücksichtigt Heger, indem er zusätzlich definiert, daß Synonyme darstellungsfunktional in freier Distribution und somit symptom- und/oder signalfunktional in Opposition stehen müssen. Nach den in 4.2.2. skizzierten operationalen Gesichtspunkten heißt das aber, daß Synonyme, präziser: deren SUKn, im Normalfall identische Noeme u n d Seme und divergierende Stileme enthalten müssen. Nur zufällig kann sich ergeben, daß zwei Synonyme lediglich identische Noeme und differierende Stileme enthalten und deshalb synonym sind. Aber der Nachweis, daß die entsprechenden SUKn in diesem Fall k e i n e zusätzlichen Seme und dementsprechend auch k e i n e d i f f e r i e r e n d e n Seme enthalten, muß allemal aufgrund einer semasiologischen Operation geführt werden. Da also hier drei Klassen von semantischen Merkmalen: Noeme, Seme und Stileme zu differenzieren sind, müssen nacheinander drei semantische Operationen, eine onomasiologische und zwei komplementär-semasiologische durchgeführt werden, um das Phänomen der Synonymität von lexikalischen Signemen zu eruieren und dementsprechend zu definieren.

Synonymie liegt deshalb vor, wenn aufgrund einer onomasiologischen Operation und aufgrund einer daran anschließenden komplementär-semasiologischen Operation nachgewiesen werden kann, daß die NSKn zweier lexikalischer Signeme identische darstellungsfunktionale Merkmale haben, und wenn zudem komplementär-semasiologisch nachgewiesen wird, daß diese identischen NSKn jeweils differierende Stileme haben, so daß diese lexikalischen Signeme darstellungsfunktional in freier Distribution und symptom- und signalfunktional in Opposition stehen. Da also jeweils die darstellungsfunktionale Identität und die symptom- und signalfunktionale Opposition von Substanz k o l - l e k t i o n e n postuliert wird, lassen sich drei Typen von Synonymie feststellen[36]:

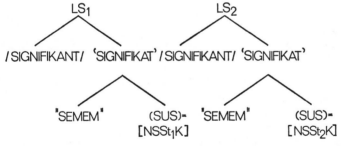

Skizze 48: Modell der Synonymie Typus 1

---

[36] Baldinger (1968) 44 ff. hat nur zwei Typen: „symbolbegriffliche [= darstellungs-funktionale] Signifié-[= Substanzsumme] synonymie et symbolbegriffliche Semem-[= Substanzkollektion] synonymie" erarbeitet, die in dieser Reihenfolge meinem Typus 1 und 3 entsprechen. — Verwiesen sei in diesem Zusammenhang auch auf Baldingers Kapitel 8 (S. 50 f.): „Les fonctions de symptome et de signal", in dem er eine Klassifizierung der „éléments pragmatiques", also jener symptom- und signalfunktionalen Merkmale gibt, die eine Differenzierung der Synonyme bedingen.

Signem 1 und 2 sind monosem, stehen darstellungsfunktional in freier Distribution und symptom- und signalfunktional in Opposition.

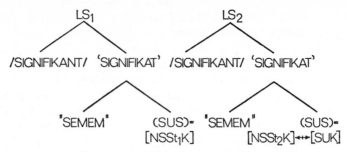

Skizze 49: Modell der Synonymie Typus 2

Signem 1 ist monosem, Signem 2 polysem oder homonym; deshalb stehen Signem 1 und von Signem 2 lediglich die NSSt$_2$K darstellungsfunktional in freier Distribution und symptom- und signalfunktional in Opposition.

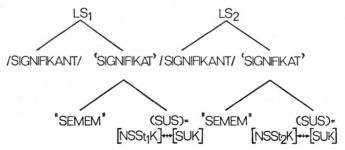

Skizze 50: Modell der Synonymie Typus 3

Signem 1 und 2 sind polysem oder homonym; deshalb stehen nur NSSt$_1$K von Signem 1 und NSSt$_2$K von Signem 2 darstellungsfunktional in freier Distribution und symptom- und signalfunktional in Opposition.

Da diese Typologie jeweils die semantische Relation zweier Synonyme zueinander erfaßt, kann eine Synonymenreihe jeweils eine Kombination dieser Typen 1 bis 3 darstellen.

Baldinger hat darauf hingewiesen, daß — sofern Derivateme oder Kompositeme mit Lexemen synonym sind — eine weitere Differenzierung, d. h. also wohl innerhalb dieser Typen, vorzunehmen ist: „S'il y a combinaison de monèmes (dérivation, composition), la synonymie des signifiés [hier: Typus 1] et de sémèmes [hier: Typus 3] se combine avec le phénomène de la motivation (Bürgersteig motivé, Trottoir non motivé en all.) sur le plan de forme de contenue, ce qui constitue un d e u x i è m e facteur différenciateur"[37].

---

[37] Baldinger (1968) 57; Sperrung von mir.

Das heißt also: Es ergibt sich eine weitere Differenzierung der Typen 1 bis 3, sofern einerseits Lexeme und andererseits katenierte Plereme, also Kompositeme und Derivateme, in die paradigmatische Struktur der Synonymie eintreten. Wie gewichtig diese Differenzierung ist, hängt von dem Abstand ab, den man zwischen „konventionellen" (bzw. arbiträren) und partiell motivierten („durchsichtigen") lexikalischen Signemen zuläßt.

5.5.5. Partielle Synonymie

Weder Baldinger noch Heger definieren diese besondere paradigmatische semantische Struktur lexikalischer Signeme. Von Ullmann[38] und im Anschluß daran von Bellmann[39] wird partielle Synonymie unter dem Terminus Homoionymie geführt.

Partielle Synonymie liegt vor, wenn aufgrund einer onomasiologischen Operation nachgewiesen wird, daß zwei lexikalische Signeme identische Noeme und aufgrund einer komplementär-semasiologischen Operation differierende Seme haben. Allerdings muß in diese Definition eine Restriktion eingeführt werden, um die schon Eberhard bemüht war, als er das eigentliche Objekt, d. h. die partiellen Synonyme, seiner „allgemeinen Synonymik" zu definieren suchte[40]. Denn würde aufgrund einer onomasiologischen Operation der Begriff «Wasser» definiert und anschließend gefragt, welche Lexeme der deutschen Standardsprache diesen Begriff als Noem ‹Wasser› beinhalten, so würden dazu zweifellos u. a. *See, Teich, Fluß* und *Bach* zählen. Doch nach Eberhard sind lediglich *Fluß* und *Bach* einerseits und *See* und *Teich* andererseits als Mitglieder einer „Wörterfamilie", d. h. also als partielle Synonyme zu akzeptieren, da nur z. B. *Fluß* und *Bach* den „nächsten höhern Begriff mit einander gemein haben"[41]. Die Definition partieller Synonymität, in die die schon von Eberhard geforderte Restriktion eingegangen ist, muß somit lauten: Partielle Synonymie liegt vor, wenn nachgewiesen wird, daß aufgrund einer onomasiologischen Operation die SUKn zweier oder mehrerer lexikalischer Signeme identische Noeme und aufgrund einer komplementär-semasiologischen Operation differierende Seme haben u n d die so strukturierte NK (als einzelsprachliche Bezeichnung des Begriffs) mit der durch zusätzliche Seme differierenden NSK im Verhältnis von Art („species") zu nächsthöherer Gattung („genus proximum") steht, die NSKn untereinander somit im Verhältnis nebengeordneter Arten stehen. Liegt keine NK als einzelsprachliche Bezeichnung des Begriffs vor (z. B. «fließendes Wasser» als Noem der Lexeme *Fluß* und *Bach*), so gilt die Bedingung der species-genus proximum-Relation für die NSKn und den übereinzelsprachlichen Begriff.

---

[38] Ullmann (1967) 102; hier auch der Terminus „Pseudosynonyme".
[39] Bellmann (1968) 224; hier noch die Termini „Quasi-Synonyme", „sogenannte Synonyme".
[40] Vgl. dazu 3.1.6.
[41] Vgl. 3.1.6.

Auch die Definition partieller Synonymität lexikalischer Signeme trifft jeweils auf ganz bestimmte SUKn — eben die NSK (bzw. eine NK) — dieser Signeme zu, so daß auch hier in Analogie zur Synonymie spezielle Typen partieller Synonymie zu erarbeiten sind. Da im Fall der partiellen Synonymie entweder Relationen zwischen NSK oder zwischen diesen und einer NK bestehen, lassen sich insgesamt acht Typen partieller Synonymie erarbeiten. Um die Darstellung im Vergleich zu den Typen der Synonymie abzukürzen, wird im folgenden lediglich der untere „Substanz"-Knoten des lexikalischen Signem-Stemmas mit dem eines anderen lexikalischen Signems konfrontiert:

Partielle Synonymie Typus 1:
LS_1: (SUS) = NK
$\longleftrightarrow$
LS_2: (SUS) = NSK

Partielle Synonymie Typus 2:
LS_1: (SUS) = NK
$\longleftrightarrow$
LS_2: (SUS) = NSK $\longleftrightarrow$ SUK

Partielle Synonymie Typus 3:
LS_1: (SUS) = NK $\longleftrightarrow$ SUK
$\longleftrightarrow$
LS_2: (SUS) = NSK

Partielle Synonymie Typus 4:
LS_1: (SUS) = NK $\longleftrightarrow$ SUK
$\longleftrightarrow$
LS_2: (SUS) = NSK $\longleftrightarrow$ SUK

Partielle Synonymie Typus 5:
LS_1: (SUS) = NS_1K
$\longleftrightarrow$
LS_2: (SUS) = NS_2K

Partielle Synonymie Typus 6:
LS_1: (SUS) = NS_1K
$\longleftrightarrow$
LS_2: (SUS) = NS_2K $\longleftrightarrow$ SUK

Partielle Synonymie Typus 7:
LS_1: (SUS) = NS_1K $\longleftrightarrow$ SUK
$\longleftrightarrow$
LS_2: (SUS) = NS_2K

Partielle Synonymie Typus 8:

$LS_1: (SUS) = NS_1K \leftrightarrow SUK$

$LS_2: (SUS) = \overset{\leftrightarrow}{NS_2K} \leftrightarrow SUK$

Für alle diese speziellen Typen partieller Synonymie gilt, daß die lexikalischen Signeme jeweils darstellungsfunktional in Opposition stehen. Eine „Wörterfamilie" im Sinne Eberhards bzw. eine partielle Synonymenreihe stellt dann jeweils möglicherweise eine Kombination dieser Typen dar. Die von Baldinger für die Synonymie betonte weitere Differenzierung, die darin besteht, daß entweder (1) Lexeme untereinander oder (2) Derivateme oder Kompositeme und Lexeme oder — was zu ergänzen ist — (3) Derivateme und Kompositeme untereinander in Relation zueinander treten, würde natürlich auch diese Typologie partieller Synonymik weiter differenzieren.

5.5.6. Hyponymie

Innerhalb der semantischen Struktur partieller Synonymie der Typen 1 bis 4 kann zudem eine spezifische semantische Struktur konstatiert werden, die unter dem Terinus Hyponymie gefaßt werden soll[42]. Dieser Terminus soll die semantische Struktur benennen, die zwischen einer NSK als einzelsprachlicher Bezeichnung der species und einer NK als einzelsprachlicher Bezeichnung des genus proximum existiert. Zwischen NK und NSK besteht die Relation der Disjunktion. Darüber hinaus ist die Relation der NSK zur NK als Implikation zu beschreiben. Galt für die Disjunktion $p \leftrightarrow q$, also „entweder p oder q", so gilt für die Implikation $p \to q$, also „wenn p, so q". Diese Relation trifft nun genau das Verhältnis NSK zu NK : $NSK \to NK$, wenn [Forst] so [Wald], aber nicht umgekehrt.

Die logische Relation der Implikation und somit die semantische der Hyponymie ergibt sich jeweils aus der semantischen Struktur der SUKn der zwei lexikalischen Signeme, zwischen denen Hyponymie existiert. Die NSK impliziert jeweils die semantischen Merkmale, spezieller das Noem, der NK des lexikalischen Archisignems, spezieller der Archisubstanzkollektion, aber nicht umgekehrt. Mengenalgebraisch läßt sie sich wie folgt definieren: Die konjunktive Kombination der semantischen Merkmale der NK ist jeweils eine echte Teilmenge der konjunktiven Kombination der semantischen Merkmale der NSK: NK c NSK.

Die Hyponymie ist eine essentielle semantische Relation zwischen lexikalischen Signemen, weil sie die Relation benennt, die zwischen Generalisierung und Spezifizierung innerhalb der Lexik einer Sprache existiert. Hyponymie ist die Voraussetzung für die Abstraktionstendenzen innerhalb der Lexik eines Sprachsystems.

---

[42] Terminus in Anlehnung an Lyons (1963) 69; Lyons (1968) 453.

5.6. Definition systemtranszendenter semantischer Strukturen lexikalischer Signeme

5.6.0. Daß semantische Strukturen lexikalischer Signeme verschiedener Sprachsysteme nicht gleichzusetzen sind mit denen innerhalb eines Sprachsystems, die per definitionem paradigmatisch sind — was für jene nicht gilt —, war z. B. für Johann August Eberhard eine ausgemachte Sache: Er bezeichnete als „idiomatische Synonyme" jene Relation zwischen lexikalischen Signemen verschiedener Sprachsysteme, bei der eine Identität des „Begriffs", präziser: der SUK, zu konstatieren ist[43]. Bellmann macht darauf aufmerksam, daß diese Erkenntnis, d. h. die Differenzierung zwischen (partiellen) Synonymen einerseits und „idiomatischen Synonymen" andererseits im Laufe des 19. Jahrhunderts verlorenging[44]. Im Anschluß an Weijnen ist heute u. a. für „idiomatische Synonyme" der Terminus Heteronyme üblich[45].

5.6.1. Heteronymie

Nach den in dieser Untersuchung explizierten theoretischen und operationalen Prämissen kann Heteronymie wie folgt definiert werden: Diese liegt vor, wenn aufgrund einer onomasiologischen und einer daran anschließenden semasiologischen Operation z. B. die NSK eines lexikalischen Signems$_1$ in Sprachsystem 1 identifiziert ist und wenn aufgrund einer gleichfalls onomasiologischen und komplementär-semasiologischen Operation — z. B. im Rahmen einer kontrastiven semantischen Analyse — die NSK eines lexikalischen Signems$_2$ in Sprachsystem 2 gleichfalls identifiziert ist und sich herausstellt, daß diese NSKn dieser lexikalischen Signeme zweier Sprachsysteme darstellungsfunktional identisch sind. Die SUKn der jeweils zur Untersuchung anstehenden lexikalischen Signeme können natürlich auch aufgrund einer autonom-semasiologischen Operation beschrieben werden, so daß z. B. Identität der SeSKn vorläge:

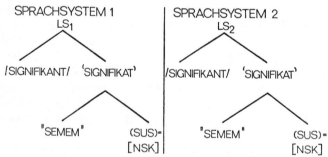

Skizze 51: Modell der Heteronymie

---

[43] Eberhard (1795) XXV.
[44] Bellmann (1968) 229 f.
[45] Vgl. Bellmann (1968) 230: „Heteronyme für ‚gleichbedeutende Wörter aus verschiedenen Sprachen oder Mundarten'" (Zitat Weijnen); Goossens (1969) 99: „Heteronyme sind gleichbedeutende Wörter aus verschiedenen Systemen."

Da auch in bezug auf die Heteronymie semantische Relationen zwischen SUKn existieren, läßt sich auch hier eine Typologie aufstellen; darstellerisch abgekürzt werden im folgenden nur die unteren „Substanz"-Knoten des jeweiligen Stemmas konfrontiert:

Heteronymie Typus 1
Sprachsystem 1
LS_1: (SUS) = [NSK]
Sprachsystem 2
LS_2: (SUS) = [NSK]

Heteronymie Typus 2
Sprachsystem 1
LS_1: (SUS) = [NSK]
Sprachsystem 2
LS_2: (SUS) = [NSK] ↔ [SUK]

Heteronymie Typus 3
Sprachsystem 1
LS_1: (SUS) = [NSK] ↔ [SUK]
Sprachsystem 2
LS_2: (SUS) = [NSK] ↔ [SUK]

Diese Typologie wäre dadurch noch weiter zu differenzieren, daß potentiell auch semantische Relationen zwischen NKn und NKn und auch zwischen NKn und NSKn existieren können. Zudem müßte auch eine vergleichbare Typologie für Relationen zwischen SeSKn bzw. SKn angestellt werden. Davon soll in diesem Zusammenhang abgesehen werden. Diese Ausarbeitung einer exhaustiven Typologie könnte aber im Rahmen kontrastiver semantischer Analysen wichtig werden.

5.6.2. Partielle Heteronymie

Haben das lexikalische $Signem_1$ in Sprachsystem 1 und das lexikalische $Signem_2$ in Sprachsystem 2 lediglich ein Noem gemeinsam, aber differierende Seme u n d stehen die NSKn jeweils zum Begriff oder zu der diesen einzelsprachlich bezeichnenden NK im Verhältnis von species zu genus proximum und untereinander folglich im Verhältnis nebengeordneter Arten, so liegt partielle Heteronymie vor (s. Skizze 52, S. 170).

So steht z. B. [NS_1K] zu [NS_4K], [NS_5K], [NS_6K] im Verhältnis partieller Heteronymie, während [NS_1K] zu [NS_2K] im Verhältnis partieller Synonymie steht. Auch für diese besondere semantische Struktur partieller Heteronymie ließe sich in Analogie zur Typologie der Heteronymie eine weitergehende Typologie erarbeiten, die dadurch noch differenziert würde, daß jeweils entweder Relationen zwischen NKn aus Sprachsystem 1 und NSKn aus Sprachsystem 2 oder Relationen zwischen [NS$_1$K] etc. aus Sprachsystem 1 und [NS$_4$K] etc. aus Sprachsystem 2 zu konstatieren wären.

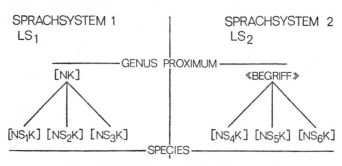

Skizze 52: Modell der partiellen Heteronymie

5.6.3. Tautonymie

Einen anderen Fall semantischer Relation zwischen lexikalischen Signemen beschreibt Goossens: „Heterosemie [...] ist die Erscheinung, daß eine Sprachform verschiedene Bedeutungen hat in voneinander abweichenden Systemen"[46]. Für diese besondere Struktur der „Heterosemie" bringt Goossens allerdings ein untaugliches Beispiel: „Aus der Bedeutungskarte des Wortes *Korn* im deutschen Sprachgebiet geht hervor, daß dieser Ausdruck in einem schwäbischen Bereich die Bezeichnung des Dinkels ist, aber sonst im ober- und mitteldeutschen Raum meistens zur Benennung des Roggens verwendet wird"[47]. Die entscheidende Stelle dieses Zitats ist „dieser Ausdruck", also der Signifikant / Korn /. Damit wird unterstellt, daß der Signifikant / Korn / in dieser Form in den angesprochenen mundartlichen Sprachsystemen existiert. Doch das „Vorwort" erweist, daß hier lediglich eine, wie unten aufgezeigt wird: unzulässige Typisierung vorliegt: „Da bei wortgeographischen Fragen die mundartliche Aussprache der Wörter in der Regel keine Rolle spielt, schien es mir sinnvoll, diesen Aspekt der dialektgeographischen Fragen im zweiten Abschnitt unbeachtet zu lassen"[48]. Denn obgleich es sich bei der von Goossens so genannten Heterosemie um semantische Fragen, präziser: um semantische Relationen handelt, ist es nicht erlaubt, „diesen Aspekt", also die besondere phonemische bzw. graphemische Struktur des Signifikanten außer acht zu lassen. Denn der jeweilige Signifikant eines Sprachsystems in seiner besonderen phonemischen bzw. graphemischen Struktur ist quantitativ konsubstantiell an das jeweilige

Signifikat gebunden[49]. Somit liegen im Fall des von Goossens zitierten Beispiels jeweils unterschiedliche Signifikanten mit divergierenden Signifikaten
aus jeweils unterschiedlichen Sprachsystemen vor, deren semantische Relation
zueinander evtl. als partielle Heteronymie zu beschreiben ist.

Nun gibt es allerdings die Erscheinung, daß bei einer Relation zwischen
lexikalischen Signemen verschiedener Sprachsysteme eine Identität der Signifikanten zu konstatieren ist. Jedoch erfordert die Beachtung der These von der
quantitativen Konsubstantialität, auch in diesem Fall jeweils von zwei lexikalischen Signemen verschiedener Sprachsysteme zu sprechen. Diese besonderen
semantischen Relationen, die Identität der Signifikanten zweier Sprachsysteme
voraussetzen, existieren in erster Linie zwischen lexikalischen Signemen von
Fachsprachen und solchen anderer Sprachsysteme[50]. Vor allem hinsichtlich dieser
Relation ist das sonst seltenere Phänomen zu verzeichnen, daß zwei lexikalische Signeme zweier Sprachsysteme nach parallelen phonemischen bzw. graphemischen Regeln gebildet sind. Diese besondere Relation zwischen lexikalischen Signemen zweier Sprachsysteme soll im folgenden Tautonymie genannt
werden. Sie liegt vor, wenn der Signifikant eines lexikalischen Signems₁ in
Sprachsystem 1 und der Signifikant eines lexikalischen Signems₂ in Sprachsystem 2 nach identischen phonemischen bzw. graphemischen Regeln gebildet
sind.

Doch unter diesen Voraussetzungen ist es kaum berechtigt, die Tautonymie
unter die „semantischen" Strukturen lexikalischer Signeme, also Relationen
innerhalb des Signifikats oder solchen zwischen mehreren Signifikaten einzu-
reihen. Lediglich unter dem Aspekt, daß im Falle der Tautonymie auch eine
partielle Identität der Signifikate, korrekter: partielle Identität bestimmter
SUKn zu konstatieren ist, läßt sich die Tautonymie hier subsumieren:

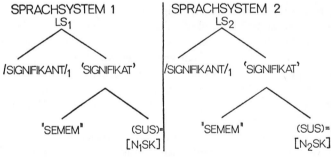

Skizze 53: Modell der Tautonymie

---

[49] Vgl. Heger (1964) 489 f.: „Es sei ausdrücklich betont, daß die quantitative Kon-
substantialitätsrelation ausschließlich innerhalb eines gegebenen einzelsprachlichen
Systems gilt [...]".
[50] Eine andere Möglichkeit der Beurteilung dieser semantischen Strukturen diskutiert
Wiegand (1970).

Auch im Falle der Tautonymie ließe sich eine Typologie erstellen, die von der Identität über partielle Identität bis hin zur völligen Diversität der SUKn reicht. Diese Typologie könnte zudem dadurch differenziert werden, daß jeweils mit Monosemie oder Polysemie bzw. Homonymie gerechnet werden müßte. Da sich jedoch die Lexikographen auf jeweils ein Sprachsystem konzentrieren, kann das hier unterbleiben. Dennoch ist auch in den Wörterbüchern von Adelung, Campe und Eberhard Heteronymie, partielle Heteronymie und Tautonymie nachzuweisen, so daß auch in diesem Zusammenhang eine Definition systemtranszendenter semantischer Strukturen lexikalischer Signeme gegeben werden mußte.

5.7. Semantische Strukturen lexikalischer Signeme im Wörterbuch

5.7.0. Mit den in 5.5. und 5.6. vorgenommenen Definitionen sind nunmehr Kriterien an die Hand gegeben, die es erlauben, die Prinzipien der Lemmatisierung und der Verweise der Lexikographen kritisch zu beurteilen.

5.7.1. Eberhards onomasiologisches Wörterbuch

Die Prinzipien der Lemmatisierung innerhalb Eberhards Wörterbuch lassen sich wie folgt explizieren: Dieser setzt

(1) p a r t i e l l e   S y n o n y m e n reihen als Lemmata an, wobei er die lexikalischen Signeme dieses onomasiologischen lexikalischen Paradigmas jeweils aufgrund der (ortho-)graphischen Realisierung eines lexikalischen Signems — zumeist desjenigen, das alphabetisch „vorn" liegt — einordnet:
Bank, Schemel, Sitz, Stuhl, Sessel[51].
Bach, Fluß, Strom[52].

(2) Die erste partielle Synonymenreihe von (1) liefert zugleich ein Beispiel für die semantische Struktur der H y p o n y m i e : Diese existiert zwischen der paradigmainternen SUK = NK von *Sitz* einerseits und den paradigmainternen SUKn = NSKn von *Sessel, Stuhl, Bank* und *Schemel* andererseits. Diese semantische Struktur ist bei Eberhard immer dann angezeigt, wenn er nach der metasprachlichen Explikation des Noems unter I. unter II. wie folgt expliziert: „Diesen allgemeinsten Begriff druckt das Wort [...] aus"[53].

(3) Teilweise setzt er auch S y n o n y m e n reihen als Lemmata an, die gleichfalls nach der (ortho-)graphischen Realisierung eines lexikalischen Signems eingeordnet sind:
Abendessen, Abendmahlzeit, Abendmahl, Abendbrot[54].

---

[51] Eberhard (1795) 242.
[52] Eberhard (1795) 235.
[53] Eberhard (1795) 242.
[54] Eberhard (1795) 4.

Metzger, Fleischer, Schlächter[55].

(4) Die unterschiedlichen T y p e n der S y n o n y m i e und p a r t i e l -
l e n S y n o n y m i e sind insofern nicht für Eberhards Wörterbuch relevant,
als dieser nur die paradigmainternen NSKn, nicht hingegen die polysemen oder
homonymen SUKn desselben lexikalischen Signems semantisch deskribiert[56].
So beschreibt er lediglich die SUK von *Sitz*, die — wie die der paradigmainternen SUKn der anderen Lexeme — durch das Noem ‹Werkzeug zum
Sitzen› charakterisiert ist, nicht hingegen die drei anderen SUKn von *Sitz*,
die etwa Adelung deskribiert[57]. Auch für das Kompositem *Abendessen* etwa
beschreibt er lediglich die SUK, die Adelung mit „das Speisen zur Abendzeit"
paraphrasiert und die dieselben darstellungsfunktionalen semantischen Merkmale wie *Abendmahlzeit* hat; die zweite polyseme SUK von *Abendessen*, die
Adelung u. a. mit „eine Speise, welche man Abends vor dem Schlafengehen zu
sich nimmt" expliziert[58], findet bei ihm keine Erwähnung.

So suggeriert Eberhard, daß z. B. seine Synonyme jeweils dem unter 5.5.4.
skizzierten Typus 1 zuzurechnen seien. In Wirklichkeit repräsentiert lediglich
Metzger — Fleischer den Typus 1; *Abendmahlzeit* und *Abendessen* hingegen
Typus 2 und *Abendessen — Abendmahl* Typus 3.

(5) Da Eberhard also paradigmainterne SUKn, d. h. also NSKn kodifiziert,
scheinen für ihn die semantischen Strukturen i n n e r h a l b eines lexikalischen
Signems, also P o l y s e m i e , H o m o n y m i e und M u l t i s e m i e von
vornherein nicht existent zu sein. Allerdings sind zwei — nicht unwesentliche —
Ausnahmen zu konstatieren:

(51) paradigmainterne Polysemie wird z. B. deskribiert. So hat das Lexem
Aas i n n e r h a l b des onomasiologischen lexikalischen Paradigmas *Aas, Luder*
zwei SUKn, die nach Eberhard folgendermaßen zu deskribieren sind: NK =
Noem ‹Überbleibsel von todten Leichnamen›; NSK = Noem ‹Überbleibsel von
todten Leichnamen›; Sem ›Menschen‹[59]. Der Terminus „paradigmainterne Polysemie" ist also dahingehend zu präzisieren, daß jeweils noemidentische SUKn
e i n e s Signems von Eberhard semantisch unter e i n e m L e m m a deskribiert
werden.

(52) Darüber hinaus ist das Phänomen der — onomasiologisch gesehen —
paradigmaexternen Polysemie, Homonymie oder Multisemie zu konstatieren:
So erscheint das Lexem *Gehalt* bei Eberhard in zwei aus partiellen Synonymen
bestehenden lexikalischen Paradigmen: *Gehalt, Besoldung, Lohn, Löhnung,*

---

[55] Eberhard (1800) 158 f.

[56] Insofern trifft auch für Eberhards Wörterbuch zu, was Kempcke (1968) 231 im
     Blick auf die Synonymenwörterbücher allgemein konstatiert: „Viele Verfasser von
     Synonymwörterbüchern aber verfahren bei ihrer Konzeption so, als hätten sie es
     nur mit monosemen Wörtern zu tun". S. dazu aber noch unter 5.7.1. (5).

[57] S. dazu 4.2.4.

[58] Adelung (1793) 22.

[59] Eberhard (1795) 1.

Sold; und: *Werth, Preis, Gehalt*[60]. Für jedes dieser Paradigmen werden unterschiedliche Noeme und unterschiedliche Seme angegeben. Die semantische Deskription Eberhards läßt vermuten, daß die beiden SUKn von *Gehalt* im Rahmen einer autonom-semasiologischen Operation als SKn zu beschreiben wären, daß somit zwischen diesen SUKn von *Gehalt* eine Homonymierelation existiert. Diese Vermutung wird bestätigt durch die semantische Deskription von Adelung, der allerdings eine weitere (dritte) SUK ansetzt, die er semantisch expliziert mit: „der körperliche Inhalt, was ein Raum enthalten kann [...] Ein Faß von Hundert Kannen Gehalt"[61]. Somit kann der Terminus paradigmaexterne Homonymie (oder Polysemie oder Multisemie) dahingehend präzisiert werden, daß jeweils nicht noemidentische SUKn e i n e s Signems von Eberhard unter z w e i   L e m m a t a semantisch deskribiert werden. Unter der Voraussetzung, daß *Gehalt* von Eberhard exhaustiv semantisch deskribiert ist (was Adelungs semasiologische Analyse nicht bestätigt) und unter der weiteren Voraussetzung, daß ein anderes lexikalisches Signem dieser Paradigmen gleichfalls dadurch exhaustiv semantisch deskribiert ist, daß es in anderen Paradigmen erscheint (was z. B. für *Lohn* zutrifft, das außerdem in den Paradigmen *Lohn, Belohnung, Preis;* und *Lohn, Belohnung, Bezahlung* erscheint), wären in diesem Fall paradigmaexterner Polysemie zweier partieller Synonyme die Bedingungen erfüllt, um sie dem Typus 8 partieller Synonymik zuzuweisen.

Somit sind also in Erweiterung und Präzisierung der Aussagen von (4) s p o r a d i s c h sowohl besondere Klassen signeminterner semantischer Strukturen als auch bestimmte Typen partieller Synonymik nach 5.5.5. zu konstatieren.

(6) Auf h e t e r o n y m e und p a r t i e l l   h e t e r o n y m e lexikalische Signeme wird von Eberhard zum Teil unter dem Lemma der standardsprachlichen partiellen Synonyme verwiesen. So verweist er unter der partiellen Synonymenreihe *Bahn, Weg, Straße, Pfad, Steig* auf das „niederdeutsche" *Pad,* das nach der Definition von 5.6.1. als Heteronym einzustufen ist[62]; oder unter *Gesang, Lied, Arie, Cavate, Arioso, Psalm* verweist er auf die niederdeutschen und altfranzösischen Heteronyme zu *Lied : Leed* und *Lay*[63]. Unter der Synonymenreihe *Metzger, Fleischer, Schlächter* verweist er auf „*carcassbutcher* in England", der nicht *Metzger* genannt werden könne, da er die geschlachteten Tiere für die Schiffe im Ganzen und unzerhauen verkaufe[64]. Nach der Definition von 5.6. wäre *carcassbutcher* somit als partielles Heteronym zu *Metzger, Fleischer* und *Schlächter* einzuordnen.

(7) Sporadisch verweist Eberhard unter den standardsprachlichen Lemmata auch auf Tautonyme. So expliziert er unter der standardsprachlichen partiellen

---

[60] Eberhard (1798) 201; (1802) 323.
[61] Adelung (1796) 490.
[62] Eberhard (1795) 240.
[63] Eberhard (1798) 268.
[64] Eberhard (1800) 159.

Synonymenreihe *Kreis, Umkreis, Bezirk, Revier* auch ein fachsprachliches Lexem *Revier*: „Und die Förster nennen Revier diejenige Gegend, in welcher ihnen die Aufsicht über die Heide anvertraut ist"[65]. Oder unter *Nation, Volk* verweist er auf das Lexem *Volk* innerhalb der Jägersprache: „Man nennt daher einen jeden Haufen von Rephühnern, die sich zusammen halten, ein Volk"[66].

5.7.2. Adelungs und Campes semasiologische Wörterbücher

(1) Im semasiologischen Wörterbuch stehen im Gegensatz zum onomasiologischen semantische Sturkutren innerhalb eines lexikalischen Signems im Vordergrund. Wenn unter 5.7.1. (1) und 5.7.1. (2) darauf verwiesen wurde, daß Eberhard jeweils partielle Synonyme bzw. Synonyme kodifiziert, so kann nicht gleichermaßen davon gesprochen werden, daß Adelung und Campe jeweils einzelne Lexeme, Derivateme oder Kompositeme kodifizieren. In diesem Zusammenhang muß expliziter auf ein bisher nur nebenbei erwähntes Faktum zurückgenommen werden[67]: Adelung und Campe kodifizieren nicht — wie Eberhard im Rahmen seiner (partiellen) Synonymenreihen — Lexeme, bzw. Derivateme bzw. Kompositeme, sondern jeweils Flekteme, die nach den Ausführungen von 1.4. auf R_{1+n}" zu plazieren sind. So setzt Adelung nicht wie Eberhard *Sessel* als Lemma an, sondern: „Der Sessel, des -s, plur. ut nom. sing."[68] Damit hat Adelung jedoch nicht nur ein Flektem, sondern mehrere Flekteme kodifiziert: Die angegebenen Flekteme, nämlich der Nominativ und Genitiv Singular sowie der Nominativ Plural sollen offensichtlich stellvertretend für das gesamte Flektemparadigma stehen, in dem *Sessel* als Substantiv erscheinen kann. In diesem Fall kann im Anschluß an Heger von einer Vokabel gesprochen werden: „Als rein paradigmatische Einheit existiert die Vokabel nur in abstracto und kann daher auch nur in Form einer willkürlich für diesen metasprachlichen Gebrauch bestimmten Flexionsform [= Flektem] (z. B. Infinitiv, Nominativ Singular usw. zitiert werden"[69]. Die „abstrakte" Stellvertretung, die das eigentliche Lemma: „Der Sessel" als Vokabel im Nominativ Singular erfüllt, soll offenbar weniger abstrakt dadurch werden, daß Adelung und Campe jeweils noch den Genitiv Singular und den Nominativ Plural hinzufügen. Die Lexikographen wollen also ein Muster der „konstanten Proportionalität" geben, die ein solches Flektemparadigma auszeichnet[70]. Somit kann

---

[65] Eberhard (1799) 316.

[66] Eberhard (1800) 232.

[67] Vgl. 3.4.2.

[68] Adelung (1801) 61; Campe (1810) 417 hat: „Der Sessel, -s, Mz. gleich".

[69] Heger (1969) 193; Lyons (1968) 197 führt für das, was hier unter Vokabel subsumiert wird, den Terminus „lexeme" ein: „We shall introduce another terme, *lexeme*, to denote the more ‚abstract' units, which occur in different inflexional ‚forms' according to the syntactic rules involved in the generation of sentences."

[70] Vgl. Seiler (1967) 59.

also konstatiert werden: Adelung und Campe kodifizieren Vokabeln, die auf $R_{1+n''}$ zu plazieren sind, während Eberhard Lexeme, Derivateme und Kompositeme kodifiziert, die auf $R_{1'}$ und $R_{1+n'}$ liegen.

Da in 3.4.2. jedoch lediglich der Anspruch erhoben wurde, Signeme auf $R_{1'}$ und $R_{1+n'}$ und somit keine Flekteme semantisch zu analysieren, ist damit eine Berechtigung gegeben, ein Merkmal n i c h t anzusetzen, das innerhalb der Semantiktheorie der transformationellen Grammatik als „grammatical marker" fungiert und das jeweils die Wortklasse eines Signems markiert[71].

(2) Unter dem Aspekt der Flektemkodifizierung wird auch verständlich, warum Adelung und Campe z. B. für das Lexem *Heide* drei Lemmata ansetzen[72], obwohl in 5.5.1. bis 5.5.3. postuliert wurde, daß unter dem Aspekt der quantitativen Konsubstantialität jeweils ein Signem mit polysemen oder homonymen SUKn vorliege: Da Adelung und Campe Vokabeln kodifizieren, liegen eben drei verschiedene Vokabeln vor, die entsprechend der unterschiedlichen SUKn von *Heide* unterschiedliche grammatische Paradigmen repräsentieren: (1) „Die Heide, plur. inus."; (2) „Die Heide, plur. die -n"; (3) „Der Heide, des -n, plur. die -n"[73]. Ganz offensichtlich wird es dort, wie bei *Arm* und *Fest*[74] der Übergang von $R_{1'}$ auf $R_{1+n''}$, also der Übergang vom Lexem zur Vokabel, sich dadurch auszeichnet, daß zwei verschiedene Vokabeln auch in Form von zwei Wortklassen (Substantiv und Adjektiv) vorliegen[75]. So kodifiziert Adelung: „arm, ärmer, ärmste, adj. et adv."; „Der Arm, des -es, plur. die -e"[76].

---

[71] Vgl. Katz/Fodor (1964) 496—500; Katz/Postal (1965) 13 sprechen auch vom „syntactic marker", der die „part of speech role" umschreibe.

[72] Adelung (1796) 1061 ff.; Campe (1808) 596 ff.

[73] Nach Adelung (1796) 1061 ff. Adelung gibt folgende semantische Explikationen: (1): [eine Pflanze, welche viele holzige, harte, braunrothe Stängel und eine Menge Blätter treibet, welche [...] beständig grün bleiben; Erica L. [...]"] (2): [„Ein großer mit Tangel oder schwarzem Holze bewachsener Wald, [...]; Ein unfruchtbares ebenes Feld, welches umgebauet lieget, weil es weder Getreide noch brauchbares Gras, sondern nur Heidekraut, Geniste und anderes Gesträuch träget [...]"]; (3): [„eine Person, welche außer der Erkenntniß des wahren Gottes lebet; ein Ungläubiger im weitern Verstande"]. Hier liegt z. B. eine Multisemie, nämlich Polysemie von (1) und (2) und Homonymie von (3) vor.

[74] In diesem Fall liegt zusätzlich Homophonie (und entsprechend nicht Homographie) vor; s. dazu 5.4.

[75] Heger (1969) 198 plädiert dafür, lediglich von zwei Vokabeln zu sprechen, wenn die „sememdisjunkte [= polyseme oder homonyme oder multiseme] Vokabel gemäß ihren verschiedenen Sememen [= SUKn] auch verschiedenen Wortklassen [...] zuzuordnen ist". Hingegen wurde oben dafür plädiert, daß auch im Fall unterschiedlicher Flexion derselben Wortklasse mit zwei (oder mehr) Vokabeln zu rechnen sei.

[76] Adelung (1793) 429 f. — Vgl. dazu Rosengren (1969) 108: „Ich glaube, daß die Flexionsreihe ein fester Ausgangspunkt für eine Lemmatisierung ist." Den weiterführenden Überlegungen der Autorin, die z. B. die „Homonymiefrage" durch den Rekurs auf identische oder divergierende grammatische Paradigmen lösen möchte, kann nicht zugestimmt werden.

Allerdings muß festgehalten werden, daß hinsichtlich der Lemmatisierung Adelungs und Campes lediglich zu konstatieren ist: Z u m e i s t dann, wenn im Sinne der obigen Definition zwei Vokabeln vorliegen, setzen Adelung und Campe zwei Lemmata an. Ausnahmen, d. h. präziser: von Adelung und Campe offensichtlich als polysem eingestufte lexikalische Signeme, bestätigen auch hier diese lexikographische Regel: So wird das Lemma / Bank / als Vokabel von Adelung folgendermaßen eingeführt: „Die Bank, plur. die Bänke, und in zwei Bedeutungen Banken"[77]. Unter dieser Vokabel, die nach der obigen Definition zwei Vokabeln sind, werden dann die verschiedenen SUKn des Signifikats ‚Bank' beschrieben; da Adelung — und auch Campe[78] — offensichtlich Polysemie der SUKn, also jeweils SeSKn ansetzen, bringen sie beide Vokabeln unter einem Lemma[79].

(3) A n d e r e r s e i t s setzen Adelung und Campe zuweilen dort zwei Lemmata, wo jeweils eine Vokabel vorliegt. Für: „Der Ball, des -es, plur. die Bälle" setzt Adelung zwei SeSKn an: (1) „eine weiche zum Spiele gebräuchliche Kugel"; (2) „verschiedene einer Kugel ähnliche Körper"; einem neuen Lemma: „Der Ball, des -es, plur. die Bälle" ordnet er dann die SK „eine Versammlung mehrerer Personen beyderley Geschlechts zum Tanzen" zu[80]. Die Homonymie des Lexems *Ball* ist offensichtlich der Grund dafür, daß innerhalb der semantischen Explikation zwei Lemmata erscheinen und damit die SeSKn von der SK getrennt werden. Ein anderes Beispiel, das in die gleiche Richtung weist, ist das Lexem *Nagel,* das eine Vokabel darstellt, aber wegen seiner von Adelung und Campe angenommenen Homonymie unter zwei Lemmata erscheint[81].

In gleicher Weise werden von Adelung und Campe dort zwei Lemmata angesetzt, wo Homophonie vorliegt. Daß allerdings hier beträchtliche Divergenzen zwischen Adelung und Campe auftreten können, wurde oben schon betont. Da im Fall der Homophonie — sofern, wie für die deutsche Standardsprache des 18. Jahrhunderts angenommen, jeweils ein lexikalisches Signem vorliegt — zumeist Homonymie vorliegt, geht diese Bemühung, jeweils zwei Lemmata anzusetzen, konform mit dem Bemühen, homonyme SUKn als zwei Lemmata anzusetzen.

Die Gewohnheit, jeweils Vokabeln als Lemmata anzusetzen, führt die Lexikographen auch dazu, eine Homographie, also zwei lexikalische Signeme mit identischer (ortho-)graphischer Realisierungsform, als zwei Lemmata zu führen. So kodifiziert Campe ⟨Erbübel⟩ [„durch Bübelei erlangen"] und

---

[77] Adelung (1793) 715.
[78] Campe (1807) 375: „Die Bank, Mz. die Bänke und in einigen Fällen Banken."
[79] In gleicher Weise etwa werden die beiden Vokabeln von *bewegen* unter einem Lemma geführt; vgl. Adelung (1793) 965: „Bewegen, verb. reg. act. außer in der dritten figürlichen Bedeutung, wo es bewog, bewogen hat". Ähnlich Campe (1807) 516.
[80] Adelung (1793) 703; ähnlich Campe (1807) 368.
[81] Adelung (1798) 409 f.; Campe (1809) 443.

⟨Erbübel⟩ [„Erbsünde"] als zwei Vokabeln: „Er=bübeln, v. trs."; „Erb=
übel, des -s, d. Mz. w. d. Ez."[82]. Allerdings soll die durch die Graphie (=) sonst
nicht übliche Kennzeichnung von *Erb=* und *Er=* darauf hinweisen, daß
unterschiedliche phonische Realisierungsformen, nämlich [ɛrˈbybəln] und
[ˈʔɛrpybəl], und somit eine unterschiedliche phonemische Struktur der lexikalischen Signeme vorliegen[83].

(4) Resümierend kann man feststellen:

(41) Homographien, also zwei lexikalische Signeme mit identischer (ortho-)
graphischer Realisierungsform, werden als zwei Lemmata geführt.

(42) Homphonien, also ein lexikalisches Signem mit divergierenden (orhto-)
graphischen Realisierungsformen, werden als zwei Lemmata geführt, da im
Fall von Homophonie zumeist Homonymie vorliegt[84].

(43) Ein polysemes Signem wird als ein Lemma angesetzt, sofern eine
Vokabel vorliegt.

(44) Ein polysemes Signem wird als ein Lemma angesetzt, auch sofern
zwei Vokabeln vorliegen.

(45) Ein homonymes Signem wird unter zwei Lemmata geführt, sofern
zwei Vokabeln vorliegen.

(46) Ein homonymes Signem wird unter zwei Lemmata geführt, auch sofern eine Vokabel vorliegt.

Homonymie und Polysemie in (43) bis (46) meint jeweils, daß eine solche
semantische lexikalische Signemstruktur in der Sicht der Lexikographen vorliegt. Vokabellemmatisierung einerseits und Lemmatisierung eines homonymen
Signems unter zwei Lemmata und eines polysemen Signems unter einem Lemma
andererseits sind also die z. T. widersprüchlichen Kriterien der Lemmatisierung
der Lexikographen.

(5) Synonymie, partielle Synonymie und Hyponymie können innerhalb der
Lemmatisierung eines semasiologischen Wörterbuchs keine Rolle spielen. Synonyme, partielle Synonyme und Hyponyme erscheinen deshalb lediglich innerhalb der — metasprachlichen — semantischen Explikation. So expliziert Adelung / Das Abendbrot / als [„Benennung des Abendessens"] und fügt anschließend noch die Explikation des diaphasischen (symptom- und signalfunktionalen) Merkmals hinzu: „vornehmlich, wenn von geringen Personen die
Rede ist"[85]. Oder nachdem er die SUK von ‚Sitz', die paradigmaintern zu
Sessel, Stuhl etc. ist, mit: [„ein jedes Werkzeug, worauf oder wo man sitzet"]
expliziert hat, beschreibt er weiter, daß diese SUK von ‚Sitz' „die besonderen
Arten, als Thron, Stuhl, Sessel, Bank u. s. f. in sich schließet"[86]. Damit formu-

---

[82] Campe (1807) 962.
[83] Vgl. dazu auch Adelung (1793) 1865: „Er-blassen, verb. reg. neutr. mit dem Hülfs-
worte seyn"; „Der Erb-lasser, des -s, plur. ut nom. sing.".
[84] Vgl. Lerche — Lärche; Weise — Waise; Lehre — Leere; seyn (esse) — sein (suus)
(nach der Orthographie Adelungs (1801) 38 und 71).
[85] Adelung (1793) 22; vgl. dazu auch 4.1.3. (1).
[86] Adelung (1801) 113.

liert Adelung auf seine Weise die semantische Sturktur der Hyponymie. So existieren synonymische, partiell synonymische und hyponymische paradigmatische semantische Signemstrukturen innerhalb eines semasiologischen Wörterbuchs nur innerhalb der Relation Basissprache (= Lemma) und Metasprache (= semantische Explikation).

(6) Heteronyme und partielle Heteronyme werden unter dem standardsprachlichen Lemma kodifiziert und als Abweichungen von der standardsprachlichen Regel aufgeführt. So führt Adelung unter dem Lemma / Der Fleischer / das Kompositem *Der Fleischmenger* an, daß „in Cöln" üblich sei und vom „veralteten mangen, handeln" sich herleite und das somit als Heteronym zu *Fleischer* in der Deskription Adelungs einzustufen ist. Oder unter demselben Lemma verweist er u. a. auf das Lexem *Küter* als die Bezeichnung eines Fleischers in Niedersachsen, „welcher nur das Vieh anderer Hauswirthe schlachtet"[87]. *Küter* ist deshalb nach der Explikation Adelungs als partielles Heteronym einzustufen. Aufgrund der z. T. unterschiedlichen Konzeption dessen, was deutsche Standardsprache des späten 18. Jahrhunderts sei, ergeben sich hier oft entscheidende Divergenzen zwischen Adelung und Campe. So führt Adelung unter *Fleischer* auch *Flecksieder* an, das „in Wien" diejenigen Fleischer bezeichne, „welche sich allein mit Kaldaunensieden beschäftigen"[88]. Diese Einstufung von *Flecksieder* durch Adelung als partielles Heteronym wird von Campe zwar in gewisser Weise bestätigt; immerhin setzt er aber ein neues Lemma / Der Flecksieder / an und versieht es mit einem Kreuz +: „Landschaftliche Wörter, welche [. . .] der Einführung in die Schriftsprache werth zu sein scheinen"[89].

(7) Für Tautonyme werden von den Lexikographen vielfach besondere Lemmata angesetzt. Damit deuten sie an, daß sie in diesen Fällen jeweils mit unterschiedlichen standardsprachlichen und fachsprachlichen Signemen rechnen. So führt Adelung für das Lexem *Hund* drei Lemmata:

„1. Der Hund, des -es, plur. die -e [. . .]"
„2. Der Hund, des -es, plur. die -e [. . .]"
„3. Der Hund, des -es, plur. die -e [. . .]"[90]

Für Signem 1 und 2 gibt Adelung jeweils fachsprachlich SUKn an, die für Signem 1 jeweils durch das Semasem ‹Werkzeuge› zusammengehalten werden, so z. B. [„bei den Böttchern, ein Werkzeug, die Reife damit um die Fässer zu legen und solche damit zu halten"], und die für Signem 2 jeweils durch das Semasem ‹ein hohles Behältniß, ein Gefäß› zusammengehalten werden, so z. B. [„im Bergbaue ist der Hund ein Kasten mit vier Rädern, worin die Bergleute Berge oder Schutt und Erze in der Grupe von einem Orte zum andern schaffen"]. Erst unter dem Signem 3 expliziert Adelung die seiner Meinung nach standardsprachlichen SeSKn.

---

[87] Adelung (1796) 199.
[88] Adelung (1796) 199.
[89] Campe (1808) 100 und (1807) XXI.
[90] Adelung (1796) 1317—1319; so auch Campe (1808) 801 f.

12*

5.7.3. Verweisschema semantischer Strukturen lexikalischer Signeme

(1) **Polysemie**: Abendessen 5.7.1. (4); Aas 5.7.1. (5); Lohn 5.7.1. (5); Heide 5.7.2. (2); Bank 5.7.2. (2).

(2) **Homonymie**: Gehalt 5.7.1. (5); Heide 5.7.2. (2); Arm 5.7.2. (2); Fest 5.7.2. (2); Ball 5.7.2. (3); Nagel 5.7.2. (3).

(3) **Multisemie**: Heide 5.7.2. (2).

(4) **Synonymie**: Abendessen, Abendmahlzeit, Abendmahl, Abendbrot 5.7.1. (3); Metzger, Fleischer, Schlächter 5.7.1. (3).

(41) Synonymie Typus 1: Metzger, Fleischer 5.7.1. (4).

(42) Synonymie Typus 2: Abendmahlzeit, Abendessen 5.7.1. (4).

(43) Synonymie Typus 3: Abendessen, Abendmahl 5.7.1. (4).

(5) **Partielle Synonymie**: Bank, Schemel, Sitz, Stuhl, Sessel 5.7.1. (1); Bach, Fluß, Strom 5.7.1. (1); Sitz, Stuhl, Sessel, Thron 5.7.2. (5).

(6) **Hyponymie**: Sitz — Sessel, Stuhl, Schemel, Bank 5.7.1. (2); Sitz — Stuhl, Sessel, Thron 5.7.2. (5).

(7) **Heteronymie**: Pfad, Pad 5.7.1. (6); Lied, Leed, Lay 5.7.1. (6); Fleischer, Fleischmenger 5.7.2. (6).

(8) **Partielle Heteronymie**: Fleischer, carcassbutcher 5.7.1. (6); Fleischer, Küter 5.7.2. (6); Fleischer, Flecksieder 5.7.2. (6).

(9) **Tautonymie**: Revier, Revier 5.7.1. (7); Volk, Volk 5.7.1. (7); Hund, Hund 5.7.2. (7).

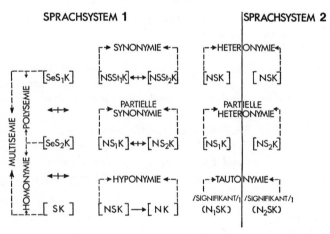

5.7.4. Skizze 54: Semantische Strukturen lexikalischer Signeme in einem integrierten Modell

6. Exemplarische kontrastive semantische Deskription lexikalischer Paradigmen

6.1. *ungesund, krank, siech, unpäßlich, kränklich, krankhaft*

Der schon in 3.4.2. und 3.4.3. vorgenommene analysierende Vergleich der semantischen Deskription des Lexems *krank* auf der Basis der Sprachkompetenz der Lexikographen Adelung und Campe soll im folgenden systematisiert werden. Ausgangspunkt der folgenden kontrastiven Deskription — kontrastiv in bezug auf die jeweilige Sprachkompetenz der Lexikographen — ist das unter 6.1.1. verzeichnete onomasiologische lexikalische Paradigma Eberhards, dem die jeweiligen semasiologischen lexikalischen Paradigmen Adelungs und Campes gegenübergestellt werden: Die partielle Synonymie eines onomasiologischen Paradigmas wird der Polysemie (oder Homonymie oder Multisemie) eines semasiologischen Paradigmas kontrastiert.

6.1.1. Eberhards onomasiologisches lexikalisches Paradigma[1]

(1) NK [ungesund]$_1$: Noem ‹Zustand des menschlichen Körpers oder eines Theiles desselben, worin er nicht gesund ist›

(2) NSK [ungesund]$_2$: Noem ‹wie (1)›; Sem$_1$ ›Ursach und Wirkung [...] des Mangels der Gesundheit‹

(3) NSK [krank]: Noem ‹wie (1)›; Sem$_2$ ›besondere und bestimmte Unvollkommenheit und Zerrüttung (des) Körpers‹

(4) NSK [siech]: Noem ‹wie (1)›; Sem$_3$ ›höherer Grad des Mangels der Gesundheit‹

(5) NSK [unpäßlich]: Noem ‹wie (1)›; Sem$_4$ ›geringer Anstoß an der Gesundheit, der nicht viel zu bedeuten hat‹

(6) NSK [kränklich]: Noem ‹wie (1)›; Sem$_2$ ›wie (3)‹; Sem$_5$ ›geringe, aber nie ganz behobene Übel‹

(7) NSK [krankhaft]: Noem ‹wie (1)›; Sem$_2$ ›wie (3)‹; Sem$_6$ ›Wirkung der Krankheit und folglich kranker Zustand‹

Kontexte, die die Diskursadäquatheit der semantischen Explikation der SUKn demonstrieren sollen, sind:

(1) „Ungesunder Mensch"

---

[1] Eberhard (1799) 309—312.

(2) „Ungesunde Luft; ungesunde Speisen; ungesundes Wetter"
(3) „Kranker Zustand"
(4) „Siecher Körper; sieche Gesichtsfarbe"
(5) fehlt
(6) fehlt
(7) „Krankhafter Schauder; krankhafter Puls; * krankhafter Mensch"

Unter (7) gibt Eberhard einen inkompatiblen Diskurs, der analog zu 4.2.3. mit einem Sternchen versehen ist. Zu diesem Mittel, seine semantische Explikation durch inadäquäte Diskurse zu stützen[2], greift er offenbar, um ein mögliches Mißverständnis auszuschließen, ein Mißverständnis, das im Jahre 1827 keines mehr sein sollte — wie weiter unten auszuführen sein wird.

Die hierarchische Struktur der semantischen Merkmale dieses lexikalischen Paradigmas läßt sich nach 4.2.4. wie folgt darstellen:

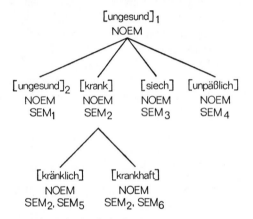

Skizze 55: Das onomasiologische lexikalische Paradigma [ungesund] etc. in der Form eines Stemmas

Merkmale Substanzkollektionen	NOEM	SEM$_1$	SEM$_2$	SEM$_3$	SEM$_4$	SEM$_5$	SEM$_6$
[ungesund]$_1$	+	o	o	o	o	o	o
[ungesund]$_2$	+	+	−	−	−	o	o
[krank]	+	−	+	−	−	o	o
[siech]	+	−	−	+	−	o	o
[unpäßlich]	+	−	−	−	+	o	o
[kränklich]	+	−	+	−	−	+	−
[krankhaft]	+	−	+	−	−	−	+

Skizze 56:
Merkmalmatrix des onomasiologischen lexikalischen Paradigmas [ungesund] etc.

---

[2] Vgl. z. B. Eberhard (1795) 82: „Eine Buhlerin kann reitzend seyn, aber nicht holdselig [...]".

6.1.2. Die semasiologischen lexikalischen Paradigmen Adelungs und Campes

Schon ein Vergleich der semantischen Deskription des Lexems *krank* von Adelung und Campe[3] mit der von Eberhard beweist, daß Eberhard in diesem Fall nur eine spezifische SUK semantisch deskribiert, eben die paradigmainterne NSK [krank], die Adelungs und Campes SeSK$_1$ entspricht. Adelungs und Campes darüber hinausgehenden SeSKn von *krank* sind nicht berücksichtigt. Polysemie ist jedoch nach der semantischen Deskription Adelungs und Campes[4] nicht nur für *krank* angezeigt, sondern auch für *ungesund*. Diese Polysemie ist aber im Sinne Eberhards paradigmaintern[5] — er setzt für [ungesund]$_1$ und [ungesund]$_2$ jeweils dasselbe Noem an — und deshalb auch Teil seines onomasiologischen lexikalischen Paradigmas. Sowohl Adelungs als auch Campes semantische Deskription bestätigen diese Einordnung. Allerdings setzt Campe eine dritte SUK von *ungesund* an, die sich aus seinem Diskurs „ungesunder Baum" ergibt und die lediglich als „keine Gesundheit habend" expliziert wird. Aus Campes Deskription von *gesund* geht jedoch hervor, daß er — im Gegensatz zu Adelung — expliziert: „Von Thieren und Gewächsen und deren einzelnen Theilen"[6], wodurch der von Campe zitierte Diskurs eine Bestätigung findet.

Die von Eberhard explizierten Seme seines Paradigmas werden z. B. von Campe in folgender Weise bestätigt:

Sem$_1$: ›der Gesundheit nachtheilig‹; Sem$_3$: ›der Gesundheit anhaltend ermangelnd‹; Sem$_4$: ›nicht ganz wohl‹; Sem$_5$: ›ein wenig krank‹; Sem$_6$: ›Zustand als Folge der Krankheit‹.

Auffällig ist, daß sich eine Diskrepanz bei der Deskription von [krank] ergibt. Das Sem$_2$ Eberhards: ›besondere und bestimmte Unvollkommenheit und Zerrüttung (des) Körpers‹ fehlt bei Adelung und Campe. Eberhard gewinnt dieses semantische Merkmal durch seine besondere Methode paradigmainterner Konfrontation der NSKn, d. h. also durch Gegenüberstellung von [ungesund], [siech], [krank] etc. Aufgrund der besonderen Methode des semasiologischen Wörterbuchs, in der lediglich SeSKn bzw. SKn zu konfrontieren sind, kommen Adelung und Campe zu einer weniger präzisen Bestimmung.

Zu verweisen ist noch darauf, daß Adelung *krankhaft* nicht kodifiziert. Darauf wird in 6.1.3. zurückzukommen sein. Aufgrund der semantischen Deskription der drei Lexikographen ergeben sich folgende Strukturen des ono-

---

[3] Vgl. 2.2. und 3.4.3.
[4] Adelung (1796) 1750, 1753; (1801) 87, 864, 881; Campe (1810) 430, 1032—34; (1811) 164, 179.
[5] Vgl. dazu 5.7.1. (4).
[6] Campe (1808) 350.

masiologischen Paradigmas — einer partiellen Synonymenreihe — und der semasiologischen Paradigmen — die jeweils durch die semantische Struktur der Polysemie ausgezeichnet sind —:

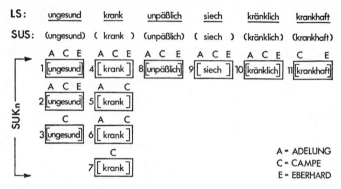

Skizze 57:
Die Struktur der onomasiologischen und semasiologischen lexikalischen Paradigmen

Ein onomasiologisches Paradigma der Klasse (13) — nach 1.5. — konstituieren Eberhards NK 1 und die NSKn 2, 4, 8, 9, 10, 11. Ein semasiologisches Paradigma der Klasse (15) — nach 1.5. — konstituieren z. B. Campes SeSKn 1, 2, 3; ein weiteres semasiologisches Paradigma der Klasse (14) — nach 1.5. — z. B. Campes SeSKn 4, 5, 6, 7. Die SUKn 8, 9, 10, 11 sind als NSKn lediglich Mitglieder eines onomasiologischen Paradigmas; sie konstituieren, weil die lexikalischen Signeme *unpäßlich, siech, kränklich, krankhaft* nach der semantischen Deskription der Lexikographen monosem sind, keine semasiologischen Paradigmen.

Die SUKn 8, 9, 10, 11 sind also jeweils eine Teilmenge der jeweiligen SUSn, also:
SUK [unpäßlich] $\subseteq$ SUS (unpäßlich) etc.

Die SeSKn 1, 2, 3 und die SeSKn 4, 5, 6, 7 sind dagegen echte Teilmengen der jeweiligen SUSn von 1, 2, 3 und 4, 5, 6, 7, also:
SeSK [ungesund]$_1$ c SUS (ungesund) etc.

Die SeSKn 1, 2, 3 und die SeSKn 4, 5, 6, 7 sowie die NK 1, die NSKn 2, 4, 8, 9, 10, 11 stehen jeweils in der Relation der Disjunktion zueinander, also:
SUS (ungesund) = SeSK$_1$ ↮ SeSK$_2$ ↮ SeSK$_3$
SUS (krank) = SeSK$_4$ ↮ SeSK$_5$ ↮ SeSK$_6$ ↮ SeSK$_7$
NK$_1$ ↮ NSK$_2$ ↮ NSK$_4$ ↮ NSK$_8$ ↮ NSK$_9$ ↮ NSK$_{10}$ ↮ NSK$_{11}$

Darüber hinaus stehen die NSKn 2, 4, 8, 9, 10, 11 zur NK$_1$ im Verhältnis der Implikation, also z. B.:

NSK$_9$ → NK$_1$.

6.1.3. Kommentar

(1) Literatursprachliche Implikationen

Am Beispiel der SeSK [krank], die u. a. durch den literatursprachlichen Diskurs „krankes Schiff" zu erläutern ist, wurde schon unter 2.2. auf eine spezifisch literatursprachliche SUK innerhalb dieser lexikalischen Paradigmen verwiesen. Am Beispiel des Derivatems *krankhaft* kann die Genese einer SUK verfolgt werden, die möglicherweise zuerst in literatursprachlichen Texten zu belegen ist.

Adelung (1796) kodifiziert *krankhaft* nicht. Eberhard (1799) kodifiziert *krankhaft* unter ausdrücklichem Hinweis darauf, daß es bei Adelung fehle. Er beschreibt es dadurch, daß er außer dem Noem und Sem$_2$ ein Sem$_6$ ›Wirkung der Krankheit und folglich kranker Zustand‹ ansetzt, was auch metasprachlich zu fassen ist als ›durch Krankheit verursacht und deshalb von Krankheit zeugend‹. Da aber das Noem metasprachlich expliziert wird als ‹Zustand des menschlichen Körpers oder eines Theiles desselben, worin er nicht gesund ist›, kann sich das Derivatem *krankhaft* folgerichtig nur auf den „menschlichen Körper" beziehen. Die Katenationsregel, die die semantischen Merkmale des Lexems *krank* und des Derivationsgrammems *-haft* selektiert[7], ist dadurch eindeutig determiniert.

Hat hingegen das Lexem *krank* eine weitere SUK, die z. B. von Adelung und Campe expliziert wird (vgl. 2.2.: (2) M$_1$ „zu gewöhnlichen Verrichtungen untüchtig" M$_2$ „Kräfte der Seele"), so können möglicherweise auch *krankhaft* zwei SUKn zugeschrieben werden: Zum einen werden gemäß der Katenationsregel die semantischen Merkmale aus SUK$_1$ und zum anderen aus SUK$_2$ selektiert. Da Campe (1808) diese zwei SUKn von *krank* expliziert, wäre nach ihm diese Polysemie von *krankhaft* zumindest möglich.

Seine vage Form der semantischen Explikation von *krankhaft*, die z. T. eine Synonymenexplikation darstellt[8], läßt das offen: „Zustand, der eine Folge der Krankheit ist". Sofern *krank* und *Krankheit* a u c h auf Kräfte der Seele bezogen sind, könnte das folgerichtig auch von *krankhaft* behauptet werden. Auch der Diskurs Campes: „krankhaftes Aussehen" ist in dieser Weise ambivalent, denn dieses Aussehen kann sowohl von körperlicher als geistig-seelischer Krankheit herrühren.

19 Jahre später, im Jahre 1827, ist diese zweite SUK des Derivatems *krankhaft* explizit in einem Text Goethes realisiert: „[E. T. A.] Hoffmanns

---

[7] Eberhard (1799) 311 erkennt deutlich, daß die „Ableitungssylben" *-lich* und *-haft* den „Begriff der Stammsylbe" variieren; durch Sem$_6$ versucht er, das Derivationsgrammem *-haft* semantisch zu explizieren.

[8] Vgl. dazu 4.1.3. (1).

talentreiches Naturell weiß er anzuerkennen, er begleitet ihn durch alle krankhaften Verirrungen mit freundlichem Bedauern [...]"⁹.

(2) Implikationen der onomasiologischen und semasiologischen Lexikographie

Eberhard ist in der Präzision semantischer Deskription insofern im Vorteil, als er gemäß seiner Methode n u r Identität und Opposition von SUKn, genauer: deren semantischer Merkmale konstatiert. Sein Wörterbuch wird allerdings dadurch selektiv: Nur die paradigmainternen SUKn werden — wie im Fall von *krank* — deskribiert. Daß ihm die Problematik seiner Methode bewußt ist, wurde unter 5.7.1. (4) ausgeführt. Dennoch erweckt er dadurch den Anschein der Monosemie vieler Lemmata.

Adelung und Campe hingegen können semantische Identitäts- und Oppositionsstrukturen, d. h. Identität und Opposition semantischer Merkmale, nur jeweils innerhalb eines polysemen oder homonymen lexikalischen Signems konstatieren. Ist — wie etwa im Fall von *unpäßlich* und *siech* — Monosemie angezeigt, so bliebe nur die Möglichkeit, diese Signeme in ein onomasiologisches lexikalisches Paradigma einzuordnen, um eine präzise Erarbeitung der Struktur der SUKn zu gewährleisten. Wenn Adelung in bezug auf *unpäßlich* metasprachlich expliziert: „Sich nicht völlig wohl befindend, ohne eben k r a n k zu seyn", so wird deutlich, daß er zumindest auf der metasprachlichen Ebene, bei der Formulierung semantischer Merkmale, die Identitäts- und Oppositionsstruktur einzubringen versucht. Aber die besondere Anlage eines semasiologischen Wörterbuches verhindert die systematische Ausnutzung dieser Möglichkeiten. Ein Vorschlag zur Integration semasiologischer und onomasiologischer Wörterbuchpraxis, der sich als Lösung anbietet, wird in 6.2.4. (2) zu diskutieren sein.

6.2. Empörung, Aufruhr, Aufstand, Revolution

Da die Wörterbücher von Adelung, Campe und Eberhard in einer Zeit verfaßt wurden, in der die „große Revolution"¹⁰ von 1789 noch unmittelbare Wirklichkeit war, erscheint es reizvoll, ein lexikalisches Paradigma aufgrund der semantischen Deskription der Lexikographen zu analysieren, dessen semantische Struktur ideologischen Implikationen offen ist. Nach Dieckmanns Klassifizierung des „politischen Wortschatzes" wären die unter 6.2. verzeichneten lexikalischen Signeme insgesamt der „Ideologiesprache" zuzurechnen, die die „Bezeichnungen für die politische Doktrin und die Miranda" umfaßt¹¹. Auch

⁹ Goethe (1907) 87 in einem Text vom 25. Dezember 1827; Vgl. DWB 5 (1873) 2038; daneben ist auch die von Eberhard allein zugelassene SUK [krankhaft] zu verzeichnen: „[...] man besuchte den zerstörten Ort, hielt in dem Gebeinhause Nachlese von krankhaften Knochen, wovon das Beste schon in die Hände der Wundärzt mochte gelangt sein". Goethe (1898) 298; vgl. Paul (1966) 367 .
¹⁰ Campe (1790) 115.
¹¹ Dieckmann (1969) 50.

nach Dieckmanns Beispielen — er analysiert u. a. das Lexem *Demokratie* — ist präziser von ideologiegebundener Lexik zu sprechen, d. h. von solchen lexikalischen Signemen, präziser: spezifischen SUKn derselben, deren semantische Merkmalstruktur dadurch bestimmt ist, daß sie im Dienst eines bestehenden oder erwünschten politischen Systems steht[12]. Nach diesen Präzisierungen kann die Hypothese aufgestellt werden, daß das unter 6.2. verzeichnete lexikalische Paradigma möglicherweise zur ideologiegebundenen Lexik eines Sprachsystems zu rechnen ist.

6.2.1. Eberhards onomasiologisches Paradigma[13]

(1) NSK [Empörung]: Noem ‹bewaffnete Vereinigung der Bürger, um Gewalt zu gebrauchen›; Sem₁ ›gegen die höchste (Landes)Obrigkeit‹

(2) NSK [Aufruhr]: Noem ‹wie (1)›; Sem₂ ›gegen eine Unterobrigkeit‹

(3) NSK [Aufstand]: Noem ‹wie (1)›; Sem₃ ›nicht notwendig gegen die Obrigkeit gerichtet‹

Diskurse Eberhards:

(1) „[...] die Bestürmung der Thuillerien [...] und die Gefangennehmung des Königs war eine Empörung".

(2) „[...] die Einnahme der Bastille (war) noch ein bloßer Aufruhr [...]".

(3) „So trat im zweyten schlesischen Kriege ein Theil des Ungarischen Volkes zusammen und fiel in Schlesien ein, um ihrer Regentin gegen einen auswärtigen Feind Beyzustehen. [Das war ein Aufstand]".

Innerhalb dieses onomasiologischen lexikalischen Paradigmas Eberhards fehlt das Lexem *Revolution*, das Adelung verzeichnet[14] und das in dem Wörterbuch Campes als *Umwälzung* lemmatisiert ist[15]. Dieser rechtfertigt den puristischen Ersatz und schlägt u. a. auch *Staatsumwälzung* vor[16]. Campe selbst hatte aber in früheren Zeiten *Revolution* bevorzugt, was schon der Titel seiner Schrift von 1790: „Briefe aus Paris zur Zeit der Revolution geschrieben" eindeutig belegt[17]. Nach der semantischen Deskription Adelungs und Campes kann

---

[12] Dadurch sollen ideologiegebundene lexikalische Signeme, spezieller: deren semantische Merkmal-Struktur definiert sein; zu den unterschiedlichen Definitionen des Begriffs Ideologie vgl. Lenk (1970) 17—59.

[13] Eberhard (1795) 187 f.

[14] Adelung (1798) 1096.

[15] Campe (1811) 112.

[16] Campe (1813) 356 f.: „Dieses, anfangs so laut verworfene Wort, hat in der Folge einen fast allgemeinen Beifall gefunden. Es ist jetzt (neun Jahre, nachdem ich es in den Briefen aus Paris geschrieben zum ersten Mahle versuchte) gewiß schon in tausend und mehr Schriften gebrauchet worden [...]".

[17] Vgl. Campe (1790 a) 13; 115; 199; 203; 225; 276; 325; 326; 361; hier allerdings auch schon *Umwälzung* bzw. *Staatsumwälzung*; vgl. 35; 79; 115; 139; 152; 205; 325.

die „paradigmainterne" SUK [Revolution] folgendermaßen in das onomasiologische Paradigma Eberhards eingefügt werden:

(4) NSK [Revolution]: Noem ‹wie (1)›; Sem₁ ›wie (1)‹ Sem₄ ›zum Zwecke der gänzlichen Veränderung in der Verfassung eines Reiches‹

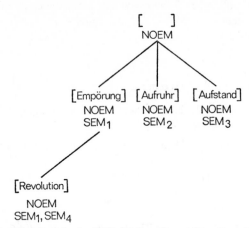

Skizze 58: Das onomasiologische lexikalische Paradigma [Empörung] etc. in der Form eines Stemmas

Merkmale Substanzkollektionen	NOEM	SEM₁	SEM₂	SEM₃	SEM₄
[Empörung]	+	+	−	−	O
[Aufruhr]	+	−	+	−	O
[Aufstand]	+	−	−	+	O
[Revolution]	+	+	−	−	+

Skizze 59:
Merkmalmatrix des onomasiologischen lexikalischen Paradigmas [Empörung] etc.

6.2.2. Kritische Anmerkungen Eberhards

In einer „Anmerkung" zu seiner semantischen Deskription beschreibt Eberhard die „Bemühungen einer neuern Schrift", die SUKn [Aufruhr] und [Aufstand] nicht so zu differenzieren, wie es der „Sprachgebrauch" nahelege, sondern aufgrund einer Definition: [Aufstand] sei demnach „eine rechtmäßige" und [Aufruhr] eine „unrechtmäßige gewaltsame Widersetzung gegen die höchste Landesobrigkeit". Da in diesen Definitionen der „neuern Schrift" nur von zwei SUKn ausgegangen wird, ist dieses lexikalische Paradigma folgendermaßen zu erläutern:

(1) NSK [Aufstand]: Noem ‹wie 6.2.1. (1)›; Sem₁ ›rechtmäßige gewaltsame Widersetzung gegen die höchste Landesobrigkeit‹

(2) NSK [Aufruhr]: Noem ‹wie 6.2.1. (1)›; Sem₂ ›unrechtmäßige gewaltsame Widersetzung gegen die höchste Landesobrigkeit‹

Eberhards Kritik an diesen Definitionen wird Objekt der Analyse des anschließenden Kommentars sein.

6.2.3. Adelungs lexikalisches Paradigma

Die NSKn Eberhards sind innerhalb der semasiologischen Wörterbücher jeweils als SeSKn der entsprechenden lexikalischen Signeme verzeichnet. Die unter onomasiologischem Aspekt atomistische Methode semasiologischer Wörterbücher macht die Anstrengung verständlich, die z. B. Adelung aufbringt, um die zur Debatte stehenden SUKn gegeneinander abzugrenzen. Löst man also die SUKn jeweils aus der Polysemie der lexikalischen Signeme, so ergibt sich für Adelung folgende Relation der SUKn zueinander[18]:

(1) SeSK [Empörung]: Semasem ‹Widersetzlichkeit›; Sem₁ ›zur Untreue wider die Oberen‹;

(2) SeSK [Aufruhr]: Semasem ‹wie (1)›; Sem₁ ›gegen die rechtmäßige Obrigkeit‹; Sem₂ ›höherer Grad der Widersetzlichkeit als Empörung‹

(3) SeSK [Aufstand]: Semasem ‹wie (1)›; Sem₁ ›wider die Oberen‹; Sem₃ ›Beginn des Aufruhrs‹

(4) SeSK [Revolution]: s. 6.2.1. (4)

Nach dieser semantischen Deskription Adelungs ließe sich die Relation der SUKn zueinander aufgrund der semantischen Merkmalstruktur folgendermaßen angeben:

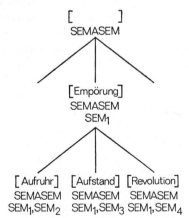

Skizze 60: Konstruktion eines Stemmas der SeSKn [Empörung] etc. nach der Deskription Adelungs

---

[18] Adelung (1793) 1801; 521.

Hervorgehoben werden muß, daß diese Darstellung der Relation der SUKn aufgrund der Angaben eines semasiologischen Wörterbuchs erfolgt, das solchen Fragestellungen nur sehr bedingt zugänglich ist. Diese Darstellung muß daher als interpretative Konstruktion aufgefaßt werden, die zum Zwecke des Vergleichs erstellt wird.

6.2.4. Kommentar

(1) Ideologische Implikationen

Anschauungsunterricht dafür, daß lexikalische Signeme, d. h. deren SUKn, aufgrund der unterschiedlichen Sprachkompetenz der Lexikographen eine unterschiedliche semantische Deskription erfahren, wurde anhand vieler Beispiele in den vorigen Kapiteln geliefert. In 1.6. wurde angegeben, welche Differenzen zwischen einem Sprachkompetenzsignifikat und einem Sprachsystemsignifikat anzusetzen sind. Die vergleichende semantische Analyse bestätigte, daß die semantische Deskription der Lexikographen auf der Basis der eigenen Sprachkompetenz lediglich als Annäherungswert für das Sprachsystemsignifikat — und entsprechend die Diskursbedeutung als Annäherungswert für die Normbedeutung — zu fassen ist.

Entscheidende Differenzen hinsichtlich der semantischen Deskription lexikalischer Signeme auf der Basis unterschiedlicher Sprachkompetenzen sind jedoch dann zu erwarten, wenn die entsprechenden SUKn — zumindest hypothetisch — zur ideologiegebundenen Lexik zu rechnen sind. Diese semantischen Differenzen ideologiegebundener Lexik hat Dieckmann mit dem Begriff „ideologische Polysemie" zu fassen gesucht[19]. Im Gegensatz zur Polysemiedefinition in 5.5.1. ist damit jedoch nicht gemeint, daß einem Signifikanten innerhalb einer Sprachkompetenz verschiedene SUKn zuzuordnen wären; vielmehr muß dieser Begriff nach meinen Prämissen dahingehend definiert werden, daß der jeweilige Sprecher oder Schreiber aufgrund seiner ideologischen Position, die jeweils zu spezifizieren wäre, dem ideologiegebundenen lexikalischen Signem eine ganz spezifische SUK zuschreibt. Erst das Sprachsystemsignifikat erweist sich dann als polysem, während im Fall des Sprachkompetenzsignifikats die ideologiegebundene SUK und die ideologiegebundene SUS identisch sind. Danach wäre also präziser von einer ideologiegebundenen Sprachsystem-Polysemie und einer ideologiegebundenen Sprachkompetenz-Monosemie zu sprechen.

Ideologiegebundene Sprachkompetenz-Polysemie ist hingegen dann anzusetzen, wenn ein soziolinguistisches Metawissen ausgewählter Sprachteilhaber über die verschiedenen Verwendungsmöglichkeiten eines ideologiegebundenen lexikalischen Signems existiert. Diese Sprachkompetenz-Polysemie ist somit metasprachlich und nicht basissprachlich motiviert. Es ist wichtig, diesen Fall metasprachlicher Kompetenz-Polysemie zu registrieren. Er stellt aber nicht den Normalfall dar.

---

[19] Dieckmann (1969) 70 f.

Diese Interpretation wird durch die jeweilige Deskription der Lexikographen bestätigt. Eberhard insistiert, lediglich den „Sprachgebrauch" zu reproduzieren. Ein Beispiel aus einem Text der Zeit, der diesen Anspruch bestätigt,
zumindest nicht widerlegt, kann aus Adolph Freyherr Knigges Revolutions-
schrift von 1792 genommen werden: „Man sage doch ja nicht, daß die französische R e v o l u t i o n das Feuer des A u f r u h r s in allen Gegenden von
Europa anblase, noch daß selbst die kühnsten und unvorsichtigsten Schriftsteller,
welche den Rechten der Menschen und der Freiheit das Wort reden, ruhige
Völker zu E m p ö r u n g e n verleiten"[20]. Eberhards metasprachliche Explikation der semantischen Merkmale ist demzufolge bemüht, sich jeglicher ideologiegebundenen Wertung zu enthalten. Er spricht lediglich von Auflehnung — allerdings der „Bürger" — gegen die Obrigkeit [Empörung] oder Unterobrigkeit
[Aufruhr], nicht aber von „rechtmäßiger" oder „unrechtmäßiger" Auflehnung,
was — so offenbar seine Meinung — nur jeweils im konkreten Fall zu spezifizieren wäre. Seine Polemik gegen die „neuere Schrift", in der [Aufruhr] als
„unrechtmäßig" und [Aufstand] als „rechtmäßig" definiert wird, faßt er in
einem Text zusammen, der zumindest partiell als ideologiekritische Aussage
gewertet werden kann: „Außerdem ist die Unterscheidung, welche von der
Rechtmäßigkeit oder Unrechtmäßigkeit der Gewalt soll hergenommen werden,
in der Anwendung immer völlig unbrauchbar. Denn da ganze Völker und ihre
Regenten bey ihren Streitigkeiten keinen Richter über sich erkennen, so wird
der eine Theil sich immer berechtigt glauben, das Aufstand zu nennen, was der
andere Aufruhr nennt"[20].

Den letzten Satz kann man auch auf viele politische „Ereignisse" des
20. Jahrhunderts übertragen, wenn man für [Aufstand] und [Aufruhr] [Re-
form] und [Konterrevolution] einsetzt.

Die Ideologiegebundenheit Eberhards in bezug auf die semantische Deskription dieser lexikalischen Signeme besteht also darin, sich so weitgehend
wie möglich einer Option zu enthalten. Eine eindeutige ideologische Motivierung und damit eine Option für eine bestimmte politische Ordnung ist hingegen bei Adelung zu verzeichnen. Dieser versäumt es nicht, jeweils das Unrechtmäßige bei der metasprachlichen Explikation der SUKn [Empörung],
[Aufruhr], [Aufstand] gebührend hervorzuheben: Sem_1 von [Empörung]
impliziert „Untreue wider die Oberen", Sem_1 von [Aufruhr] beinhaltet, daß
dieser gegen die „rechtmäßige Obrigkeit" sei, und da [Aufstand] als „Beginn
des Aufruhrs" expliziert wird, haftet auch ihm das Odium des Unrechtmäßigen
an. Bei der Auseinandersetzung mit Campes puristischem Ersatz [Umwälzung]
spricht er bei der semantischen Deskription von [Revolution] von einer „be-
leidigenden Figur", die beiden anhafte. Diese eindeutige Wertung wäre nun
noch in ein symptom- und/oder signalfunktionales semantisches Merkmal, nach

---

[20] Knigge (1792) 91; Ein „Sprachführer durch die Revolution" von 1968 (Koplin 1968)
verzeichnet weder *Empörung* noch *Aufruhr* noch *Aufstand*, sondern lediglich
Revolution.

der Terminologie von 4.1.4. in ein Stilem, aufzulösen, das für alle SUKn lautete: ‚negativ'.

Damit werden zwei ideologische Positionen aufgrund der semantischen Deskription dieses lexikalischen Paradigmas erkennbar: Die Eberhards, der sich jeglicher Wertung zu enthalten sucht, und die Adelungs als lexikographischer Mahner zur Erhaltung der bestehenden Ordnung.

Campe ist der „neutralen" Position Eberhards verpflichtet. Bei der metasprachlichen Explikation von [Aufstand] formuliert er u. a.: „Unentschieden, ob gegründete Ursachen und Recht dazu vorhanden ist". Da jedoch die Ausarbeitung der einzelnen Wörterbuchartikel seinem „Mitarbeiter" Theodor Bernd oblag[21], ist diese Fragestellung für Campe auf der Basis seines Wörterbuchs kaum eindeutig zu lösen.

(2) Aspekte eines integrierten Wörterbuchs

Bei der Kodifikation lexikalischer Signeme und deren semantischer Deskription und Explikation sollten die Vorzüge eines onomasiologischen und eines semasiologischen Wörterbuchs kombiniert werden. Die semantische Deskription und Explikation der SUKn sollte — das darf als eines der Ergebnisse dieser Arbeit festgehalten werden — aufgrund der Identitäts- und Oppositionsstrukturen semantischer Merkmale erarbeitet werden: Sowohl das onomasiologische als auch das semasiologische Wörterbuch können jedoch jeweils nur partiell diese Identität und Opposition spezifischer SUKn aufgrund der semantischen Merkmalstruktur beschreiben: Das semasiologische Wörterbuch kann die Polysemie oder Homonymie oder Multisemie der SUKn e i n e s lexikalischen Signems, also dessen identische und oppositive semantische Merkmale konstatieren; schon monoseme lexikalische Signeme sperren sich dieser Methodik semantischer Deskription. Das onomasiologische Wörterbuch hingegen kann jeweils nur die Identität und Opposition der semantischen Merkmale s p e z i f i s c h e r SUKn m e h r e r e r lexikalischer Signeme erarbeiten. Die polysemen oder homonymen SUKn der jeweiligen lexikalischen Signeme, die ja gleichfalls aufgrund ihrer semantischen Merkmale in einer Identitäts- und Oppositionsrelation zu der onomasiologisch eruierten NSK (oder NK) stehen, müssen aufgrund der onomasiologischen Methodik unbeachtet bleiben.

Zu postulieren ist nun eine Integration der beiden Wörterbuchmethoden, da nur auf dieser Basis die semantische Makrostruktur der Lexik eines Sprachsystems adäquat zu deskribieren ist: Anschließend an die semantische Deskription eines onomasiologisch konstituierten lexikalischen Paradigmas sollte die semantische Deskription der jeweiligen semasiologischen Paradigmen erfolgen. Dadurch würde ein Maximum an Identitäts- und Oppositionsstrukturen semantischer Merkmale herausgearbeitet. Nur so können die die semantische Makrostruktur der Lexik eines Sprachsystems garantierenden Teilund Mikrostrukturen Synonymie, partielle Synonymie, Hyponymie,

---

[21] Vgl. Henne (1969) VI*.

Polysemie, Homonymie und Multisemie darstellungsmäßig adäquat expliziert und deskribiert werden. Wird von demselben Autor oder einem Autorenteam onomasiologisch u n d semasiologisch gearbeitet, so müssen zwangsläufig die eine gewisse Unschärfe erzeugenden Variationen der metasprachlichen Explikation der semantischen Merkmalstruktur der Lexik unterbleiben, wie sie bei den hier zur Untersuchung anstehenden Wörterbüchern oft zu registrieren waren.

Ein alphabetisches Register hat dann den Benutzer zu leiten. Die Lexik auf der Stufe der Sprachkompetenz und des Sprachsystems und entsprechend auf der des Diskurses und der der Sprachnorm ist nicht ein Konglomerat von *Aal* bis *Zypresse*, sondern ein durch Identität und Opposition semantischer Merkmale in Mikro- und Teilstrukturen gegliedertes lexikalisches System, dem insgesamt eine Makrostruktur zukommt.

Ein solchermaßen strukturiertes lexikalisches System gibt die Bedingungen der syntagmatischen Kombination der lexikalischen Signeme an. Diese jeweils die Selektionsrestriktionen implizierenden Angaben wären — über das in dieser Untersuchung Ausgeführte hinaus — im Rahmen eines ausgearbeiteten Rangstufensystems zu systematisieren und unter dem Aspekt „Grammatik (bzw. Syntax) und Lexikographie" zu thematisieren.

Literaturverzeichnis

(1) Quellen

Adelung, Johann Christoph (1793), Grammatisch-kritisches Wörterbuch der Hochdeutschen Mundart, mit beständiger Vergleichung der übrigen Mundarten, besonders aber der Oberdeutschen. 1. A—E. Zweite, vermehrte und verbesserte Ausgabe. Mit einer Einführung und Bibliographie von Helmut Henne. Hildesheim, New York 1970.

Adelung, Johann Christoph (1796), Grammatisch-kritisches Wörterbuch der Hochdeutschen Mundart [...] 2. F—L. Zweite, vermehrte und verbesserte Ausgabe. Hildesheim, New York 1970.

Adelung, Johann Christoph (1798), Grammatisch-kritisches Wörterbuch der Hochdeutschen Mundart [...] 3. M—Scr. Zweite, vermehrte und verbesserte Ausgabe. Hildesheim, New York 1970.

Adelung, Johann Christoph (1801), Grammatisch-kritisches Wörterbuch der Hochdeutschen Mundart [...] 4. Seb—Z. Zweite, vermehrte und verbesserte Ausgabe. Hildesheim, New York 1970.

Alle Bände: (Documenta Linguistica. Reihe 2. Wörterbücher des 17. und 18. Jahrhunderts.).

Campe, Joachim Heinrich (1807), Wörterbuch der Deutschen Sprache. 1. A—E. Mit einer Einführung und Bibliographie von Helmut Henne. Hildesheim, New York 1969.

Campe, Joachim Heinrich (1808), Wörterbuch der Deutschen Sprache. 2. F—K. Hildesheim, New York 1969.

Campe, Joachim Heinrich (1809), Wörterbuch der Deutschen Sprache. 3. L—R. Hildesheim, New York 1969.

Campe, Joachim Heinrich (1810), Wörterbuch der Deutschen Sprache. 4. S—T. Hildesheim, New York 1969.

Campe, Joachim Heinrich (1811), Wörterbuch der Deutschen Sprache. 5. U—Z. Hildesheim, New York 1969.

Campe, Joachim Heinrich (1813), Wörterbuch der Deutschen Sprache. Ergänzungsband. Wörterbuch zur Erklärung und Verdeutschung der unserer Sprache aufgedrungenen fremden Ausdrücke. Neue stark vermehrte und durchgängig verbesserte Ausgabe. Hildesheim, New York 1970.

Alle Bände: (Documenta Linguistica. Reihe 2. Wörterbücher des 17. und 18. Jahrhunderts.).

Eberhard, Johann August (1795), Versuch einer allgemeinen deutschen Synonymik in einem kritisch-philosophischen Wörterbuche der sinnverwandten Wörter der hochdeutschen Mundart. Erster Theil. A—C. Nebst einem Versuche einer Theorie der Synonymik. Halle und Leipzig 1795.

Eberhard, Johann August (1797), Versuch einer allgemeinen deutschen Synonymik [...] Zweyter Theil. D—E. Halle und Leipzig 1797.

Eberhard, Johann August (1798), Versuch einer allgemeinen deutschen Synonymik [...] Dritter Theil. F—G. Halle und Leipzig 1798.

Eberhard, Johann August (1799), Versuch einer allgemeinen deutschen Synonymik [...] Vierter Theil. G—J. Halle und Leipzig 1799.

Eberhard, Johann August (1800), Versuch einer allgemeinen deutschen Synonymik [...] Fünfter Theil. L—R. Halle und Leipzig 1800.

Eberhard, Johann August (1802), Versuch einer allgemeinen deutschen Synonymik [...] Sechster Theil. S—Z. Nebst einem vollständigen Register über alle sechs Theile. Halle und Leipzig 1802.

(2) Zeitgenössische Literatur

Adelung, Johann Christoph (1774), Versuch eines vollständigen grammatisch-kritischen Wörterbuches Der Hochdeutschen Mundart, mit beständiger Vergleichung der übrigen Mundarten, besonders aber der Oberdeutschen. Erster Theil, von A—E. Dem noch beygefüget ist des Herrn M. Fulda Preisschrift über die beyden deutschen Haupt-Dialecte. Leipzig 1774.

Adelung, Johann Christoph (1775), Versuch eines vollständigen grammatisch-kritischen Wörterbuches Der Hochdeutschen Mundart, [...] Zweyter Theil, von F—K. Leipzig 1775.

Adelung, Johann Christoph (1777), Versuch eines vollständigen grammatisch-kritischen Wörterbuches Der Hochdeutschen Mundart, [...] Dritter Theil, von L—Scha. Leipzig 1777.

Adelung, Johann Christoph (1780), Versuch eines vollständigen grammatisch-kritischen Wörterbuches Der Hochdeutschen Mundart, [...] Vierter Theil, von Sche—V. Leipzig 1780.

Adelung, Johann Christoph (1786), Versuch eines vollständigen grammatisch-kritischen Wörterbuches Der Hochdeutschen Mundart, [...] Fünften und letzten Theils Erste Hälfte, von W—Z. Leipzig 1786.

Adelung, Johann Christoph (1783 a), Neues grammatisch-kritisches Wörterbuch der Englischen Sprache für die Deutschen; vornehmlich aus dem größern englischen Werke des Hrn. Samuel Johnson nach dessen vierten Ausgabe gezogen, und mit vielen Wörtern, Bedeutungen und Beyspielen vermehrt. Von A bis J. Erster Band. Leipzig 1783.

Adelung, Johann Christoph (1796 a), Neues grammatisch-kritisches Wörterbuch der Englischen Sprache für die Deutschen; [...] Von K bis Z. Zweyter Band. Leipzig 1796.

Adelung, Johann Christoph (1793 a), Auszug aus dem grammatisch-kritischen Wörterbuche der Hochdeutschen Mundart. Erster Theil, von A—E. Leipzig 1793.

Adelung, Johann Christoph (1796 b), Auszug aus dem grammatisch-kritischen Wörterbuche der Hochdeutschen Mundart. Zweyter Theil, von F—L. Leipzig 1796.

Adelung, Johann Christoph (1801 a), Auszug aus dem grammatisch-kritischen Wörterbuche der Hochdeutschen Mundart. Dritter Theil, von M—Scr. Leipzig 1801.

Adelung, Johann Christoph (1802), Auszug aus dem grammatisch-kritischen Wörterbuche der Hochdeutschen Mundart. Vierter Theil, von Seb—Z. Leipzig 1802.

Adelung, Johann Christoph (1781), Deutsche Sprachlehre. Zum Gebrauche der Schulen in den Königl. Preuß. Landen. Berlin 1781.

Adelung, Johann Christoph (1781 a), Ueber den Ursprung der Sprache und den Bau der Wörter, besonders der Deutschen. Ein Versuch. Leipzig 1781.

Adelung, Johann Christioph (1782), Umständliches Lehrgebäude der Deutschen Sprache, zur Erläuterung der Deutschen Sprachlehre für Schulen. Bd.1—2. Leipzig 1782.

Adelung, Johann Christoph (1782 a), Grundsätze der Deutschen Orthographie. Leipzig 1782.

Adelung, Johann Christoph (1783), Magazin für die Deutsche Sprache. 1. Bd. Leipzig 1783.

Adelung, Johann Christoph (1783/84), Magazin für die Deutsche Sprache. 2. Bd. Leipzig 1783/84.

Adelung, Johann Christoph (1789), Ueber den Deutschen Styl. Erster Band. Dritte, vermehrte und verbesserte Auflage. Berlin 1789.

Adelung, Johann Christoph (1790), Ueber den Deutschen Styl. Zweyter Band. Dritte, vermehrte und verbesserte Auflage. Berlin 1790.

Adelung, Johann Christoph (1804), Ueber Hrn. Vossen's Beurtheilung meines Wörterbuches in der neuen Jenaischen Literatur-Zeitung. In: Allgemeines Intelligenzblatt für Literatur und Kunst. 15. Stück. Leipzig 1804, 233—236.

[Anonymus] (1742), Von den gleichgültigen Wörtern überhaupt und besonders in der deutschen Sprache. In: Critische Versuche [...] Greifswald. 1. Bd. 1742, 49—76; 175—184; 494—509; 604—616.

Breitinger, Johann Jacob (1740), Critische Dichtkunst. Faksimiledruck nach der Ausgabe von 1740. Mit einem Nachwort von Wolfgang Bender. Bd. 1.2. Stuttgart 1966 (Deutsche Neudrucke. Reihe: Texte des 18. Jhs.).

Campe, Joachim Heinrich (1790), Proben einiger Versuche von deutscher Sprachbereicherung. In: Braunschweigisches Journal. Herausgegeben von E. Chr. Trapp. 3. 1790, 257—296.

Campe, Joachim Heinrich (1790 a), Briefe aus Paris zur Zeit der Revolution geschrieben. Braunschweig 1790.

Campe, Joachim Heinrich (1794), Ueber die Reinigung und Bereicherung der Deutschen Sprache. Dritter Versuch. Braunschweig 1794.

Eberhard, Johann August (1802), Synonymisches Handwörterbuch der deutschen Sprache für alle, die sich in dieser Sprache richtig ausdrucken wollen. Nebst einer ausführlichen Anweisung zum nützlichen Gebrauche desselben. Halle 1802.

Eberhard, Johann August (1821), Synonymisches Handwörterbuch der deutschen Sprache für alle, die sich in dieser Sprache richtig ausdrucken wollen. Nebst einer ausführlichen Anweisung zum nützlichen Gebrauche desselben. 5. vermehrte und verb. Auflage. Berlin 1821.

Eberhard, Johann August (1910), Synonymisches Handwörterbuch der deutschen Sprache [...] 17. Auflage. Durchgängig umgearbeitet, vermehrt und verbessert von Otto Lyon. Leipzig 1910.

Eberhard, Johann August (1786), Theorie der schönen Wissenschaften. Zum Gebrauche seiner Vorlesungen. Zweyte verbesserte Auflage. Halle 1786.

Eberhard, Johann August (Hrsg.) (1789), Philosophisches Magazin. 1. Bd. Halle 1789.

Eberhard, Johann August (Hrsg.) (1790), Philosophisches Magazin. 2. Bd. Halle 1790.

Eberhard, Johann August (Hrsg.) (1791), Philosophisches Magazin. 3. Bd. Halle 1791.

Eberhard, Johann August (Hrsg.) (1792), Philosophisches Magazin. 4 Bde. Halle 1792 ff.

Eberhard, Johann August (1807), Handbuch der Aesthetik für gebildete Leser aus allen Ständen. In Briefen [...] 1. Theil. 2. verb. Aufl. Halle 1807.

Eberhard, Johann August (1809), Handbuch der Aesthetik [...] 2. Theil. 2. verb. Aufl. Halle 1809.

Eberhard, Johann August (1814), Handbuch der Aesthetik [...] 3. Theil. 2. verb. Aufl. Halle 1814.

Eberhard, Johann August (1820), Handbuch der Aesthetik [...] 4. Theil. 2. Aufl. Nebst einem Register über das ganze Werk. Halle 1820.

Fischer, Karl Gottlieb (1794), Versuch in Entwickelung des Begriffs einiger sinnverwandter Wörter, nebst einigen allgemeinen Betrachtungen über diese Gattung der Wörter und über das Geschäfte ihrer Vergleichung. In: Schriften der Kurfürstlichen deutschen Gesellschaft in Mannheim. Neunter Band. Frankfurt und Leipzig 1794, 74 ff.

Goethes Werke (1898), Hrsg. im Auftrage der Großherzogin Sophie von Sachsen. 33. Bd. Weimar 1898; Goethes Werke (1907), [...]. 42. Bd. 2. Abth. Weimar 1907.

Gottsched, Johann Christoph (1732), Abhandlung von den Vortheilen, so die deutsche Sprache haben würde, wenn man den Unterschied der deutschen Wörter im Absehen auf ihre Bedeutung untersuchte. In: Beyträge Zur Critischen Historie Der Deutschen Sprache, Poesie und Beredsamkeit [...] 1. Bd. 1. Stück. Leipzig 1732.

Gottsched, Johann Christoph (1733), Von den gleichgültigen Wörtern (Synonymis) in der deutschen Sprache. In: Beyträge Zur Critischen Historie Der Deutschen Sprache, Poesie und Beredsamkeit [...] 2. Bd. 5. Stück. Leipzig 1733, 1—23.

Gottsched, Johann Christoph (1758), Beobachtungen über den Gebrauch und Misbrauch vieler deutscher Wörter und Redensarten. Straßburg und Leipzig 1758.

Harris, James (1751), Hermes: or, a Philosophical Inquiry Concerning Language and Universal Grammar. London 1751. Neudruck Menston 1968 (English Linguistics. 1500—1800. A Collection of Facsimile Reprints. Selected and Edited by R. C. Alston. 55.)

Henisch, Georg (1616), Teutsche Sprach vnd Weißheit [...] Augsburg 1616.

Herder, Johann Gottfried (1772), Abhandlung über den Ursprung der Sprache, welche den von der Königl. Academie der Wissenschaften für das Jahr 1770 gesetzten Preis erhalten hat. Auf Befehl der Academie herausgegeben. [...] Berlin [...] 1772. In: Herders Sämmtliche Werke. Hrsg. von Bernhard Suphan. 5. Bd. Berlin 1891, 1—154.

Heynatz, Johann Friedrich (1795 ff.), Versuch eines möglichst vollständigen synonymischen Wörterbuchs der Deutschen Sprache [...] Bd. 1; Bd. 2, 1. Abt. bis E. Berlin 1795—1798.

Kant, Immanuel (1800), Immanuel Kants Logik. Ein Handbuch zu Vorlesungen. Königsberg 1800. In: I. K., Schriften zur Metaphysik und Logik. Darmstadt 1968, 417—582.

Knigge, Adolph Freyherr (1792), Josephs von Wurmbrand, Kaiserlich abyssinischen Ex-Ministers, jezzigen Notarii caesarii publici in der Reichsstadt Bopfingen, politisches Glaubenbekenntniß, mit Hinsicht auf die französische Revolution und deren Folgen. Hrsg. von Gerhard Steiner. Frankfurt/Main 1968 (sammlung insel. 33.).

Maas, J. G. E. (1823), Handbuch zur Vergleichung und richtigen Anwendung der sinnverwandten Wörter der deutschen Sprache. Zweiter Abdruck. Halle und Leipzig 1823.

Meiner, Johann Werner (1781), Versuch einer an der menschlichen Sprache abgebildeten Vernunftlehre oder Philosophische und allgemeine Sprachlehre [...] Leipzig 1781.

Petersen, Wilhelm (1794), Sinnverwandte deutsche Wörter. In: Schriften der Kurfürstlichen deutschen Gesellschaft in Mannheim. Bd. 9. Frankfurt und Leipzig 1794, 5 ff.

Sander, Christian Lävinus (1794), Critik verwandter Begriffe, oder, Erklärung einiger ähnlich bedeutender Wörter. In: Schriften der Kurfürstlichen deutschen Gesellschaft in Mannheim. Bd. 10. Frankfurt und Leipzig 1794, 5 ff.

Schlüter, Friedrich (1794), Versuch einer Erklärung deutscher Synonymen. In: Schriften der Kurfürstlichen deutschen Gesellschaft in Mannheim. Bd. 10. Frankfurt und Leipzig 1794, 71 ff.

Schönaich, Christoph Otto von (1754), Die ganze Aesthetik in einer Nuß, oder Neologisches Wörterbuch; [...] o. O. 1754. Neudruck hrsg. von Albert Köster. Berlin 1900 (Deutsche Literaturdenkmale.).

Schottelius, Justus Georg (1663), Ausführliche Arbeit Von der Teutschen HaubtSprache. 1663. Hrsg. von Wolfgang Hecht. Teil 1.2. Tübingen 1967. (Deutsche Neudrucke. Reihe Barock. 11. 12.)

Stieler, Kaspar (1691), Der Teutschen Sprache Stammbaum und Fortwachs oder Teutscher Sprachschatz. 1. A—L. Mit einer Einführung und Bibliographie von Gerhard Ising. Hildesheim 1968.

Stosch, S. J. E. (1770 ff.), Versuch in richtiger Bestimmung einiger gleichbedeutenden Wörter der deutschen Sprache. Theil 1—3. Frankfurt an der Oder 1770—1773.

Stosch, S. J. E. (1775), Kritische Anmerkungen über die Gleichbedeutenden Wörter der Deutschen Sprache [. . .] Frankfurt an der Oder 1775.

Teller, Wilhelm Abraham (1794), Über die Preiss-Aufgabe der Churfürstl. deutschen Gesellschaft in Mannheim einige Synonymen betreffend. In: Beiträge zur Deutschen Sprachkunde. 1. Sammlung. Berlin 1794, 333—393.

Vollbeding, Johann Christoph (1798), Alphabetisches Verzeichnis zur schnellen Auffindung vieler voneinander verschiedener Wörter. Berlin 1798.

Vollbeding, Johann Christoph (1800), Des H. Hofr. Moritz grammatisches Wörterbuch der deutschen Sprache, fortgesetzt [. . .] Vierter und letzter Band. Berlin 1800.

(3) Sekundärliteratur

Akten des 14. Internationalen Kongresses für Philosophie. Wien. 2.—9. Sept. 1968. Bd. 1.2.3. Wien 1968.

Albrecht, Erhard (1967), Sprache und Erkenntnis. Logisch-linguistische Analysen. Berlin 1967.

Antal, László (1965), Notes on Truth, Meaning, and Synonymity. In: Linguistics 16. 1965, 16—27.

Bach, Adolf (1965), Geschichte der deutschen Sprache. Achte, stark erweiterte Aufl. Heidelberg 1965.

Baldinger, Kurt (1960), Alphabetisches oder begrifflich gegliedertes Wörterbuch? In: Zeitschrift für romanische Philologie 76. 1960, 521—536.

Baldinger, Kurt (1966 a), Interventions préparées sur le rapport de M. Coseriu. In: Actes du premier colloque international de linguistique appliquée. Nancy 1966, 217—222.

Baldinger, Kurt (1966), Sémantique et structure conceptuelle (le concept „se souvenir"). In: Cahiers de lexicologie 8. 1966, 3—46.

Baldinger, Kurt (1968), La synonymie — problèmes sémantiques et stylistiques. In: Theodor W. Elwert (Hrsg.), Probleme der Semantik. Wiesbaden 1968, 41—61.

Baldinger, Kurt (1967), Structures et systèmes linguistiques. In: Travaux de Linguistique et de Littérature 5. (1) 1967, 123—139.

Baldinger, Kurt (1969), [Rezension von:] Herbert Koziol, Grundzüge der englischen Semantik. Wien 1967. In: Zeitschrift für romanische Philologie 87. 1969, 243—249.

Barth, Erhard (1970), Die funktionale Differenzierung der Sprache. In: Die Neueren Sprachen 1970, 186—191.

Baumgärtner, Klaus (1967), Die Struktur des Bedeutungsfeldes. In: Satz und Wort im heutigen Deutsch. Probleme und Ergebnisse neuerer Forschung. Jahrbuch 1965/66. Düsseldorf 1967 (Sprache der Gegenwart. 1.), 165—197.

Baumgärtner, Klaus (1969), Synchronie und Diachronie in der Sprachstruktur. Faktum oder Idealisierung? In: Sprache. Gegenwart und Geschichte. Probleme der Synchronie und Diachronie. Jahrbuch 1968. Düsseldorf 1969. (Sprache der Gegenwart. 5.), 52—64.

Baumgärtner, Klaus (1969 a), Der methodische Stand einer linguistischen Poetik. In: Jahrbuch für Internationale Germanistik 1. 1969, 15—43.

Bellmann, Günter (1968), Zur Abgrenzung und Terminologie bedeutungsgleicher und bedeutungsverwandter lexikalischer Einheiten. In: Zeitschrift für Mundartforschung 35. 1968, 218—233.

Beneš, Eduard (1967), Syntaktische Besonderheiten der deutschen wissenschaftlichen Fachsprache. In: Linguistische und methodologische Probleme einer spezialsprachlichen Ausbildung. Halle (Saale) 1967.

Benkö, L. (1962), Einige allgemeine Probleme der Geschichte der Literatursprache. I. II. In: Acta Linguistica Academiae Scientiarum Hungaricae 12. 1962, 17—52; 273—363.

Benveniste, E. (1939), Nature du signe linguistique. In: Acta Linguistica 1. 1939, 23—29.

Besch, Werner (1967), Sprachlandschaften und Sprachausgleich im 15. Jahrhundert. Studien zur Erforschung der spätmittelhochdeutschen Schreibdialekte und zur Entstehung der neuhochdeutschen Schriftsprache. München 1967 (Bibliotheca Germanica. 11.).

Bierwisch, Manfred (1966), Strukturalismus. Geschichte, Probleme und Methoden. In: Kursbuch 5/1966, 77—152.

Bierwisch, Manfred (1963), Grammatik des deutschen Verbs. Berlin 1963 (Studia Grammatica. 2.).

Bierwisch, Manfred (1969), Stand und Probleme der generativen Grammatik. In: Wiss. Zeitschrift der Humboldt-Universität Berlin, Gesell.-Sprachwiss. Reihe 18. 1969, 255—261.

Bierwisch, Manfred (1969), Strukturelle Semantik. In: Deutsch als Fremdsprache 6. 1969, 66—74.

Blackall, Eric A. (1960), Die Entwicklung des Deutschen zur Literatursprache. 1700 bis 1775. Mit einem Bericht über neue Forschungsergebnisse 1955—1964 von Dieter Kimpel. Stuttgart 1960.

Bocheński, J. M. (1965), Die zeitgenössischen Denkmethoden. 3. Aufl. Bern und München 1965.

Bolinger, Dwight (1965), The Atomization of Meaning. In: Language 41. 1965, 555—573.

Bondzio, Wilhelm (1969), Das Wesen der Valenz und ihre Stellung im Rahmen der Satzstruktur. In: Wiss. Zeitschrift der Humboldt-Universität Berlin. Gesell.-Sprachwiss. Reihe 18. 1969, 233—239.

Bright, William (1966), Introduction: The Dimensions of Sociolinguistics. In: William Bright (Ed.), Sociolinguistics. Proceedings of the UCLA Sociolinguistics Conference, 1964. The Hague, Paris 1966, 11—15.

Bröcker, W., und J. Lohmann (1948), Vom Wesen des sprachlichen Zeichens. In: Lexis 1. 1948, 24—33.

Bühler, Karl (1965), Sprachtheorie. Die Darstellungsfunktion der Sprache. 2. unveränderte Aufl. Stuttgart 1965.

Bunge, Mario (1969), Models in Theoretical Science. In: Akten des 14. Internationalen Kongresses für Philosophie. Wien 2.—9. Sept. 1968. Bd. 3. Wien 1969, 208—217.

Burdach, Konrad (1926), Goethe und sein Zeitalter. Halle 1926.

Cherry, Colin (1962), Kommunikationsforschung — eine neue Wissenschaft. 2. erw. Aufl. Frankfurt 1962.

Coates, William Ames (1964), Meaning in Morphemes and Compound Lexical Units. In: Proceedings of the Ninth International Congress of Linguists. London [usw.] 1964, 1046—1052.

Coseriu, Eugenio (1967), Lexikalische Solidaritäten. In: Poetica. Zeitschrift für Sprach- und Literaturwissenschaft 1. 1967, 293—303.

Coseriu, Eugenio (1969), Georg von der Gabelentz et la linguistique synchronique. In: G. v. d. Gabelentz. Die Sprachwissenschaft. Ihre Aufgaben, Methoden und bisherigen Ergebnisse. Nachdruck der 2. Aufl. von 1901. Tübingen 1969, 5—40.

Coseriu, Eugenio (1968), L'arbitraire du signe. Zur Spätgeschichte eines aristotelischen Begriffs. In: Archiv für das Studium der neueren Sprachen und Literaturen 119. 1968, 81—112.

Coseriu, Eugenio (1967/68), Einführung in die strukturelle Linguistik. Vorlesung gehalten im Winter-Semester 1967/68 an der Universität Tübingen. Autorisierte Nachschrift besorgt von Gunter Narr und Rudolf Windisch. o. O. o. J. [1967/68].

Coseriu, Eugenio (1968/69), Die Geschichte der Sprachphilosophie von der Antike bis zur Gegenwart. Eine Übersicht. (Teil I: Von der Antike bis Leibniz) Vorlesung gehalten im Winter-Semester 1968/69 an der Universität Tübingen. Autorisierte Nachschrift besorgt von Gunter Narr und Rudolf Windisch o. O. o. J. [1968/69].

Coseriu, Eugenio (1965/66), Probleme der romanischen Semantik, Vorlesung gehalten im Winter-Semester 1965/66 an der Universität Tübingen. Autorisierte Nachschrift besorgt von D. Kastovsky und W. Müller. o. O. o. J. [1965/66].

Coseriu, Eugenio (1966), Structure lexicale et enseignement du vocabulaire. In: Actes du premier colloque international de linguistique appliquée. Nancy 1966, 175—217.

Coseriu, Eugenio (1964), Pour une sémantique diachronique structurale. In: Travaux de Linguistique et de Littérature 2. 1964, 139 ff.

Coseriu, Eugenio (1970), Synchronie, Diachronie und Typologie. In: E. C., Sprache. Strukturen und Funktionen. Zwölf Aufsätze zur Allgemeinen und Romanischen Sprachwissenschaft. Tübingen 1970 (Tübinger Beiträge zur Linguistik. 2.), 71—88.

Coseriu, Eugenio (1970), Zur Vorgeschichte der strukturellen Semantik: Heyses Analyse des Wortfeldes ‚Schall'. In: E. C., Sprache. Strukturen und Funktionen. Zwölf Aufsätze zur Allgemeinen und Romanischen Sprachwissenschaft. Tübingen 1970 (Tübinger Beiträge zur Linguistik. 2.), 181—192.

Coseriu, Eugenio (1970 a), Bedeutung und Bezeichnung im Lichte der strukturellen Semantik. In: Peter Hertmann und Henri Vernay (Hrsg.), Sprachwissenschaft und Übersetzen. Symposion an der Universität Heidelberg. 24. 2.—26. 2. 1969. München 1970.

Curtius, Ernst Robert (1961), Europäische Literatur und lateinisches Mittelalter. 3. Aufl. Bern 1961.

Czichocki, Sieglinde und Ingeborg Heydrich und Helmut Langner (1964), Die Erscheinungsformen der Sprache. Kritische Einschätzung der Begriffsbestimmungen und Versuch einer terminologischen Abgrenzung. In: Wiss. Zeitschrift der Pädagogischen Hochschule Potsdam. Gesellschafts- und Sprachwiss. Reihe. Sonderheft 1964, 113—124.

Daneš, Frantisek (1968), Einige soziolinguistische Aspekte der Schriftsprachen. In: Die Welt der Slaven 13. 1968, 17—27.

Daniels, Karlheinz (1959), Erfolg und Mißerfolg der Fremdwortverdeutschung. Schicksal der Verdeutschungen von Joachim Heinrich Campe. Ein Gedenkwort zu seinem hundertsten Todestage. In: Muttersprache 69. 1959, 46—54; 105—114; 141—146.

Dieckmann, Walther (1969), Sprache in der Politik. Einführung in die Pragmatik und Semantik der politischen Sprache. Heidelberg 1969. (Sprachwiss. Studienbücher. 2. Abt.).

Dinneen, Francis P. (1967), An Introduction to General Linguistics. New York usw. 1967.

Dobel, Richard (Hrsg.) (1968), Lexikon der Goethe-Zitate. Zürich und Stuttgart 1968.

Dokulil, Miloš (1968), Zur Theorie der Wortbildung. In: Wiss. Zeitschrift der Karl Marx-Universität Leipzig. Gesellschafts- und Sprachwiss. Reihe 17. 1968, 203—211.

Doležel, Lubomír (1967), Zur statistischen Theorie der Dichtersprache. In: Helmut Kreuzer (zus. mit Rul Gunzenhäuser) (Hrsg.), Mathematik und Dichtung. Versuche zur Frage einer exakten Literaturwissenschaft. 2. Aufl. München 1967, 275—293.

Dubislav, Walter (1929), Die Definition. 3. Aufl. Berlin 1929.

Ducháček, Otto (1960), Les champs linguistiques. In: Philologia Pragensia 3. 1960, 22—35.

Eichler, Ingrid und Gunter Bergmann (1968), Zum Meißnischen Deutsch. Die Beurteilung des Obersächsischen vom 16. bis zum 19. Jahrhundert. In: Beiträge zur Geschichte der deutschen Sprache und Literatur (Halle) 89. 1968, 3—57.

Eksteen, Louis Cornelius (1965), Die leksikale definisie. Leksikografiese ondersoek. Diss. Pretoria 1965.

Engelen, Bernhard (1968), Zum System der Funktionsverbgefüge. In: Wirkendes Wort 18. 1968, 289—303.

Erben, Johannes (1965), Abriß der deutschen Grammatik. 8. Aufl. Berlin 1965.

Filipec, Josef (1966), Zur Theorie und Methode der lexikologischen Forschung. In: Zeichen und System der Sprache. 3. Bd. Berlin 1966 (Schriften zur Phonetik, Sprachwissenschaft und Kommunikationsforschung. 11.), 154—173.

Filipec, Josef (1968), Zur Theorie der lexikalischen Synonyme in synchronischer Sicht. In: Wiss. Zeitschrift der Karl Marx-Universität Leipzig. Gesell.- und sprachwiss. Reihe 17. 1968, 189 ff.

Filipec, Josef (1968 a), Zur innersprachlichen Konfrontation von semantischen Teilstrukturen im lexikalischen System. In: Travaux Linguistiques de Prague 3. 1968, 105—118.

Filipec, Josef (1968 b), K úkolům lexikologie [mit dt. Zusammenfassung]. In: Slovo a Slovesnost 29. 1968, 259—276.

Fischer-Jørgensen, Eli (1965), The Commutation Test and its Application to Phonemic Analysis. In: For Roman Jakobson. Essays on the Occasion of his sixtieth Birthday. The Hague 1965, 140—151.

Fleischer, Wolfgang (1968), Über Entwicklung und Aufgaben der Lexikologie der deutschen Sprache. In: Wiss. Zeitschrift der Karl Marx-Universität Leipzig. Gesell.- und sprachwiss. Reihe 17. 1968, 167—171.

Fleischer, Wolfgang (1969), Wortbildung der deutschen Gegenwartssprache. Leipzig 1969.

Freudenthal, Hans (1961) (Ed.), The Concept and the Role of the Model in Mathematics and Natural and Social Sciences. Dordrecht 1961.

Frey, G. (1961), Symbolische und ikonische Modelle. In: Freudenthal, Hans (Ed.) (1961), 89—97.

Gabelentz, Georg von der (1969), Die Sprachwissenschaft. Ihre Aufgaben, Methoden und bisherigen Ergebnisse. Durchgesehener Nachdruck der 2. Aufl. von 1901. Tübingen 1969 (Tübinger Beiträge zur Linguistik. 1.).

Garvin, Paul L. (Ed.) (1964), A Prague School Reader on Esthetics, Literary Structure, and Style. Washington 1964.

Garvin, Paul L. and Madeleine Mathiot (1968), The Urbanization of the Guarani Language: A Problem in Language and Culture. In: Joshua A. Fishman (Ed.), Readings in the Sociology of Language. The Hague, Paris 1968, 365—374.

Gauger, Hans-Martin (1961), Über die Anfänge der französischen Synonymik und das Problem der Synonymie. Diss. (Masch.) Tübingen 1961.

Gauger, Hans-Martin (1970), Wort und Sprache. Sprachwissenschaftliche Grundfragen. Tübingen 1970. (Konzepte der Sprach- und Literaturwissenschaft. 3.).

Gipper, Helmut (1959), Sessel oder Stuhl? Ein Beitrag zur Bestimmung von Wortinhalten im Bereich der Sachkultur. In: Sprache — Schlüssel zur Welt. Festschrift für Leo Weisgerber. Düsseldorf 1959, 271—292.

Gleason, H. A. (1964), The Organization of Language: A Stratificational View. Washington 1964 (Monograph Series on Language and Linguistics. 17.).

Glinz, Hans (1969), Synchronie — Diachronie — Sprachgeschichte. In: Sprache. Gegenwart und Geschichte. Probleme der Synchronie und Diachronie. Jahrbuch 1968. Düsseldorf 1969 (Sprache der Gegenwart. 5.), 78—91.

Goossens, Jan (1969), Strukturelle Sprachgeographie. Eine Einführung in Methodik und Ergebnisse. Mit 30 Karten. Heidelberg 1969. (Sprachwissenschaftliche Studienbücher. 2. Abt.).

Grebe, Paul (1969), Der Worthof von „schreiben". In: Ulrich Engel und Paul Grebe (Hrsg.), Neue Beiträge zur deutschen Grammatik. Mannheim [usw.] 1969 (Duden-Beiträge. 37.), 63—77.

Greimas, A.-J. (1966), Sémantique structurale. Recherche de méthode. Paris 1966.

Grimm, Jacob (1961), Vorreden zum Deutschen Wörterbuch. Neudruck Darmstadt 1961.

Grosse, Rudolf (1969), Die soziologischen Grundlagen von Nationalsprache und Literatursprache, Umgangssprache und Halbmundart. In: Deutsch als Fremdsprache 6. 1969, 401—407.

Grucza, Franciszek (1967), Metasprachen, Kodematik, Fremdsprachenunterricht. In: Glottodidactica. An International Journal of Applied Linguistics 2. 1967, 11—20.

Gumperz, John J. (1968), Types of Linguistic Communities. In: Joshua A. Fishman (Ed.), Readings in the Sociology of Language. The Hague, Paris 1968, 460—472.

Haller, Rudolf (1959), Das ‚Zeichen' und die ‚Zeichenlehre' in der Philosophie der Neuzeit (Vorentwurf zu einem Wörterbuchartikel). In: Archiv für Begriffsgeschichte 4. 1959, 113—157.

Halliday, Michael A. K. (1961), Categories of the Theory of Grammar. In: Word 17. 1961, 241—292.

Hallig, Rudolf und Walther von Wartburg (1963), Begriffssystem als Grundlage für die Lexikographie. Versuch eines Ordnungsschemas. 2. neu bearbeitete und erweiterte Auflage Berlin 1963 (Deutsche Akademie der Wiss. Veröffentlichungen des Instituts für Romanische Sprachwissenschaft. 19.).

Hammarström, Göran (1966), Linguistische Einheiten im Rahmen der modernen Sprachwissenschaft. Berlin, Heidelberg, New York 1966.

Harras, Gisela (1969), Semantische Modelle diatopischer Teilsysteme. Zur Begriffs- und Bezeichnungsstruktur lexikalischer Teilparadigmen im Ostlothringischen. Diss. (Masch.) Marburg 1969.

Hartmann, Peter (1965), Modellbildungen in der Sprachwissenschaft. In: Studium Generale 18. 1965, 364—379.

Haugen, Einar (1966), Linguistics and Language Planning. In: Sociolinguistics. Proceedings of the UCLA Sociolinguistics Conferences. 1964. The Hague, Paris 1966.

Havránek, Bohuslav (1964), Zum Problem der Norm in der heutigen Sprachwissenschaft und Sprachkultur. In: Josef Vachek (Hrsg.), A Prague School Reader in Linguistics. Bloomington 1964, 413—420.

Havránek, Bohuslav (1964 a), The Functional Differentiation of the Standard Language. In: Paul L. Garvin (Ed.), A Prague School Reader on Esthetics, Literary Structure and Style. Washington 1964, 3—16.

Heger, Klaus (1963), Homographie, Homonymie und Polysemie. In: Zeitschrift für romanische Philologie 79. 1963, 471—491.

Heger, Klaus (1969), Die Semantik und die Dichotomie von Langue und Parole. Neue Beiträge zur theoretischen Standortbestimmung von Semasiologie und Onomasiologie. In: Zeitschrift für romanische Philologie 85. 1969, 144—215.

Heger, Klaus (1967), Temporale Deixis und Vorgangsquantität. („Aspekt" und „Aktionsart"). In: Zeitschrift für romanische Philologie 83. 1967, 512—582.

Heger, Klaus (1964), Die methodologischen Voraussetzungen von Onomasiologie und begrifflicher Gliederung. In: Zeitschrift für romanische Philologie 80. 1964, 486 bis 516. (Auch unter dem franz. Titel: Les bases méthodologiques de l'onomasiologie et du classement par concept. In: Travaux de linguistique et de littérature 3 (1). 1965, 7—32.).

Heike, Georg (1969), Sprachliche Kommunikation und linguistische Analyse. Heidelberg 1969. (Sprachwiss. Studienbücher. 2. Abt.).

Helbig, Gerhard (1968), Zum Funktionsbegriff in der modernen Linguistik. In: Deutsch als Fremdsprache 5. 1968, 274—287.

Helbig, Gerhard (1968 a), Zum Problem der Wortarten, Satzglieder und Formklassen in der deutschen Grammatik. In: Probleme der strukturellen Grammatik und Semantik. Leipzig 1968 (Linguistische Studien), 56—85.

Helbig, Gerhard (1970), Zum Modellbegriff in der Linguistik. In: Deutsch als Fremdsprache 7. 1970, 26—33.

Henne, Helmut (1968), Das Problem des Meißnischen Deutsch oder „Was ist Hochdeutsch" im 18. Jahrhundert. In: Zeitschrift für Mundartforschung 35. 1968, 109—129.

Henne, Helmut (1968 a), Deutsche Lexikographie und Sprachnorm im 17. und 18. Jahrhundert. In: Mitzka, Walther (Hrsg.), Wortgeographie und Gesellschaft. Festgabe für L. E. Schmitt. Berlin 1968, 80—114.

Henne, Helmut (1969), Joachim Heinrich Campes Wörterbuch der Deutschen Sprache. Einführung und Bibliographie. Hildesheim 1969. Sonderdruck.

Henne, Helmut (1969 a), Lexikographie. Probeartikel. Manuskript photomech. vervielfältigt. [Marburg 1969].

Henne, Helmut (1970), Johann Christoph Adelungs Wörterbuch der hochdeutschen Mundart. Leipzig 1793—1801. Einführung und Bibliographie. Hildesheim 1970. Sonderdruck.

Henne, Helmut (1971), Korrelationen von Sprachtheorie und Terminologie in der germanistischen Linguistik. Am Beispiel der Subklassifizierung des Verbs. In: Zs. für Dialektologie und Linguistik 38. 1971, 47—63.

Henne, Helmut und Herbert Ernst Wiegand (1969), Geometrische Modelle und das Problem der Bedeutung. In: Zeitschrift für Dialektologie und Linguistik 36. 1969, 130—173.

Henzen, Walter (1954), Schriftsprache und Mundarten. Ein Überblick über ihr Verhältnis und ihre Zwischenstufen im Deutschen. 2. Aufl. Bern 1954.

Heringer, Hans-Jürgen (1968), ‚Tag' und ‚Nacht'. Gedanken zu einer strukturellen Lexikologie. In: Wirkendes Wort 18. 1968, 217—231.

Heringer, Hans-Jürgen (1968 a), Die Opposition von ‚kommen' und ‚bringen' als Funktionsverben. Untersuchungen zur grammatischen Wertigkeit und Aktionsart. Düsseldorf 1968 (Sprache der Gegenwart. Schriften des Instituts für deutsche Sprache in Mannheim. 3.).

Hertzler, Joyce O. (1966), Social Uniformation and Language. In: Stanley Lieberson (Ed.), Explorations in Sociolinguistics. The Hague 1966, 170—184.

Hjelmslev, Louis (1959), Pour une sémantique structurale. In: L. H., Essais Linguistiques. Copenhague 1959 (Travaux du Cerle Linguistique de Copenhague. 12.), 96—112.

Hjelmslev, Louis (1961), Prolegomena to a theory of language. Translated by Francis J. Whitfield. Madison (Wisc.) 1961.

Hjelmslev, Louis (1968), Die Sprache. Eine Einführung. Aus dem Dänischen übersetzt [...] von Otmar Werner. Darmstadt 1968.

Hoberg, Rudolf (1969), Die Lehre vom sprachlichen Feld. Ein Beitrag zu ihrer Geschichte, Methodik und Kritik. Diss. Bonn 1969.

Holz, Guido (1951), Joachim Heinrich Campe als Sprachreiniger und Wortschöpfer. Diss. (Masch.) Tübingen 1951.

Hoppe, Alfred (1964), Der sprachliche Formulierungsprozeß in den Funktionsebenen der Sprache. In: Beiträge zur Sprachkunde und Informationsverarbeitung. Heft 4. 1964, 7—32.

Huddleston, R. D. (1965), Rank and Depth. In: Language 41. 1965, 574—586.

Imbs, Paul (1960), Au seuil de la lexicographie. In: Cahiers de Lexicologie 2. 1960, 3—17.

Ising, Gerhard (1968), Zur Wortgeographie spätmittelalterlicher deutscher Schriftdialekte. Eine Darstellung auf der Grundlage der Wortwahl von Bibelübersetzungen und Glossaren. Bd. 1. 2. Berlin 1968.

Itkonen, Esa (1968), Zur Charakterisierung der Glossematik. In: Neuphilologische Mitteilungen 69. 1968, 452—472.

Jakobson, Roman (1968), Linguistics and Poetics. In: Thomas A. Sebeok (Ed.), Style in Language. 4. Aufl. Cambridge (Mass.) 1968, 350—377.

Jakobson, Roman (1969), Kindersprache, Aphasie und allgemeine Lautgesetze. Frankfurt 1969. [zuerst Uppsala 1944.]

Jakobson, Roman (1967), Poesie der Grammatik und Grammatik der Poesie. In: Helmut Kreuzer (zusammen mit Rul Gunzenhäuser) (Hrsg.), Mathematik und Dichtung. Versuche zur Frage einer exakten Literaturwissenschaft. 2. Aufl. München 1967, 21—32.

Jakobson, Roman und Morris Halle (1960), Grundlagen der Sprache. Berlin 1960. (Schriften zur Phonetik, Sprachwissenschaft und Kommunikationsforschung. 1.).

Jedlička, Alois (1964), Zur Prager Theorie der Schriftsprache. In: Travaux Linguistiques de Prague. 1. L'Ecole de Prague d'aujourd'hui. Prague 1964, 47—58.

Jellinek, Max Hermann (1936), Schriftsprache, Gemeinsprache, Kunstsprache. In: Die Erforschung der indogermanischen Sprachen. II. Germanisch. Berlin und Leipzig 1936, 221—259.

Jellinek, Max Hermann (1913), Geschichte der neuhochdeutschen Grammatik von den Anfängen bis auf Adelung. 1. Halbbd. Heidelberg 1913.

Jellinek, Max Hermann (1914), Geschichte der neuhochdeutschen Grammatik von den Anfängen bis auf Adelung. 2. Halbbd. Heidelberg 1914.

Jongen, René (1969), Phonologie der Moresneter Mundart. Eine Beschreibung der segmentalen und prosodischen Zeichenformdiakrise. Diss. (Masch.) Löwen (Belgien) 1969.

Kamlah, Wilhelm und Paul Lorenzen (1967), Logische Propädeutik oder Vorschule des vernünftigen Redens. Mannheim 1967. (B. J.-Hochschultaschenbücher. 227/227 a).

Kandler, Günther (1954), Das Geschichtliche in der Sprachwissenschaft. In: Lexis 4. 1954, 5—20.

Karaś, Mieczysław (1968), Diachronie und Synchronie in dialektologischer Forschung. In: L. E. Schmitt (Hrsg.), Verhandlungen des 2. Internationalen Dialektologenkongresses. Bd. 2. Wiesbaden 1968, 413—422.

Katz, Jerrold J. and Jerry A. Fodor (1964), The Structure of a Semantic Theory. In: J. J. K. and J. A. F. (Eds.), The Structure of Language. Readings in the Philosophy of Language. Englewood Cliffs 1964, 479—518.

Katz, Jerrold J. and Paul M. Postal (1965), An Integrated Theory of Linguistic Descriptions. Cambridge (Mass.) 1965 (Research Monograph. 26.).

Kempcke, Günter (1968), Probleme des Synonymwörterbuchs. In: Wiss. Zeitschrift der Karl Marx-Universität Leipzig. Gesell.- und sprachwiss. Reihe 17. 1968, 229—233.

Klaus, Georg (1965), Spezielle Erkenntnistheorie. Prinzipien der wissenschaftlichen Theorienbildung. Berlin 1965.

Klaus, Georg (Hsrg.) (1969), Wörterbuch der Kybernetik. Bd. 1. 2. Frankfurt/Main 1969.

Klaus, Georg (1969 a), Semiotik und Erkenntnistheorie. 2. Aufl. Berlin 1969.

Klaus, Georg und Manfred Buhr (1969) (Hrsg.), Philosophisches Wörterbuch. Bd. 1.2. Leipzig 1969.

Klein, Wolfgang (1967), Einführende Bibliographie. In: Helmut Kreuzer (zusammen mit Rul Gunzenhäuser) (Hrsg.), Mathematik und Dichtung. Versuche zur Frage einer exakten Literaturwissenschaft. 2. Aufl. München 1967, 347—357.

Knudsen, Trygve and Alf Sommerfelt (1958), Principles of unilingual Dictionary Definitions. In: Proceedings of the Eighth International Congress of Linguists. Oslo 1958, 92—115.

Koch, W. A. (1963), Zur Homonymie und Synonymie. Eine kritische Zusammenfassung. In: Acta Linguistica Academiae Scientiarum Hungaricae 13. 1963, 65—91.

Koplin, Raimund (1968), Sprachführer durch die Revolution mit einer Bibliographie. München 1968.

Krámský, Jiří (1969), The Word as a Linguistic Unit. The Hague, Paris 1969 (Janua Linguarum. Series Minor. 75.).

Kreuzer, Helmut (zusammen mit Rul Gunzenhäuser) (1967), Mathematik und Dichtung. Versuche zur Frage einer exakten Literaturwissenschaft. 2. Aufl. München 1967.

Kröber, Günter (1968), Die Kategorie „Struktur" und der kategorische Strukturalismus. In: Deutsche Zs. für Philosophie 16. 1968, 1310—1324.

Kühlwein, Wolfgang (1967), Die Verwendung der Feindseligkeitsbezeichnungen in der altenglischen Dichtersprache. Neumünster 1967. (Kieler Beiträge zur Anglistik und Amerikanistik. 5.).

Lachmann, Hans (1931), Gottscheds Bedeutung für die Geschichte der deutschen Philologie. Diss. Greifswald 1931.

Langen, August (1957), Deutsche Sprachgeschichte vom Barock bis zur Gegenwart. In: Stammler, Wolfgang (Hrsg.), Deutsche Philologie im Aufriß. Zweite überarbeitete Aufl. Berlin 1957, 1018—1172.

Langen, August (1959), Der Wortschatz des 18. Jahrhunderts. In: Maurer, Friedrich und Friedrich Stroh (Hrsg.), Deutsche Wortgeschichte Bd. 2. Zweite neubearbeitete Aufl. Berlin 1959, 23—222.

Langen, August (1968), Der Wortschatz des deutschen Pietismus. 2. ergänzte Auflage Tübingen 1968.

Langen, August (1948/49), Verbale Dynamik in der dichterischen Landschaftsschilderung des 18. Jahrhunderts. In: Zeitschrift für deutsche Philologie 70. 1948/49, 249 ff.

Larochette, J. (1967), La signification. In: Linguistica Antverpiensia 1. 1967, 127—167.

Lausberg, Heinrich (1960), Handbuch der literarischen Rhetorik. Eine Grundlegung der Literaturwissenschaft. München 1960.

Leech, G. N. (1970), On the Theory and Practice of Semantic Testing. In: Lingua 24. 1970, 343—364.

Leinfellner, Werner (1967), Einführung in die Erkenntnis- und Wissenschaftstheorie. 2. Aufl. Mannheim 1967 (B. J.-Hochschultaschenbücher. 41/41 a).

Lenk, Kurt (Hrsg.) (1970), Ideologie. Ideologiekritik und Wissenssoziologie. 4. Aufl. Neuwied und Berlin 1970.

Lieb, Hans-Heinrich (1966), Das Sprachstadium: Entwicklungsabschnitt und System. In: Lingua 16. 1966, 352—363.

Lyons, John (1963), Structural Semantics. Analysis of the vocabulary of Plato. Oxford 1963.

Lyons, John (1968), Introduction to Theoretical Linguistics. Cambridge 1968.

Madsen, K. B. (1968), Integration through Meta-Science. Exemplified by a Comparative Study of Psychological Theories. In: Akten des 14. internationalen Kongresses für Philosophie. Bd. 2. Wien 1968, 401—418.

Malkiel, Yakov (1967), A Typological Classification of Dictionaries on the Basis of Distinctive Features. In: Fred W. Householder and Sol Saporta (Eds.), Problems in Lexicography. Bloomington 1967, 3—24.

Martinet, André (1963), Grundzüge der allgemeinen Sprachwissenschaft. Stuttgart 1963.

Martinet, André (1968), Synchronische Sprachwissenschaft. Studien und Forschungen. München 1968.

Maurer, Friedrich (1934), Geschichte der deutschen Sprache. In: Germanische Philologie. Ergebnisse und Aufgaben. Festschrift für Otto Behaghel. Heidelberg 1934, 201—228.

Meier, Georg F. (1969), Wirksamkeit der Sprache. Einige theoretische und methodisch-praktische Grundfragen zur Wirksamkeit der Sprache im Kommunikationsprozeß. In: Zs. für Phonetik, Sprachwissenschaft und Kommunikationsforschung 22. 1969, 474—492.

Meier, Hans Heinrich (1969), Lexicography as applied linguistics. In: English Studies 50. 1969, 141—151.

Menne, Albert (1966), Einführung in die Logik. Bern und München 1966.

Michels, Victor (1924), Deutsch. In: Stand und Aufgaben der Sprachwissenschaft. Festschrift für Wilhelm Streitberg. Heidelberg 1924, 403—511.

Möhn, Dieter (1968), Fach- und Gemeinsprache. Zur Emanzipation und Isolation der Sprache. In: Walther Mitzka (Hrsg.), Wortgeographie und Gesellschaft. Berlin 1968, 315—348.

Morciniec, Norbert (1964), Wortbedeutung und Wortzusammensetzung. In: Germanica Wratislaviensia 9. 1964, 127—168.

Müller, Max (1903), Wortkritik und Sprachbereicherung in Adelungs Wörterbuch. Ein Beitrag zur Geschichte der neuhochdeutschen Schriftsprache. Berlin 1903 (Palaestra. 14.). Neudruck New York und London 1967.

Mukařovský, Jan (1964), Standard Language and Poetic Language. In: Paul L. Garvin (Ed.), A Prague School Reader on Esthetics, Literary Structure, and Style. Bloomington 1964, 17—30.

Mukařovský, Jan (1967), Die poetische Benennung und die ästhetische Funktion der Sprache. In: Jan Mukařovský, Kapitel aus der Poetik. Frankfurt/Main 1967, 44—54.

Nagel, Ernst und Patrick Suppes und Alfred Tarski (1962) (Eds.), Logic, Methodology and Philosophy of Science. Proceedings of the 1960 International Congress. Stanford, Cal. 1962.

Nerius, Dieter (1967), Untersuchungen zur Herausbildung einer nationalen Norm der deutschen Literatursprache im 18. Jahrhundert. Halle (Saale) 1967 (Linguistische Studien).

Niepold, Wulf (1970), Sprache und soziale Schicht. Darstellung und Kritik der Forschungsliteratur seit Bernstein. Berlin 1970.

Oevermann, Ulrich (1970), Sprache und soziale Herkunft. Ein Beitrag zur Analyse schichtenspezifischer Sozialisationsprozesse und ihre Bedeutung für den Schulerfolg. Berlin 1970 (Studien und Berichte. 18.).

Oksaar, Els (1958), Semantische Studien im Sinnbereich der Schnelligkeit. *Plötzlich, schnell* und ihre Synonymik im Deutsch der Gegenwart und des Früh-, Hoch- und Spätmittelalters. Stockholm 1958.

Otto, Ernst (1965), Stand und Aufgaben der allgemeinen Sprachwissenschaft. 2. Aufl. Berlin 1965.

Paul, Hermann (1959), Deutsche Grammatik. Band 5. Wortbildungslehre. Halle 1959.

Paul, Hermann (1966), Deutsches Wörterbuch. 6. Aufl. bearbeitet von Werner Betz. Tübingen 1966.

Piirainen, Ilpo Tapani (1968), Graphematische Untersuchungen zum Frühneuhochdeutschen. Berlin 1968 (Studia Linguistica Germanica. 1.).

Pilch, Herbert (1968), Phonemtheorie. 1. Teil. 2. verb. Aufl. Basel, New York 1968.

Plück, Kurt (1952), Der Ausbau des Wortschatzes, untersucht an typischen Neu-schöpfungen Klopstocks, Goethes, Campes. Diss. (Masch.) Bonn 1952.

Polenz, Peter von (1968), Wortbildung als Wortsoziologie. In: Mitzka, Walther (Hrsg.), Wortgeographie und Gesellschaft. Berlin 1968, 10—27.

Polenz, Peter von (1968 a), Ableitungsstrukturen deutscher Verben. In: Zeitschrift für deutsche Sprache 24. 1968, 1—15; 129—160.

Polenz, Peter von (1963), Funktionsverben im heutigen Deutsch. Sprache in der ratio-nalisierten Welt. Düsseldorf 1963 (Beihefte zur Zeitschrift „Wirkendes Wort". 5.).

Polenz, Peter von (1970), Geschichte der deutschen Sprache. 7., völlig neu bearbeitete Aufl. der früheren Darstellung von Hans Sperber. Berlin 1970.

Popper, Karl R. (1969), Logik der Forschung. 3. verm. Aufl. Tübingen 1969 (Die Einheit der Gesellschaftswissenschaften. 4.).

Porzig, Walter (1934), Wesenhafte Bedeutungsbeziehungen. In: Beiträge zur Ge-schichte der deutschen Sprache und Literatur 58. 1934, 70—97.

Porzig, Walter (1957), Das Wunder der Sprache. Probleme, Methoden und Ergebnisse der modernen Sprachwissenschaft. 2. Aufl. Bern 1957.

Posner, Roland (1969), Strukturalismus in der Gedichtinterpretation. Textdeskription und Rezeptionsanalyse am Beispiel von Baudelaires „Les Chats". In: Sprache im technischen Zeitalter 29. 1969, 27—58.

Pottier, Bernard (1963 a), Recherches sur l'analyse sémantique et en traduction mécanique. Nancy 1963.

Pottier, Bernard (1963), Du très général au trop particulier en analyse linguistique. In: Travaux de linguistique et de littérature 1. 1963, 9—16.

Pottier, Bernard (1964), Vers une sémantique moderne. In: Travaux de linguistique et de littérature 2. (1) 1964, 107—137.

Pottier, Bernard (1965), La définition sémantique dans les dictionaires. In: Travaux de linguistique et de littérature 3. (1) 1965, 33—39.

Pottier, Bernard (1969), Typologie interne de la langue. In: Travaux de linguistique et de littérature 7. (1) 1969, 29—46.

Prantl, C. (1955), Geschichte der Logik im Abendlande. 3. Bd. Graz 1955.

Raumer, Rudolf von (1870), Geschichte der germanischen Philologie vorzugsweise in Deutschland. München 1870.

Reichmann, Oskar (1969), Deutsche Wortforschung. Stuttgart 1969 (Sammlung Metzler M. 82.).

Reisig, Chr. C. (1839), Vorlesungen über lateinische Sprachwissenschaft. Hrsg. und mit Anmerkungen versehen von F. Haase. Leipzig 1839.

Rensch, Karl H. (1966), Ferdinand de Saussure und Georg von der Gabelentz. Über-einstimmungen und Gemeinsamkeiten dargestellt an der langue-parole Dichotomie sowie der diachronischen und synchronischen Sprachbetrachtung. In: Phonetica 15. 1966, 32—41.

Resnikow, Lasar Ossipowitsch (1968), Erkenntnistheoretische Fragen der Semiotik. Berlin 1968.

Revzin, I. I. (1966), Models of Language. Translated from the Russian by N. F. C. Owen and A. S. C. Ross and revised by the Author. London 1966.

Rey, Alain (1965), Les dictionaires: forme et contenue. In: Cahiers de Lexicologie 7. 1965 (2), 65—102.

Rey, Alain (1965), A propos de la définition lexicographique. In: Cahiers de Lexi-cologie 6. 1965 (1), 67—80.

Rey-Debove, Josette (1966), La définition lexicographique: recherches sur l'équation sémique. In: Cahiers de Lexicologie 8. 1966 (1), 71—94.

Rey-Debove, Josette (1967), La définition lexicographique; base d'une typologie formelle. In: Travaux de Linguistique et de littérature 5. 1967 (1), 141—159.

Robinson, Richard (1950), Definition, Oxford 1950.

Rosengren, Inger (1969), Wort und Wortform. In: Studia Linguistica 23. 1969, 103—113.

Rupp, Heinz (1968), Wortfeld und Wortinhalt. In: Werner Besch u. a. (Hrsg.), Festgabe für Friedrich Maurer. Düsseldorf 1968, 35—49.

Sapir, Edward (1961), Die Sprache. Eine Einführung in das Wesen der Sprache. München 1961.

Saussure, Ferdinand de (1967), Cours de linguistique générale. Edition critique par Rudolf Engler. Wiesbaden 1967 ff.

Schaff, Adam (1964), Sprache und Erkenntnis. Wien, Frankfurt, Zürich 1964.

Schaff, Adam (1969), Einführung in die Semantik. Hrsg. und mit einem Nachw. vers. von Georg Klaus. Frankfurt/M. 1969.

Schauwecker, Ludwig (1968), Sprachmodelle — Monosemie und Polysemie — Langue und Parole. In: Helmut Stimm und Julius Wilhelm (Hrsg.), Verba et vocabula. Ernst Gamillscheg zum 80. Geburtstag. München 1968, 531—555.

Scherer, Wilhelm (1893), Johann Christoph Adelung. In: W. Scherer, Kleine Schriften zur altdeutschen Philologie. Hrsg. von Konrad Burdach. Berlin 1893, 213—217.

Schildt, Joachim (1967), [Rezension von:] Eric A. Blackall, Die Entwicklung des Deutschen zur Literatursprache. Stuttgart 1966. In: Deutsche Literaturzeitung 88. 1967, 992—995.

Schippan, Thea (1969), Zu den Beziehungen zwischen Wortbildung und Syntax. In: Wiss. Zeitschrift der Humboldt-Universität Berlin. Gesellschafts- und sprachwiss. Reihe 18. 1969, 263—266.

Schmidt, Siegfried J. (1968), Alltagssprache und Gedichtsprache. Versuch einer Bestimmung von Differenzqualitäten. In: Poetica. Zeitschrift für Sprach- und Literaturwissenschaft 2. 1968, 285—303.

Schmidt, Siegfried J. (1969), Bedeutung und Begriff. Zur Fundierung einer sprachphilosophischen Semantik. Braunschweig 1969 (Wissenschaftstheorie, Wissenschaft und Philosophie. 3.).

Schmidt, Wilhelm (1969), Zur Theorie der funktionalen Grammatik. In: Zeitschrift für Phonetik, Sprachwissenschaft und Kommunikationsforschung 22. 1969, 135 bis 151.

Schmidt, Wilhelm (1967), Grundfragen der deutschen Grammatik. Eine Einführung in die funktionale Sprachlehre. 3. verb. Aufl. Berlin 1967.

Schmidt, Wilhelm (1967 a), Lexikalische und aktuelle Bedeutung. Ein Beitrag zur Theorie der Wortbedeutung. 3. Aufl. Berlin 1967 (Schriften zur Phonetik, Sprachwissenschaft und Kommunikationsforschung. 7.).

Schmitt, Ludwig Erich (1966), Untersuchungen zu Entstehung und Struktur der „neuhochdeutschen Schriftsprache". Bd. 1. Sprachgeschichte des Thüringisch-Obersächsischen im Spätmittelalter. Die Geschäftssprache von 1300—1500. Köln/Graz 1966 (Mitteldeutsche Forschungen. 36/I.).

Sebeok, Thomas A. (1962), Materials for a Typology of Dictionaries. In: Lingua 11. 1962, 363—372.

Sebeok, Thomas A. (Ed.) (1968), Style in Language. 4. Aufl. Cambridge (Mass.) 1968.

Seiffert, Helmut (1969), Einführung in die Wissenschaftstheorie. 1. Bd. Sprachanalyse, Deduktion, Induktion in Natur- und Sozialwissenschaften. München 1969 (Beck'sche Schwarze Reihe. 60.).

Seiffert, Leslie (1968), Wortfeldtheorie und Strukturalismus. Studien zum Sprachgebrauch Freidanks. Stuttgart [usw.] 1968 (Studien zur Poetik und Geschichte der Literatur. 4.).

Seiler, Hansjakob (1964), Modelle der syntaktischen Analyse. In: Hans Eggers (Hrsg.), Erstes Kolloquium über Syntax natürlicher Sprachen und Datenverarbeitung. Wiesbaden 1964, 11—27.

Seiler, Hansjakob (1966), Das Paradigma in alter und neuer Sicht. In: Kratylos 11. 1966, 190—205.

Seiler, Hansjakob (1966/67), Zur Erforschung des lexikalischen Feldes. In: Sprachnorm, Sprachpflege, Sprachkritik. Jahrbuch 1966/67. (Sprache der Gegenwart. 2.), 268 bis 286.

Seiler, Hansjakob (1967), On Paradigmatic and Syntagmatic Similarity. In: Lingua 16. 1967, 35—79.

Semenjuk, Natalija (1964), Einige Probleme der sprachgeschichtlichen Untersuchung der deutschen periodischen Literatur des 18. Jahrhunderts. In: Forschungen und Fortschritte 38. 1964, 178—182.

Semenjuk, Natalija (1967), Grammatische Normen des 18. Jahrhunderts als eine Etappe in der Entwicklungsgeschichte der deutschen Literatursprache. In: Forschungen und Fortschritte 41. 1967, 19—22.

Sickel, Karl Ernst (1933), Johann Christoph Adelung. Seine Persönlichkeit und seine Geschichtsauffassung. Diss. Leipzig 1933.

Siertsema, Bertha (1954), A Study of Glossematics. Critical Survey of its Fundamental Concepts. 's-Gravenhage 1954.

Sinha, A. K. (1969), Foundations of Scientific Theory. In: Akten des 14. Internationalen Kongresses für Philosophie. Bd. 3. Wien 1969, 222—228.

Slangen, Johannus Hubertus (Hrsg.) (1955), Johann Christoph Gottsched, Beobachtungen über den Gebrauch und Mißbrauch vieler deutscher Wörter und Redensarten. Heerlen 1955.

Söll, Ludwig (1966), Synonymie und Bedeutungsgleichheit. In: Germanisch-Romanische Monatsschrift NF 16. 1966, 90—99.

Sparnaay, H. (1961), Die erste deutsche Synonymik. Ein vergessenes Buch Gottscheds. In: Neophilologus 29. 1944, 166—171; [auch in: Zur Sprache und Literatur des Mittelalters [!] Groningen 1961, 67—76.]

Stachowiak, H. (1965), Gedanken zu einer allgemeinen Theorie der Modelle. In: Studium generale 18. 1965, 432—463.

Stankiewicz, Edward (1968), Linguistics and the Study of Poetic Language. In: Thomas A. Sebeok (Ed.), Style in Language. Cambridge (Mass.) 1968, 69—81.

Stankiewicz, Edward (1961), Poetic and non-poetic language in their interrelation. In: Poetics, Poetyka, ПОЭТИКА. Warszawa, Gravenhagen 1961, 11—23.

Steger, Hugo (1967), Gesprochene Sprache. Zu ihrer Typik und Terminologie. In: Satz und Wort im heutigen Deutsch. Probleme und Ergebnisse neuerer Forschung. Jahrbuch 1965/66. Düsseldorf 1967 (Sprache der Gegenwart. 1.), 259—291.

Steger, Hugo (1970), Über Dokumentation und Analyse gesprochener Sprache. In: Zielsprache Deutsch 1. 1970, 13—21.

Steger, Hugo (1967 a), Zwischen Sprache und Literatur. Drei Reden. Göttingen 1967 (Schriften zur Literatur. 9.).

Stegmüller, Wolfgang (1957), Das Wahrheitsproblem und die Idee der Semantik. Eine Einführung in die Theorien von A. Tarski und R. Carnap. Wien 1957.

Steiger, Emil (1919), Mundart und Schriftsprache in der 2. Hälfte des 18. Jahrhunderts nach gleichzeitigen Zeitschriften. Diss. Freiburg i. Br. 1919.

Stötzel, Georg (1970), Das Abbild des Wortschatzes. Zur lexikographischen Methode in Deutschland von 1617—1967. In: Poetica. Zeitschrift für Sprach- und Literaturwissenschaft 3. 1970, 1—23.

Thiel, Manfred (1953), Die Symbolik als philosophisches Problem und philosophische Aufgabe. In: Studium Generale 6. 1953, 235—256.

Trier, Jost (1931), Der deutsche Wortschatz im Sinnbezirk des Verstandes. Die Geschichte eines sprachlichen Feldes. Bd. 1. Von den Anfängen bis zum Beginn des 13. Jahrhunderts. Heidelberg 1931 (Germanische Bibliothek. 2. Abt. Untersuchungen und Texte. 31.).

Trost, Pavel (1968), Die Prager Thesen über Sprachkultur. In: Sprachnorm, Sprachpflege, Sprachkritik. Jahrbuch 1966/67. Düsseldorf 1968 (Sprache der Gegenwart. 2.), 211—214.

Tynjanow, Jirij und Roman Jakobson (1966), Probleme der Literatur- und Sprachforschung 1928. In: Kursbuch Nr. 5/1966, 74—76.

Uitti, Karl D. (1969), Linguistics and Literary Theory. Englewood Cliffs, New Jersey 1969. (Humanistic Scholarship. The Princeton Studies.).

Ullmann, Stephen (1962), Semantics. An Introduction to the Science of Meaning. Oxford 1962.

Ullmann, Stephen (1967), Grundzüge der Semantik. Die Bedeutung in sprachwissenschaftlicher Sicht. Dt. Fassung von Susanne Koopmann. Berlin 1967.

Ungeheuer, Gerold (1967), Die kybernetische Grundlage der Sprachtheorie von Karl Bühler. In: To Honor Roman Jakobson. Essays on the Occasion of his Seventieth Birthday. Vol. 3. The Hague, Paris 1967, 2067—2086.

Ungeheuer, Gerold (1969), Über den arbiträren Charakter des sprachlichen Zeichens. Ein Beitrag zum Verhältnis von synchroner und ahistorischer Betrachtungsweise in der Linguistik. In: Sprache, Gegenwart und Geschichte. Probleme der Synchronie und Diachronie. Jahrbuch 1968. Düsseldorf 1969 (Sprache der Gegenwart. 5.), 65—77.

Vachek, Josef (1964), Zum Problem der geschriebenen Sprache. In: Josef Vachek (Ed.), A Prague School Reader in Linguistics. Bloomington 1964, 441—452.

Vachek, Josef (1964 a), Written Language and Printed Language. In: Josef Vachek (Ed.), A Prague School Reader in Linguistics. Bloomington 1964, 453—460.

Vachek, Josef (1966), The Linguistic School of Prague. An Introduction to its Theory and Practice. Bloomington and London 1966.

Wahrig, Gerhard (1968), Deutsches Wörterbuch. Hrsg. in Zusammenarbeit mit zahlreichen Wissenschaftlern und anderen Fachleuten. Mit einem „Lexikon der deutschen Sprachlehre". Gütersloh 1968.

Wahrig, Gerhard (1969), The Syntagma as a Fundamental Unit of Lexicon Entries. In: Zeitschrift für Dialektologie und Linguistik 36. 1969, 257—268.

Wartburg, Walther von (1931), Das Ineinandergreifen von deskriptiver und historischer Sprachwissenschaft. In: Berichte über die Verhandlungen der Sächs. Akademie der Wiss. zu Leipzig. Philolog.-histor. Klasse 83. 1931, 1—23.

Weigand, Friedrich Ludwig Karl (1843), Vorrede und Nachtrag II (Berichtigungen, Ergänzungen, Zusätze). In: F. L. K. Weigand, Wörterbuch der Deutschen Synonymen. Bd. 1—3. Mainz 1843.

Weinreich, Uriel (1967), Lexicographic definition in descriptive semantics. In: Fred. W. Householder and Sol Saporta (Ed.), Problems in Lexicography. Bloomington 1967.

Weinreich, Uriel (1963), On the semantic structure of language. In: Greenberg, Joseph H. (Ed.), Universals of Language. Cambridge (Mass.) 1963, 114—171.

Weinreich, Uriel (1968), Languages in Contact. Findings and Problems. With a Preface by André Martinet. Sixth Printing, The Hague, Paris 1968.

Weinreich, Uriel (1966), Exploration in Semantic Theory. In: Thomas A. Sebeok (Ed.), Current Trends in Linguistics. Vol. 3. Theoretical Foundations. The Hague, Paris 1966, 395—477.

Weinreich, Uriel and William Labov and Marvin Herzog (1968), Empirical Foundations for a Theory of Language Change. In: Directions for Historical Linguistics: A Symposium. Austin 1968, 97—195.

Weinrich, Harald (1960), Vaugelas und die Lehre vom guten Sprachgebrauch. In: Zeitschrift für romanische Philologie 76. 1960, 1—33.

Weinrich, Harald (1967), Semantik der Metapher. In: Folia Linguistica. Acta Societatis Linguisticae Europaeae 1. 1967, 3—17.

Weinrich, Harald (1962), [Rezension von:] Stephen Ullmann, Semantics. An Introduction to the Science of Meaning. Oxford 1962. In: Romanistisches Jahrbuch 13. 1962, 186—188.

Weisgerber, Leo (1970), Das Wortfeld — energetisch gesehen. In: Studien zur Syntax des heutigen Deutsch. Paul Grebe zum 60. Geburtstag. Düsseldorf 1970 (Sprache der Gegenwart. 6.), 275—292.

Werner, Otmar (1969), Strukturelle Grammatik des Deutschen. Eine Einführung. Manuskript der Vorlesung vom Wintersemester 1968/69 am Deutschen Seminar der Universität Tübingen. o. O. o. J. [Tübingen 1969].

Wiegand, Herbert Ernst (1970), Synchronische Onomasiologie und Semasiologie. Kombinierte Methoden zur Strukturierung der Lexik. In: Germanistische Linguistik 3. 1970, 243—383.

Wohlgenannt, Rudolf (1969), Was ist Wissenschaft? Braunschweig 1969 (Wissenschaftstheorie, Wissenschaft und Philosophie. 2.).

Wunderlich, Dieter (1969), Karl Bühlers Grundprinzipien der Sprachtheorie. In: Muttersprache 79. 1969, 52—62.

Wüster, Eugen (1958), [Diskussionsbeitrag zu] Principles of Unilingual Dictionary Definitions. In: Proceedings of the Eighth International Congress of Linguists. Oslo 1958, 102—105.

Wüstneck, Klaus Dieter (1966), Einige Gesetzmäßigkeiten und Kategorien der wissenschaftlichen Modellmethode. In: Deutsche Zs. für Philosophie 14. 1966, 1452—1466.

Terminologisches Register